Beiträge des Landkreises Stade zu regionalen Themen
Band 4

Gewidmet den Begründern
kontinuierlicher archäologischer Forschung
im Landkreis Stade
Prof. Dr. Willi Wegewitz
Konrektor a. D. Adolf Cassau
Prof. Dr. Karl Kersten
und
Dr. Jürgen Deichmüller

»Landschaftsentwicklung und Besiedlungsgeschichte im Stader Raum«

Ein interdisziplinäres Forschungsprojekt

Die Untersuchungen der Jahre 1983 – 1984
in Hammah und Groß Sterneberg

herausgegeben vom Landkreis Stade

Verlag: Hansa-Druckerei Stelzer GmbH + Co.
Stade 1986

Die Autoren sind für den Inhalt ihrer Beiträge selbst verantwortlich.
Auf eine formale Vereinheitlichung der Beiträge ist verzichtet worden.
ISBN 3-921942-05-5
Herausgeber: Landkreis Stade
© 1986 by Landkreis Stade
Redaktion: Eike Pantzer M. A., Hamburg,
unter Mitwirkung von Gabriele Nowatzyk M. A. und Inge Niebuhr, Hamburg
Zu den Abbildungen auf den Umschlagseiten siehe die Beiträge Pantzer,
Michl, Zimmermann und Leuschner/Delorme
Satz: Inge Niebuhr, Hamburg
Druck und Verlag: Hansa-Druckerei Stelzer GmbH + Co.
Stade 1986

Inhaltsverzeichnis

Zum Geleit

Denkmalpflege als kulturpolitischer Schwerpunkt im Landkreis Stade — 9

Rahmenkonzept

»Landschaftsentwicklung und Besiedlungsgeschichte im Stader Raum«. — 13
Ein interdisziplinäres Forschungsprojekt
(K. Frerichs und H. Ziegert)

Grabungsberichte

Das Hügelgräberfeld von Hammah, Samtgemeinde Himmelpforten, Landkreis Stade. — 25
Die Ausgrabungen von 1983
(R. B. Michl, G. Nowatzyk, E. Pantzer, U. Zimmermann)

Neue Untersuchungen am Steinkammergrab Nr. 1 von Hammah — 35
(G. Nowatzyk)

Der zerstörte Grabhügel 1a von Hammah, Landkreis Stade. — 43
Befunde, Interpretation und chronologische Überlegungen
(U. Zimmermann)

Der zweiphasige Grabhügel 1b von Hammah, Landkreis Stade — 69
— Aufbau, Bestattungsfolge und Belegungsdauer
(E. Pantzer)

Der Hügel Nr. 2 von Hammah: — 101
Die mentale Rekonstruktion eines heute zerstörten Fundplatzes
(R. B. Michl unter Mitarbeit von G. Nowatzyk)

Grabhügel 5 von Hammah, Landkreis Stade — 131
— ein Rekonstruktionsversuch
(U. Zimmermann)

Ein Versuch zur Methode der Rekonstruktion von Grabhügeln

Möglichkeiten der Einflußgrößenrechnung für die Interpretation — 141
prähistorischer Grabhügel.
Ein methodologischer Exkurs am Beispiel des Hügels 2 von Hammah
(Gem. Hammah, Samtgem. Himmelpforten, Landkreis Stade)
(R. B. Michl)

Naturwissenschaftliche Untersuchungen

Anthropologische Untersuchung der Leichenbrände aus dem bronzezeitlichen — 149
Hügelgrab 1 b bei Hammah, Landkreis Stade
(G. Bräuer)

Palynologische Beiträge zu den Grabungen bei Hammah, — 155
Groß Sterneberg und Schwinge 1983 – 1984
(F.-R. Averdieck)

Dendrochronologische Befunde zu Torfeichen — 183
aus dem Kehdinger Moor bei Hammah, Landkreis Stade
(H.-H. Leuschner und A. Delorme)

Abbildungsnachweise — 191

ZUM GELEIT

DENKMALPFLEGE ALS EIN KULTURPOLITISCHER SCHWERPUNKT IM LANDKREIS STADE

Kulturdenkmale helfen dem Bürger in anschaulicher und einprägsamer Weise, sich mit der Geschichte und der Entwicklung seiner Heimat vertraut zu machen.

Seit vielen Jahren findet die Baudenkmalpflege im Landkreis Stade besondere Aufmerksamkeit. Die Förderung des Landkreises kann bemerkenswerte Erfolge vorweisen. Dies weit über den gesetzlichen Auftrag hinausgehende Engagement bliebe unvollständig, wenn der Landkreis der archäologischen Denkmalpflege nicht einen vergleichbaren Rang einräumte. Denn für die urgeschichtliche Zeit bildet die Archäologie die einzige Erkenntnisquelle darüber, welchen Platz der Mensch in seiner Umwelt einnahm.

Der Landkreis Stade hat sein kulturpolitisches Ziel eines nachhaltigen Denkmalschutzes und einer die finanziellen Möglichkeiten ausschöpfenden Denkmalpflege deshalb 1981 durch die Einstellung eines hauptamtlichen Archäologen erweitert. Nicht "Notgrabungen" und zufällige Erkenntnisse sollten das Bild bestimmen, sondern die systematische archäologische Erforschung des Landkreises. Das machte weitere Entscheidungen notwendig. 1982 vereinbarten der Landkreis und der Arbeitsbereich I des Archäologischen Instituts der Universität Hamburg (Prof.Dr. Helmut Ziegert), daß ein auf fünf Jahre angesetztes Forschungsprojekt im Landkreis Stade durchgeführt werden soll. Das Projekt steht unter dem Thema:

Landschaftsentwicklung und Besiedlungsgeschichte im Stader Raum.

Mit diesem Projekt ist beiden Seiten gedient. Das Universitätsinstitut erhält die Möglichkeit einer kontinuierlichen Regionalforschung wie sie für die archäologische Wissenschaft notwendig ist, und der Landkreis holt sich auf diese Weise eine Vielzahl von Forschern in sein Gebiet, um die Fragen nach Struktur- und Ereignisgeschichte des Kreisraumes auf breiter Basis in Angriff zu nehmen.

Der Landkreis Stade sieht sein Engagement in der archäologisch-historischen Forschung nicht isoliert von dem allgemeinen Interesse an einer wissenschaftlichen Heimatkunde. Die kulturelle Identität der Bevölkerung lebt von der Einsicht in Zusammenhänge und in die Besonderheiten der Lokal- und Regionalgeschichte. Die Publikationen des Landkreises zu regional bedeutsamen Themen sollen in diesem Sinne das Interesse vieler wecken und erhalten.

Der Dreiklang zwischen hauptamtlicher Kreisarchäologie, fundierter wissenschaftlicher Forschung und Veröffentlichung der gewonnenen Erkenntnisse sichert der Archäologie bei den Bürgern einen als wichtig und bedeutsam eingeschätzten Rang.

TOBORG, MdL
Landrat

DIEKMANN
Oberkreisdirektor

10

RAHMENKONZEPT

"Landschaftsentwicklung und Besiedlungsgeschichte im Stader Raum"
Ein interdisziplinäres Forschungsprojekt

Klaus Frerichs und Helmut Ziegert

Gliederung:

1. Einleitung: Archäologie als Geschichtsforschung

2. Archäologische Denkmalpflege und Forschung

3. Siedlungsarchäologie als interdisziplinärer Forschungsansatz

4. Das Forschungsprojekt im Landkreis Stade
    4.1 Archäologie: Mensch und Raum
    4.2 Die Nachbarwissenschaften

5. Bisherige und geplante Untersuchungen
    5.1 Frühere Ausgrabungen
    5.2 Die Ausgrabungen 1983/84: Schwinge, Lusthoop, Hammah; Bliedersdorf, Schwinge, Barnkrug, Krummendeich, Groß Sterneberg
    5.3 Die Ausgrabungen 1985 - 87: Bliedersdorf, Agathenburg, Krummendeich; Barnkrug, Marschenbesiedlung

6. Untersuchungen im Rahmen von Examensarbeiten

1. Einleitung: Archäologie als Geschichtsforschung

Archäologie ist keine Schatzsuche - als solche wird sie häufig verkannt -, sondern sie ist *Geschichtsforschung* durch die Auswertung aller *natürlichen* und *Kultur-Überreste*. Dabei ist die häufigste Art der Quellenerschließung die Ausgrabung mit nachfolgenden natur- und kulturwissenschaftlichen Analysen.

Die Ziele einer Wissenschaft - also auch der Archäologie - werden nicht von der abstrakten "Wissenschaft", sondern letztlich von dem Erkenntnisinteresse der Öffentlichkeit oder einer Gruppe der Öffentlichkeit bestimmt. Diese Ziele werden in der Wissenschaft nur differenziert und systematisiert und auf ihre Realisierbarkeit geprüft. Die Ergebnisse der so betriebenen wissenschaftlichen Arbeit, d.h. die intersubjektiv überprüfbaren Erkenntnisse, wirken dann allerdings an der öffentlichen Ziel-Findung mit und sollen dies auch.

Neben dem auf *Erkenntnis* gerichteten hat die Archäologie - wie alle anderen Wissenschaften auch - einen auf *Anwendung* gerichteten Aspekt. Darunter fallen z.B. Probleme der Umweltrekonstruktion und Re-Besiedlung; Kenntnis der Landschaftsentwicklung als Grundlage des Landschaftsschutzes; Einsicht in die Veränderung der Umwelt durch den Menschen seit der Seßhaft-

werdung (Neolithikum) als Grundlage einer versachlichten Diskussion um
Zeit, Art und Ausmaß des menschlichen Eingriffs in den Naturhaushalt;
aber auch die historische Rekonstruktion als Grundlage des Selbstverständ-
nisses von Bevölkerungsgruppen. Letzteres gilt besonders für die neuent-
deckte kulturelle Identität von Regionalgruppen (z.B. "Stader Geestler",
Altländer, Kehdinger).

2. Archäologische Denkmalpflege und Forschung

Die archäologische Denkmalpflege in den Landkreisen hat verschiedene Auf-
gaben, die unter den drei Kategorien Denkmal-*Erhaltung*, Denkmal-*Rettung*
und *Forschung* zusammengefaßt werden können. Die Bezeichnung "Kreis-Archäo-
loge" (versus "Kreis-Denkmalpfleger") weist aber schon darauf hin, daß
Denkmalschutz und -pflege als *Teil der archäologischen Wissenschaft* be-
trieben werden müssen. Erfassung und Schutz von Denkmalen dienen der Siche-
rung wissenschaftlicher *Quellen*.

Einmal müssen sämtliche Besiedlungsspuren erfaßt werden, die ohne Ausgrabung erkannt werden können; dies geschieht durch Luftbild- und Karten-
Auswertung und *Geländebegehungen* in den Gemeinden. Die Ergebnisse dienen
der Bewertung bei Planungs-Entscheidungen, z.B. für Baumaßnahmen; daneben
dienen sie als Grundlage für Entscheidungen über Ort und Umfang weiterer
Untersuchungen.

Nicht immer können wichtige archäologische Kulturdenkmale hinreichend
geschützt werden, und häufig sind sie durch Eingriffe in den Boden akut
gefährdet. In diesen Fällen müssen *Rettungsgrabungen* zumindest Teile des
Befundes dokumentieren; trotzdem ist ein Verlust wichtiger Information un-
vermeidlich.

Eine nur so - "reaktiv" - betriebene archäologische Denkmalpflege würde
an allen gefährdeten Stellen nur Teilinformationen sicherstellen ohne die
Möglichkeit der Entscheidung, an wissenschaftlich wichtigen Fundplätzen
ein höheres Maß an Information systematisch zu ergraben. Die archäologische Denkmalpflege muß also in Zusammenarbeit mit den Baubehörden auch vor-
ausschauend - "prospektiv" - planen und nach Möglichkeit schon dann ausgra-
ben, wenn nicht Zeitdruck, Personalmangel und Wetter Notgrabungen mit hohem
Informationsverlust erzwingen. Eine solche vorausschauende Planung ist aber
ohne ein Forschungs-Konzept als Grundlage aller Entscheidungen nicht durch-
führbar; denn eine vernünftige Prioritäten-Wahl kann nur mit Bezug auf wissenschaftliche Problemstellungen und entsprechende Vor-Kenntnisse erfolgen.

3. Siedlungsarchäologie als interdisziplinärer Forschungsansatz

Neben den archäologischen Untersuchungen zur Formenkunde, Technologie, Chronologie, etc. hat sich in neuerer Zeit immer mehr ein interdisziplinärer
Forschungsansatz als "Siedlungsarchäologie" (nach H. JANKUHN) durchgesetzt,
der *Umwelt-Rekonstruktion* und die Untersuchung der *Mensch-Umwelt-Beziehungen* sowie des *Kultur-Verhaltens* einschließt. Nicht die Ermittlung von Er-
eignis-Daten, sondern die Rekonstruktion der *Lebensverhältnisse* unter Ein-
schluß naturräumlicher, technologischer und sozialer Voraussetzungen steht
im Vordergrund des Interesses. Aus diesem Grunde ist der Forschungsansatz
interdisziplinär, d.h. er erfordert die Beteiligung vieler natur- und kul-
turwissenschaftlicher Disziplinen. Die Archäologie spielt dabei im Rahmen
der gezielten Quellenerschließung durch Ausgrabung eine vermittelnde Rolle:

Der Mensch nutzte zu jeder Zeit seine Umwelt, sammelte Natur-Produkte in
seinem Siedlungsbereich an, wo sie heute in Überresten durch Ausgrabung
festgestellt, durch Analyse identifiziert und so zur Grundlage für die
Umwelt-Rekonstruktion jeweils einer bestimmten Zeit und für Aussagen über
die Mensch-Umwelt-Beziehungen werden können.

Unabhängig von den Fragestellungen siedlungsarchäologischer Forschung
muß die Art der praktischen Lösung betrachtet werden. Dabei sind zwei Ansätze erkennbar, die beide ihre Berechtigung haben und nebeneinander verfolgt werden können:

a) Großgrabung eines *Siedlungsausschnitts* (z.B. Mulsum, "Feddersen-Wierde";
Busdorf, "Haithabu"; Schleswig, Altstadt) oder eines *Siedlungsareals*
(z.B. Flögeln, "Eekhöltjen"). - Bei guten Erhaltungsbedingungen und
Berücksichtigung des gesamten Umfeldes und aller Lebensbereiche können
detaillierte Informationen zur Rekonstruktion der Lebensverhältnisse
gewonnen werden. Eine derartige Großgrabung steht aber unter zwei Voraussetzungen: zum einen ist ein hoher Finanzaufwand erforderlich, zum
anderen muß durch eine Institutionalisierung (Forschungs-Institut oder
Sonderforschungsprojekt) die personelle Kontinuität bei der Durchführung und Auswertung der Grabung gewährleistet sein.
Im Falle einer vollständigen Ausgrabung eines Areals ist nachteilig,
daß im Zuge der Auswertung auftauchende Fragen nicht mehr durch evtl.
Nachgrabungen beantwortet werden können. Allgemein ist zu diesem Forschungsansatz zu sagen, daß die Möglichkeiten der Problemlösung durch
die Wahl *eines* Fundplatzes begrenzt sind.

b) Längerfristig geplante *Serie von kleineren Ausgrabungen*. -
Dieser Ansatz hat neben einem geringeren Finanzaufwand verschiedene
Vorteile und wird deshalb dem Forschungsprojekt im Landkreis Stade zugrunde gelegt. Einmal bietet dieser Ansatz eine größere Beweglichkeit
und größere Freiheit in der Auswahl der Grabungsobjekte: Je nach Fragestellung, Erhaltungsbedingungen und erwartetem Informationsgewinn wird
darüber entschieden, wo und in welchem Umfang ausgegraben werden soll.
Durch die Untersuchung vieler Fundplätze kann ein breiteres Spektrum
gleichzeitigen Kulturverhaltens und unterschiedlicher Lebensverhältnisse entsprechend den verschiedenen naturräumlichen Voraussetzungen erfaßt werden. Des weiteren besteht die Möglichkeit, Quellen und Ergebnisse jeweils nach Abschluß eines Teilprojekts zu publizieren.

Als optimal darf eine Kombination der beiden Ansätze gelten. So könnte
sich durch Auswertung einer Serie von kleineren Grabungen eine bestimmte
Problemstellung herauskristallisieren, der dann im Rahmen einer Großgrabung nachzugehen wäre.

4. Das Forschungsprojekt im Landkreis Stade

Das Forschungsprojekt "Landschaftsentwicklung und Besiedlungsgeschichte
im Stader Raum" wird in Kooperation der Kreisarchäologie - Dr. Klaus
FRERICHS - mit dem Archäologischen Institut der Universität Hamburg, Arbeitsbereich I - Prof.Dr. Helmut ZIEGERT - durchgeführt und vom Landkreis
Stade finanziert, so daß Reise- und Aufenthaltskosten der beteiligten Studenten und die Kosten für Verbrauchsmittel abgedeckt sind; letztere werden z.T. auch von der Universität Hamburg getragen.

Im Rahmen der denkmalpflegerischen Maßnahmen des Landkreises Stade wurde die Domäne Asseler Sand, eine außerdeichs gelegene Hofwurt in der Südkehdinger Elbmarsch, von 1983 bis 1985 restauriert. Das Hauptgebäude der Domäne wurde vom Landkreis für das hier vorgestellte Forschungsprojekt zur Verfügung gestellt, so daß in den hochwasserfreien Sommermonaten Wohn- und Arbeitsmöglichkeiten für die Projekt-Teilnehmer und Lagermöglichkeiten für Proben, Funde und Ausrüstungsgegenstände bestehen.

Die einzelnen Untersuchungen werden von beiden Autoren geleitet. Als örtliche Grabungsleiter werden unter der Verantwortung von Prof.Dr. H. ZIEGERT Examenskandidaten oder Doktoranden eingesetzt; das Ziel ist, diesen - unter Anleitung - die Möglichkeit zu geben, sich in der selbständigen Planung, Durchführung und Publikation einer Ausgrabung zu üben. Die Ausgrabungen werden als *Lehrgrabung* durchgeführt: Die Teilnehmer sollen laufend während der Ausgrabung und zusätzlich in Diskussionsrunden in die theoretischen Voraussetzungen eingewiesen und in alle praktisch anfallenden Tätigkeiten von der Bodenbewegung bis zur wissenschaftlichen Dokumentation eingeübt werden. Teilnehmer sind in der Regel Studenten des Archäologischen Instituts, die schon ein Proseminar "Einführung in die Ausgrabungstechnik" absolviert haben, in Ausnahmefällen auch Studenten anderer Universitäten; daneben werden auch interessierte Laien in das Grabungsteam integriert.

Die Öffentlichkeit wird über die Kreisverwaltung und durch Information der lokalen sowie regionalen *Presse* unterrichtet; jede Ausgrabung kann zu festgelegten Besuchszeiten unter *Führung* besichtigt werden; durchreisenden Besuchern werden die Probleme auch zu anderen Zeiten erläutert.

Über die Ergebnisse der Ausgrabungen 1983 wurde in einer *Ausstellung* berichtet, die im Schwedenspeichermuseum in Stade und im Hauptgebäude der Universität Hamburg gezeigt wurde.

Die Teil-Publikationen sollen - wie in diesem ersten Band - in Form von Grabungsberichten und Ergebnis-Darstellungen der einzelnen naturwissenschaftlichen Analysen vorgelegt werden. Auf diese Weise werden die neu erschlossenen Quellen auch denen zugänglich gemacht, die sich vor Abschluß des Projekts und unter speziellen Fragestellungen über die erfaßten Befunde informieren wollen. Eine gesonderte Veröffentlichung der Gesamtergebnisse im Hinblick auf die Rahmenfragestellung des Projekts wird sich an diese Teil-Publikationen anschließen.

4.1 Archäologie: Mensch und Raum

Das Forschungsprojekt soll mit *siedlungsarchäologischem* Ansatz und damit interdisziplinär Probleme der Landschafts-Entwicklung, der Mensch-Umwelt-Beziehungen, der Besiedlungs- und Kulturgeschichte des Stader Raumes klären. Der Mensch ist zu allen Zeiten Teil seines Ökosystems gewesen. Als Jäger und Sammler hat er aber die Struktur seines Ökosystems nur geringfügig verändert. Erst seit Beginn der Nahrungsproduktion durch Pflanzbau und Viehzucht vor ca. 6000 Jahren hat der Mensch *in immer stärkerem Maße in die Umwelt eingegriffen* und diese nach seinen Bedürfnissen als *Kulturlandschaft* gestaltet: Rodung, Bodenauftrag und Bodenabbau, die Errichtung von Wurten und Deichen, Drainagen und Flußregulierungen, Wege- und Siedlungsbau sind sichtbare Zeugen dieses langfristigen historischen Prozesses, in dem die heutigen industriegesellschaftlichen Formen des Eingriffs in die Umwelt nur das weithin bewußte und beobachtete Endglied darstellen. Eine frühe anthropogene Landschaftsveränderung ist z.B. die Entstehung von Heidelandschaften, die archäologisch-vegetationsgeschichtlich bereits für die ältere Bronzezeit nachgewiesen werden können.

Teilprobleme in diesem Projekt sind u.a. die Landschafts-Entwicklung in Abhängigkeit von den pleistozänen und postglazialen Klimaphasen, die geomorphologischen Veränderungen und der menschliche Eingriff, die Vegetationsgeschichte;
die Erhaltungsbedingungen und die entsprechenden Auffindungsmöglichkeiten für Kulturüberreste in Marsch und Geest;
die Besiedlungsfolge in der Marsch und auf der Geest;
Siedlungs- und Kulturverhalten in den einzelnen Zeitabschnitten und verschiedenen Umwelten;
zeitliche Längsschnitt-Analysen für bestimmte Verhaltens-Bereiche wie z.B. Grabsitten, Siedlungs- und Bauformen, Landwirtschaft und Küstennutzung, Technologie, Außenbeziehungen, etc.

Es ist verständlich, daß diese Ziele nur durch ein Puzzle vieler Einzeluntersuchungen erreichbar sind und nur durch das Zusammenwirken vieler Disziplinen. Insbesondere gilt dies für den Versuch, die Geschichte der *Wechselbeziehung* von Natur und Kultur zu rekonstruieren. Jede Kultur ist eine außer-organische ('extra-somatische') *Anpassung* an die natürlichen Lebensbedingungen. Zugleich beinhaltet sie eine Reihe von *Eingriffen* in das jeweilige Ökosystem. Die Eingriffe haben neben den gewollten auch ungewollte Folgen, an die das Kulturverhalten dann wieder angepaßt werden muß. Derartige *Wirkungskreise* sind in enger Kooperation von Natur- und Kulturwissenschaften nachzuzeichnen.

Die Besiedlungsgeschichte ist zum einen abhängig von der Landschaft und deren Nutzungsmöglichkeit auf verschiedenem ökonomischen und technologischen Niveau, von den sozialen und religiösen Voraussetzungen, sie ist zum anderen abhängig von überregionalen Faktoren wie z.B. politischen Bedingungen und Handelsbeziehungen.

Als *Quellen* für die Rekonstruktion dieser vielfältigen Gegebenheiten stehen uns vier Gruppen zur Verfügung:

1) Überreste aus der Umwelt (Ökofakte),
2) Kultur-Überreste (Artefakte) und deren Spuren,
3) Schriftquellen,
4) Traditionen in mündlicher Überlieferung, in Formen des Verhaltens oder in den Formen der Sachgüter (wie z.B. beim Hausbau).

4.2 Die Nachbarwissenschaften

Differenzierte Fragestellungen können nur in Zusammenarbeit von Fachleuten aus verschiedensten Disziplinen gelöst werden. Die natur- und kulturkundlichen Aspekte führen deshalb eine größere Zahl von Natur-, Kultur- und Sozialwissenschaftlern zusammen. Es bleibt dabei die Aufgabe der Archäologen, zur Bearbeitung bestimmter Forschungsthemen anzuregen und die Durchführung zu koordinieren.

An dem Stader Projekt zur Landschaftsentwicklung und Besiedlungsgeschichte sollen - zusätzlich zu den Analysen im Zusammenhang mit Ausgrabungen - u.a. folgende Disziplinen mit eigenen Beiträgen beteiligt sein:

Geschichtswissenschaft mit exemplarischen Studien zu den Beziehungen von Stadt (Stade) und Land (Dr.J. BOHMBACH);
Soziologie mit sozialhistorischen Untersuchungen (Prof.Dr.A. DEICHSEL);

Volkskunde mit Untersuchungen zu Hausformen und Brauchtum (Lt. B.D.a.D. F. SCHRÖDER);
Siedlungs- und Verkehrs-Geographie mit Untersuchungen zur Entwicklung der Siedlungsstruktur und des Wegenetzes (Dipl.-Geogr. B. KORZ);
Marschen-Geologie mit einer Untersuchung zur Entwicklung der Elbmarsch (Dr. K.D. MEYER);
Moorgeologie und Pollenanalyse mit Untersuchungen zur Morphologie, Vegetations- und Klimageschichte (Dr. F.R. AVERDIECK);
Dendrochronologie mit Untersuchungen zur Waldentwicklung und Moor-Datierung (Dr. A. DELORME/Dr. H.-H. LEUSCHNER);
Bodenkunde mit Untersuchungen der Marschenböden (Prof.Dr. G. MIEHLICH).

5. Bisherige und geplante Untersuchungen

Aus dem Landkreis Stade liegen schon aus dem 18./19. und dem frühen 2o. Jh. Ausgrabungsergebnisse vor, die aber häufig nicht oder nur unvollständig publiziert worden sind und vor allem unter Voraussetzungen gewonnen wurden, die eine Auswertung unter heutigen Fragestellungen unmöglich machen oder zumindest sehr erschweren. Reichen Fundbergungen für Kartierungen von Fundverteilungen und Geschlossene Funde für chronologische Analysen häufig aus, so fehlen doch die Informationen für umfassendere siedlungsarchäologische Fragestellungen. Insbesondere die Entwicklung der Landschaft als dem jeweiligen Nutzungsraum läßt sich nur in enger Kooperation archäologischer und naturwissenschaftlicher Untersuchungen nachzeichnen, und hierin besteht bezüglich aller vor- und frühgeschichtlichen Zeiten ein Nachholbedarf.

5.1 Frühere Ausgrabungen

Mit den o.g. Bemerkungen sollen die Bemühungen früherer Forschergenerationen nicht abgewertet werden; im Gegenteil: für den damaligen Problem- und Forschungsstand waren diese Arbeiten grundlegend, und wir haben heute die Möglichkeit, auf dieser Basis aufzubauen.

Ausgrabungen vor allem seit den 2oer Jahren d.Jh.s sind von K.H. JACOB-FRIESEN, W. WEGEWITZ, K. KERSTEN, A. CASSAU, W. HAARNAGEL, J. DEICHMÜLLER und anderen durchgeführt worden. Diese Quellenbasis lag den in Kap. 6 genannten Examensarbeiten zugrunde und konnte darin unter verschiedenen Gesichtspunkten ausgewertet werden.

In neuester Zeit haben K. FRERICHS und D. ZIERMANN siedlungsarchäologische Notgrabungen im Vorfeld von platzgestaltenden Baumaßnahmen in Harsefeld und Buxtehude durchgeführt. Diese Ausgrabungen waren typische "frühgeschichtliche" Untersuchungen unter Auswertung der Schriftquellen und vielfältiger Überreste im archäologischen Befund. Dabei erwies sich, daß die Siedlungsarchäologie geeignet ist, ausschließlich an Schriftquellen gewonnene Hypothesen zur Bau- und Besiedlungsgeschichte sowohl zu ergänzen als auch teilweise zu korrigieren.

5.2 Die Ausgrabungen 1983/84

Im ersten Jahr der Ausgrabungen im Rahmen des Forschungsprojekts wurden *1983* Untersuchungen durchgeführt, welche die Interessen der archäologischen Denkmalpflege mit berücksichtigten.

In *Schwinge* mußte ein Gebiet des "Klinckberges" vor Freigabe zur Kiesgewinnung untersucht werden. Durch Testschnitte wurden die Erhaltungsbedingungen und mögliche Besiedlungsspuren geprüft, insbesondere wurden alte Wegespuren ausgegraben und kartiert, die aus der Zeit vor Anlage des heutigen Straßen- und Wegenetzes stammen (Dr. M. TESCH).

In *Lusthoop* wurde ein abgeschobener Grabhügel überprüft, der bis auf die Verfärbung einer Grabanlage weitgehend zerstört war (G. NOWATZYK M.A.).

Umfangreiche Grabungen wurden in *Hammah* durchgeführt, wo in seltener Situation Grabhügel aus dem Neolithikum und der Bronzezeit unter Moorschichten lagen. Neben den wichtigen Befunden aus den Hügeln selbst war hier die Verzahnung der Kulturüberreste mit den morphologischen Veränderungen bedeutsam, so daß bodenkundliche und vegetationskundliche Analysen Aufschlüsse zur Landschaftsentwicklung geben können (R. MICHL M.A.; G. NOWATZYK M.A.; E. PANTZER M.A.; U. ZIMMERMANN).

Im zweiten Jahr wurden *1984* an verschiedenen Stellen Voruntersuchungen und Ausgrabungen durchgeführt.

In *Schwinge* wurde ein großer, z.T. abgetragener und häufig "getrichterter" Grabhügel untersucht (G. HEESE-GREVE M.A.), der den Nachweis einer Doppelbestattung und eines mehrphasigen Aufbaus erbrachte. Nach dieser Ausgrabung konnte das Gebiet zum Kiesabbau freigegeben werden.

Aufgrund von Sammlerfunden konnte in *Bliedersdorf* ein Fundplatz aus dem Neolithikum und möglicherweise der frühen Bronzezeit identifiziert werden. Testgrabungen (H. NELSON) bestätigten dies als Siedlungsplatz der Trichterbecherkultur und einer möglichen späteren Besiedlungsphase.

In *Barnkrug* wurden an einem nicht abgeziegelten Flurstück durch Bohrungen die Befundlage und die möglichen Erhaltungsbedingungen für Siedlungsreste aus der Römischen Kaiserzeit geklärt (A. KAHLE).

Mittelalterliche und neuzeitliche Besiedlungsreste in der Marsch wurden durch Testgrabungen in der Gemeinde *Krummendeich* festgestellt (A. KAHLE).

Aus dem Moor bei *Groß Sterneberg* wurden Eichenstämme durch Abnadeln lokalisiert und eingemessen (A. KAHLE); diese sind Überrest eines nach Vernässen abgestorbenen Eichenwaldes, die Stämme wurden nach Baumfall übermoort. Für ein dendrochronologisches Forschungsprojekt der Universität Göttingen (Dr. H.-H. LEUSCHNER/Dr. A. DELORME) wurden nach Aufgraben Baumscheiben herausgesägt. Gleichzeitig wurden Moorprofile zur Pollenanalyse (Dr. F.R. AVERDIECK) genommen, so daß hier ein Vegetationsprofil genau datiert werden kann.

5.3 Die Ausgrabungen 1985 - 1987

1985 sind an drei Stellen größere Ausgrabungen durchgeführt bzw. begonnen worden:

In *Bliedersdorf* ist der neolithische Siedlungsplatz genauer untersucht worden, weil aus dieser Zeit in Norddeutschland nur ganz wenige Siedlungen und diese auch nur punktuell erfaßt wurden. Wichtig wird auch hier die Verbindung mit der vegetationsgeschichtlichen Untersuchung im angrenzenden Talbereich.

Nach Rettungsgrabungen der archäologischen Denkmalpflege an einer Kiesgrube in *Agathenburg* soll in den Jahren 1985/86 eine Testfläche von ca. 5o x 5o m systematisch untersucht werden, damit vor allem genauere Erkenntnisse zur Struktur dieser Siedlung aus der vorrömischen und römischen Eisenzeit gewonnen werden können.- Parallel dazu sollen Testgrabungen die Lage, den Umfang und die Erhaltung eines zugehörigen Gräberfeldes klären sowie die Topographie zur Zeit der Siedlung. Dabei sollen wieder moorgeologische und vegetationskundliche Analysen Ergebnisse zur Umwelt und Landschaftsentwicklung liefern.

Zeitstellung, Struktur, Umfang und Funktion der in der Gemeinde *Krummendeich* (Stellenfleth 1) festgestellten mittelalterlichen und neuzeitlichen Siedlungsreste sind genauer untersucht worden.

1986/87 sollen die Ausgrabungen in der *Marsch* konzentriert werden, damit genauere Ergebnisse zur Marschenentstehung und -besiedlung gewonnen werden. Eine größere Grabung soll die Stratigraphie und Siedlungsbefunde in *Barnkrug* klären. Weiter sollen die Datierungen der Wurten überprüft und Siedlungen auf hochwasserfreien Sandinseln oder am Uferrand mit evtl. Pfahlbauten gesucht werden. Voraussetzung dafür sind geologische Untersuchungen, die 1986 durchgeführt werden sollen. Darüber hinaus ist geplant, 1986/87 eine Sichtung der bisherigen Ergebnisse zur Besiedlung der Nordkehdinger Marsch durchzuführen, um so die Kriterien für die mögliche Wahl eines größeren Grabungsareals zu gewinnen.

Die nachfolgende Tabelle soll die besser auswertbaren Quellen-Komplexe in regionaler, thematischer und zeitlicher Ordnung vorstellen und damit gleichzeitig die großen Lücken verdeutlichen, die es in systematischer Untersuchung zu schließen gilt (Tab.I).

6. Untersuchungen im Rahmen von Examensarbeiten

Durch die Kooperation des Landkreises Stade mit der Universität Hamburg ist es möglich, in längerfristiger Planung auf Fragestellungen dieses Forschungsprojekts bezogene Themen in Magister-Arbeiten oder Dissertationen behandeln zu lassen. In diesen Untersuchungen können die regionalen Probleme des Landkreises in großräumigere Zusammenhänge eingebunden werden. Folgende Themen wurden bzw. werden in diesem Rahmen bearbeitet:

Eike PANTZER: "Landschaftsentwicklung und Besiedlungsgeschichte im Ldkr. Stade" (MA-Arbeit Hamburg 1985).-
  In dieser Arbeit sollte der gegenwärtige Forschungsstand zum Thema des Projekts kritisch herausgearbeitet werden, so daß die Grundlage für die weitere Forschungs-Planung geschaffen wird.

Gabriele LEGANT: "Nutzungs-Raum und -Aktivitäten einer ländlichen Wirtschaftseinheit am Beispiel eines Hofes in Bliedersdorf, Ldkr. Stade, als Modell für chorologische Untersuchungen in vorgeschichtlichen Siedlungskammern" (MA-Arbeit Hamburg 1985).-
  Jede Interpretation von Überresten früherer Kulturen muß von möglichen Vergleichen mit heute beobachtbaren Verhaltensweisen oder nachvollziehbaren Experimenten ausgehen. In dieser Arbeit sollte ein Modell erarbeitet werden durch die Analyse einer heutigen ländlichen Wirtschaftseinheit. Das Modell sollte dann exemplarisch auf die Befunde einer ergrabenen Siedlung angewandt werden. Durch die verständnisvolle und hilfsbereite Mitarbeit der Familie Klensang in Bliedersdorf konnte eine auch unter grundsätzlichen Erwägungen aufschlußreiche Modell-Studie vorgelegt werden.

In einer Serie regionalbezogener Untersuchungen für das südliche Niederelbegebiet sollten für einzelne Zeitepochen erkennbare regionale Abgrenzungen im Kulturverhalten herausgearbeitet und das Problem der Siedlungskontinuität überprüft werden. Dieser Ansatz sollte die Diskussion um Wanderbewegungen, eine postulierte Südausbreitung der Germanen, Stammes- und politische Gruppierungen in den jüngeren Zeiten auf eine neue Grundlage stellen. Nach Abschluß aller Arbeiten wird es möglich sein, unter diesen Aspekten die Schlußfolgerungen zusammenzufassen.

Die einzelnen Untersuchungen in diesem Rahmen sind (nach Zeitperioden geordnet):

Hildegard NELSON: "Zur inneren Gliederung und Verbreitung neolithischer Gruppen im südlichen Niederelbegebiet" (Dissertation Hamburg).

Martin NAGEL: "Umwelt, Besiedlungs- und Kulturgeschichte in Nordostniedersachsen während der älteren Bronzezeit" (MA-Arbeit Hamburg 1985).

Arne LUCKE: "Die Besiedlung des südlichen Niederelbegebietes in der jüngeren Bronzezeit. Zur inneren Gliederung und Gruppenabgrenzung" (Dissertation Hamburg), Hamburg 1981.

Hans-Jürgen HÄSSLER: "Zur inneren Gliederung und Verbreitung der vorrömischen Eisenzeit im südlichen Niederelbegebiet" (Dissertation Hamburg), 3 Bände, Hildesheim 1977.- Eingeschlossen in diese Arbeit war die Quellen-Publikation des Gräberfeldes von Bargstedt.

Monika STIEF: "Siedlungsarchäologische Untersuchungen zur Römischen Kaiserzeit im südlichen Niederelbegebiet" (Dissertation Hamburg).

Michael PETERS M.A.: "Zur inneren Gliederung und Verbreitung völkerwanderungszeitlicher Gruppen im südlichen Niederelbegebiet" (Dissertation Hamburg).

Eingeschlossen wird das Gebiet des Ldkr. Stade auch in einer Untersuchung zum Paläolithikum:

Angela KAHLE: "Zur Topographie paläolithischer Fundstellen in Norddeutschland" (Dissertation Hamburg).

Über diese abgeschlossenen bzw. laufenden Arbeiten hinaus können spezielle Forschungsprobleme auch in Zukunft vor allem im Rahmen von Magister-Arbeiten bearbeitet werden. Die o.g. Arbeiten haben gezeigt, daß für heutige Fragestellungen noch große Informations-Lücken bestehen. Es wird deshalb darauf ankommen, diese durch gezielte Quellen-Erschließung zu beheben; die gewonnenen Quellen sind dann in Einzelarbeiten auszuwerten.

Anschrift der Verfasser:

Dr. K. Frerichs
Landkreis Stade
Kreisarchäologe
Postfach 1609
Am Sande 4
D-2160 Stade

Prof.Dr. H. Ziegert
Universität Hamburg
Archäologisches Institut
Arbeitsbereich I
Johnsallee 35
D-2000 Hamburg 13

	Geest		Marsch		Umwelt	Geschichte	Wirtschafts- und Sozialgeschichte
	SIEDLUNGEN	GRÄBERFELDER	SIEDLUNGEN	GRÄBERFELDER			
1000	Buxtehude-Altkloster, Kloster Harsefeld		Krummendeich			Bliedersdorf	Bliedersdorf
±0	Agathenburg	Apensen	Asseler Sand (?) Barnkrug		Barnkrug Gr. Sterneberg		Agathenburg
-1000	Agathenburg	Bargstedt I			Agathenburg		Agathenburg
-2000	Bliedersdorf	Hammah			Hammah		Bliedersdorf
-3000	Bliedersdorf						Bliedersdorf
-4000							
-5000							
-6000							

Tab. 1: Forschungsprojekt "Landschaftsentwicklung und Besiedlungsgeschichte im Stader Raum": Quellen-Komplexe

GRABUNGSBERICHTE

DAS HÜGELGRÄBERFELD VON HAMMAH, SAMTGEMEINDE HIMMELPFORTEN, LANDKREIS STADE
Die Ausgrabungen von 1983 *)

R.B. Michl, G. Nowatzyk, E. Pantzer, U. Zimmermann

Geographie

Ca. 7,5 km west-nordwestlich von Stade, zwischen den Orten Hammah im Süden und Groß Sterneberg im Norden, befindet sich eine Gruppe von mindestens 22 neolithischen und bronzezeitlichen Grabhügeln (Abb. 1 und 2).

Naturräumlich betrachtet befinden wir uns hier genau am Nordostrande der Stader Geest im engeren Sinne, präziser: in jenem ihrer Teilbereiche, welcher als Geestplatte von den Vorflutern der Oste im Westen und Schwinge im Süden und Osten begrenzt und zum Warschau-Berlin-Hamburger (=Elbe-) Urstromtal hin entwässert wird (vgl. HÖFLE 1976: 3o f.; NILSSON 1983: 247; PANTZER 1985: 5 Abb.1, Karte 1; PERTSCH 197o: 2-5; SEMMEL 198o: 89,95 f.).

Der pleistozäne Untergrund wird - wie übrigens der größte Teil der Stader Geest - gebildet durch Lockergestein, welches im Rahmen des Lamstedt-Niendorfer Vorstoßes des Saale-Glazials akkumuliert wurde (GRUBE 1967:181; HÖFLE 1976: 37; OVERBECK 1975: 2o4 f.; PERTSCH 197o: 4); ob es sich bei jenem um eine Spätphase des Drenthe- oder um eine Frühphase des Warthe-Stadials handelt, ist in der Geologie bislang noch umstritten (GRUBE 1967: 181, 19o f. Tab.28; NILSSON 1983: 177 f.; OVERBECK 1975: 2o5; PERTSCH 197o: 4) (Abb.3).

Das jedenfalls warthe- und weichselzeitlich überprägte Relief (HÖFLE 1976: 38 f.; OVERBECK 1975: 2o3; PANTZER 1985: 78 f., vgl. Karte 4) formt unter Groß Sterneberg eine nordwest-südöstlich streichende Geestinsel; etwa 1 km südwestlich von ihr liegt nördlich des Ortes Hammah eine parallele, breitere und höhere Kuppe. Auf dem Fuß ihres Nordosthanges liegt die Gruppe der Tumuli, welche gleichsam wie die Perlen einer gut einen km langen Kette aufgereiht erscheinen (JACOB-FRIESEN 1924: 28 f.; OVERBECK 1975: 229; SCHUBERT 1933: 88, Abb.4o; WEBER 1924: 4o; WEGEWITZ 1949: 22 f.) (Abb.2).

In die Mulde zwischen den erwähnten Höhenzügen schieben sich die südöstlichen Ausläufer des Kehdinger Moores, welche nördlich von Groß Sterneberg als Geest-Marsch-Rand-Moor dem Elbmarschenklei aufliegen, im untersuchten Bereich jedoch die hangenden Deckschichten des pleistozänen Untergrundes bilden (JACOB-FRIESEN 1924: 28, 29 Abb.1; OVERBECK 1975: 228 f.; SCHUBERT 1933: 88, 118, Abb.4o; WEBER 1924: bes. 4o) (Abb.2). Nach den Untersuchungen C.A. WEBERS (1924) ragte der Hochmoorrand zur Zeit der Erbauung der stein- und bronzezeitlichen Gräber noch einige Dekameter nördlich der Steinkammer (Hügel Nr. 1) in die Höhe. Jene - wie möglicherweise die übrigen Grabhügel ebenfalls - lag auf einem niedrigen, von Feuchtsenken umgebenen Sandrücken trocken und zugänglich da. Aufgrund des Fehlens eines Überganges zwischen Bruchwald- und Sphagnumtorf in erwähnten Senken, der Existenz und formalen Ausprägung von Weißtorffetzen innerhalb des älteren Bleichmoostorfes sowie anhand von palynologischen und makrobotanischen Analysen schloß WEBER, daß das Hochmoor in nachchristlicher Zeit infolge eines Moorausbruches bis an den Hügel Nr. 2 gelangt ist (vgl.

Abb.4). E. SCHUBERT (1933: 118-124) konnte diese Interpretation angesichts von Anomalien in den Pollensequenzen später im wesentlichen bestätigen (zusammenfassend: OVERBECK 1975: 229). In den überflossenen Bereichen wuchs das hier z.T. wurzelechte Hochmoor dann in Form des jüngeren Bleichmoostorfes weiter auf und hüllte wahrscheinlich das Gros der Grabhügel vollständig ein (vgl. JACOB-FRIESEN 1924: 28; WEBER 1924: 41 f.). Diese traten dann erst wieder zutage, als man seit dem letzten Jahrhundert begann, durch Anlage von Drainagegräben und lagenweisen Abbau des Weißtorfes, das Moor zu kultivieren.

Wie die vorstehenden Ausführungen bereits vermuten lassen, und wie unsere Untersuchungen ergaben, trägt der in der Hauptsache aus Fein- und Mittelsanden bestehende Untergrund der Hammaher Geest Böden der Braunerde- und Podsolklasse, Moorböden und Kultosole sowie deren Zwischen- und Übergangstypen (vgl. auch PANTZER 1985: 79-81; PERTSCH 1970: 7-36).

Forschungsgeschichte und Grabungsanlaß

Die im Rahmen des Forschungsprojektes untersuchten Grabhügel gehören zu einer Gruppe von 22 bis heute bekannten Grabbauten, die jahrhundertelang vom Moor bedeckt und so vor menschlichen Zugriffen geschützt waren. Erst durch die mit der beginnenden Torfgewinnung einsetzende Oberflächensenkung wurden einzelne Hügel, abhängig von ihrer Größe und Lage, nach und nach sichtbar. Während die Kurhannoversche Landesaufnahme von 1769 (s. Kurhannoversche Landesaufnahme des 18. Jahrhunderts Blatt 9, Bützfleth) noch keine Hügel dieser Gruppe verzeichnet, finden sich auf dem Meßtischblatt von 1880 (aufgenommen 1878) bereits vier Hügel (vgl. MÜLLER-REIMERS 1893: 164) aus dem Gebiet der Stellberge (vgl. Abb.2), einem, aufgrund des leicht erhöhten Untergrundes, relativ geringmächtigen Bereiches des Kehdinger Moores. Die Hügel wurden später von JACOB-FRIESEN (1924: 28) mit den Ziffern 10, 12-14 bezeichnet.

Bereits 1921 waren drei dieser Hügel (Nr. 12-14) durch Sandgewinnung und Steinabbau stark bis völlig zerstört, wie JACOB-FRIESEN anläßlich seiner Untersuchungen am Grabhügelfeld von Hammah feststellte (JACOB-FRIESEN 1924: 28 ff.). Zu diesem Zeitpunkt war die Abtorfung so weit fortgeschritten, daß nun 15 Grabanlagen bekannt waren, von denen, zuzüglich der oben genannten, auch die Hügel Nr. 2 und Nr. 15 bereits gestört bzw. vollständig beseitigt worden waren. Von den drei zu dieser Hügelgruppe gehörenden und 1921 von JACOB-FRIESEN untersuchten Megalithbauten (Nr. 1, 12, 13) wurde so nur die Steinkammer Nr. 1 (s.a. Beitrag NOWATZYK), die erst acht Jahre zuvor sichtbar geworden war, unbeschädigt angetroffen.

Die verbleibenden Grabhügel der Gruppe wurden aufgrund ihrer Form und Größe als bronzezeitliche Anlagen angesprochen (JACOB-FRIESEN 1924: 28; WEGEWITZ 1949: 23). Es zeigte sich jedoch, daß es sich auch bei dem Hügel Nr. 9 um ein Megalithgrab handelte, das von A. CASSAU in bereits stark gestörtem Zustand untersucht wurde. In der Nähe der Grabanlage wurde außerdem eine Herdstelle gefunden, aus der tiefstichverzierte Keramik geborgen werden konnte (CASSAU 1931: 202; Ortsakte). Anläßlich der Ausgrabung des Hügels Nr. 5 in den vierziger Jahren durch H. BEHRENS (vgl. Beitrag ZIMMERMANN, Hügel Nr. 5), sowie verschiedener Geländebegehungen der Jahre 1968 und 1980 (Ortsakte), erhöhte sich die Anzahl der im Mooreinzugsbereich gelegenen, zur beschriebenen Gruppe gehörenden Anlagen auf 22.

Sicherlich ist nicht auszuschließen, daß noch weitere Hügel geringeren Ausmaßes unter der verbliebenen Torfdecke begraben sind und sich so die

Anzahl der zum Grabhügelfeld gehörenden Anlagen in Zukunft noch erhöhen kann.

Südöstlich des Hügelgräberfeldes, auf dem Geestrücken am Rande des Kehdinger Moores gelegen, befand sich eine zweite Gruppe von Grabanlagen (s. Abb.2, vgl. MÜLLER-REIMERS 1893: 168; JACOB-FRIESEN 1924: 29), die heute sämtlich zerstört sind. Die Kurhannoversche Landesaufnahme verzeichnet hier 1764/66 eine Gruppe von sechs Grabhügeln (s. Kurhannoversche Landesaufnahme des 18. Jahrhunderts Blatt 13, Stade), von denen MÜLLER-REIMERS noch fünf erwähnt. Vier dieser Grabanlagen waren bereits vor der Ausgrabung des letzten Hügels durch K. KERSTEN 1930 abgefahren worden. Der bereits stark beschädigte untersuchte Grabhügel konnte nur unter Vorbehalt aufgrund der eingetieften, zentral gelegenen Steinpackung der Einzelgrabkultur zugeordnet werden (KERSTEN 1934: 92 ff.). Wie KERSTEN berichtete, war die kleine Gruppe von einem bronzezeitlichen Urnengräberfeld mit mindestens 80 Bestattungen umgeben, die sämtlich bei der Kultivierung des Geländes zerstört wurden. In den Jahren 1930 bis 1933 wurden vereinzelt weitere Urnen gefunden, bzw. teilweise von CASSAU geborgen (CASSAU 1931: 202; ders. 1932: 112; Ortsakte).

Es zeigt sich also, daß das Gebiet nördlich bis nordöstlich von Hammah – sowohl Geestrücken als auch Geesthang – über einen großen Zeitraum hinweg als Bestattungsareal von Bedeutung gewesen war. Es ist zu berücksichtigen, daß die heutige Verteilungsform und -dichte der Grabanlagen als eher zufällig und reduziert zu bewerten ist, so daß eine Zugehörigkeit der beiden beschriebenen Gruppen zu einem weitflächigen Begräbnisplatz nicht ausgeschlossen werden kann.

Drei Grabbauten der beschriebenen größeren Hügelgruppe (Nr. 1a, 1b und 2) wurden im Rahmen des Forschungsprojekts 1983 untersucht. Während Hügel Nr. 2 bereits von JACOB-FRIESEN erwähnt und als gestört beschrieben wurde (JACOB-FRIESEN 1924: 32), waren die beiden anderen Anlagen wohl aufgrund ihrer geringen Größe erst relativ spät anläßlich von Geländebegehungen der Jahre 1968 und 1980 entdeckt worden. Beide Grabhügel waren jedoch bereits bis 1983 durch die landwirtschaftliche Nutzung des Geländes erheblich beschädigt worden, so daß hier, wie auch bei dem benachbarten, alt gestörten, jedoch nie umfassend untersuchten Hügel Nr. 2, eine Grabung notwendig erschien. Die Hügel waren zudem von besonderem Interesse, da sie sämtlich jahrhundertelang vom Moor bedeckt gewesen waren, so daß mit einem guten Erhaltungszustand der Funde und Befunde gerechnet werden konnte.

Vermessungssystem

Die Lage der zu untersuchenden Grabhügel 1a, 1b und 2 von Hammah – als eng benachbarte Fundstellen auf einem Wiesengrundstück südöstlich des Megalithgrabes – bot an, ein auf alle Grabungsstellen anwendbares Horizontal- und Vertikal-Vermessungssystem anzulegen.

Hierzu wurden – nach annähernder Festlegung der Hügelmittelpunkte und ihrer Ausdehnung anhand der oberflächlich sichtbaren Reste der Hügelkuppen – zwei rechtwinklig zueinander stehende Grundlinien ausgepflockt und verspannt. Mittels eines Geologenkompasses orientiert, verlief die Nord-Südachse westlich von Hügel 1a. Das südliche Ende dieser Grundlinie wurde dabei so gewählt, daß eine hier anschließende Ost-Westachse südlich der vermutlichen Ausdehnung des Hügels 2 lag. Abbildung 5 zeigt die Lage des Vermessungssystems und der untersuchten Hügelgräber in der Flur 1 nach der Anbindung an zwei Vermessungspunkte in Groß Sterneberg und an der Straße nach Hammah.

An beiden Vermessungslinien orientierten sich die Schnittanlage der einzelnen Grabungsflächen (vgl. Grabungstechnik) und die Einzelfundeinmessung; die jeweiligen Koordinaten wurden nach Norden ansteigend mit m N, nach Osten mit m O bezeichnet.

Als Bezugspunkt der Vertikalvermessung wurde im südöstlichen Eck des vom Landkreis Stade erworbenen Flurstückes um das Megalithgrab ein von allen Grabungsstellen einsehbarer, behelfsmäßiger Höhenpunkt gesetzt. 1,1o m unter der größten Höhe des mittleren Decksteines des Megalithgrabes (4,45 m ü. NN; vgl. JACOB-FRIESEN 1924: 3o) gelegen, betrug die absolute Höhe des Grabungsnullpunktes 3,35 m ü. NN.

Während die Grabungen der Hügel 1a, 1b und 2 innerhalb dieses Vermessungssystems durchgeführt werden konnten, war für die speziellen Problemstellungen der Untersuchung von Hügel 1 eine abweichende Schnittanlage notwendig (vgl. Beitrag G. NOWATZYK). Die Höhenvermessung bezog sich jedoch auch hier auf den Grabungsnullpunkt.

Grabungstechnik

Archäologische Ausgrabungen als Methode zur Quellengewinnung können im Idealfall dann optimale Ergebnisse liefern, wenn die Grabungstechnik genauestens abgestimmt ist auf die zu lösenden Probleme in Abhängigkeit von erwartetem Befundtyp und -charakter, von geologischen bzw. geomorphologischen Gegebenheiten, von zur Verfügung stehenden Geldmitteln und vorgesehener Grabungsdauer. Diese Faktoren, die während Planung und Ausführung archäologischer Ausgrabungen in einem engen Beziehungsnetz zueinander stehen, sind keineswegs als Konstanten anzusehen. Vielmehr zwingen Veränderungen innerhalb dieses Netzes von Abhängigkeiten (unerwarteter Befundcharakter, zeitintensive Präparationen usw.) zu einer dauernden Flexibilität bezüglich der Grabungstechnik bis hin zu einer möglicherweise notwendigen vollständigen Veränderung des Grabungskonzeptes.

Für die Hügelgrabungen von Hammah, Kr. Stade, war vorgeplant, zunächst ein System von jeweils 4 Quadranten mit durchgehenden Nord-Süd- und jeweils 2 gegeneinander versetzten Ost-West-Profilstegen anzulegen (Abb.6, Variante B). Vor allem unter Berücksichtigung der besonderen Auffindungssituation in Hammah bot dieses System im Vergleich zu weiteren Varianten (Abb.6) und zu anderen Techniken zur Untersuchung von Grabhügeln (vgl. A.E. van GIFFEN 193o: 6-9) ganz entscheidende Vorteile; die Übermoorung der Hügel und die vorangegangene Abtragung der Kuppen ließen lediglich Mutmaßungen über genaue vertikale bzw. horizontale Ausmaße und über die Lage der Hügelmittelpunkte zu. Es war daher wünschenswert, gleich von Beginn der Grabung an durchgehende Profile auswerten zu können und möglichst mehrere dezentrierte Profile zur Verfügung zu haben. Als Lehrgrabung konzipiert, sollte zudem die Möglichkeit bestehen, in allen 4 Quadranten gleichzeitig zu arbeiten, um so den wechselnden Grabungsteilnehmern alle Arbeitsgänge vorführen und selbst ausführen lassen zu können.

Die jeweiligen Hügelmittelpunkte wurden in Annäherung festgelegt mit Hilfe der fast vegetationslosen, kreisrunden Sandflächen, die als Folge der landwirtschaftlichen Planierung der Moorwiese - im Frühjahr 1983 - oberflächlich noch sichtbar waren. Die Anbindung der 4 NS/OW-Quadranten pro Hügel an die Grundlinie erfolgte dann entsprechend Variante B, wobei

die angenommenen Hügelmittelpunkte an den nordöstlichen Eckpunkten der
Südwest-Quadranten zu liegen kamen. Je nach Befundlage wurden die Nord-
süd- bzw. Ostwest-Hauptprofile durch 1 m breite Schnitte verlängert.

Während sich für Hügel 1a und 1b das geplante Grabungskonzept in der
Praxis als vorteilhaft erwies, erforderte die besondere Befundlage des
Hügels 2 eine radikale Planungsänderung hin zu einem ausgedehnten System
kleinerer Testschnitte (vgl. Beitrag R.B. MICHL, Hügel 2).

Die Untersuchung der Erosionslagen zweier Hügel in Relation zueinander
ermöglichte ein Testschnitt ("Verbindungsschnitt"), der die Randbereiche
der benachbarten Hügel 1a und 1b erfaßte.

Gegraben wurde einheitlich in 1-2 cm mächtigen, künstlichen Schichten.
Die Einmessung der Funde und Befunde erfolgte einzeln und dreidimensional,
die zeichnerische Dokumentation der Plana und Profile konnte zeitsparend
mit Hilfe eines Feldpantographen (Maßstab 1:1o) durchgeführt werden.

Anmerkung

*) Für die freundliche Unterstützung danken wir Herrn D. Alsdorf, Stade,
Herrn Drs. J. Assendorp, Lüneburg, Frau G. Facklam, Stade, Frau Dr.
J. Möller, Hannover und Herrn F. Schomaker, Hammah.

Literatur

CASSAU, A.: Fundberichte aus dem Arbeitsgebiet des Museums in Stade
1931   (1. April 193o - 1. April 1931). In: Nachrichtenblatt Deut-
           scher Vorzeit 7: 2o2-2o3.

CASSAU, A.: Fundberichte des Museums Stade (1. April 1931 - 1. April 1932).
1932   In: Nachrichtenblatt Deutscher Vorzeit 8: 111-113.

GIFFEN, A.E. van: Die Bauart der Einzelgräber. Mannus-Bibliothek Nr. 44,
193o   1. Teil: Textband. Leipzig.

GRUBE, F.: Die Gliederung der Saale-(Riß-)Kaltzeit im Hamburger Raum
1967   (= Mitteilung aus dem Geologischen Landesamt Hamburg 58).
           In: K. Gripp, R. Schütrumpf, H. Schwabedissen (Hrsg.): Frühe
           Menschheit und Umwelt; Teil II: Naturwissenschaftliche Beiträge
           (= Fundamenta B 2). Köln, Graz 1967: 168-195.

HÖFLE, H.C.: Die Geologie des Elbe-Weser-Winkels. In: Römisch-Germanisches
1976   Zentralmuseum Mainz (Hrsg.): Führer zu vor- und frühgeschicht-
           lichen Denkmälern: Band 29: Das Elb-Weser-Dreieck: Teil I:
           Einführende Aufsätze. Mainz 1976: 3o-41.

JACOB-FRIESEN, K.H.: Die Steinkammern im Moore von Hammah (Kreis Stade).
1924   In: Prähistorische Zeitschrift 15/1924: 28-4o.

KERSTEN, K.: Grabungsberichte aus dem Kreis Stade. In: Nachrichten aus
1934   Niedersachsens Urgeschichte 8: 78-99.

MÜLLER-REIMERS: Vor- und frühgeschichtliche Altertümer der Provinz Hanno-
1893   ver.

NILSSON, T.: The Pleistocene: Geology and Life in the Quaternary Ice Age.
1983 Stuttgart.

OVERBECK, F.: Botanisch-geologische Moorkunde unter besonderer Berücksich-
1975 tigung der Moore Nordwestdeutschlands als Quellen zur Vegeta-
tions-, Klima- und Siedlungsgeschichte. Neumünster.

PANTZER, E.: Landschaftsentwicklung und Besiedlung im Landkreis Stade.
1985 Ungedruckte wissenschaftliche Hausarbeit zur Erlangung des
akademischen Grades eines Magister Artium der Universität
Hamburg.

PERTSCH, R.: Landschaftsentwicklung und Bodenbildung auf der Stader Geest.
1970 (= Forschungen zur Deutschen Landes- und Volkskunde 200).

SCHUBERT, E.: Zur Geschichte der Moore, Marschen und Wälder Nordwestdeutsch-
1933 lands II: Das Gebiet an der Oste und Niederelbe (= Mitteilungen der Provinzialstelle für Naturdenkmalpflege 4).
Hannover.

SEMMEL, A.: Geomorphologie der Bundesrepublik Deutschland: Grundzüge,
1980 Forschungsstand, Aktuelle Fragen - erörtert an ausgewählten
Landschaften (= Erdkundliches Wissen 30 = Geographische
Zeitschrift, Beihefte 30). Wiesbaden.

WEBER, A.: Das Moor des Steinkammergrabes von Hammah. In: Prähistori-
1924 sche Zeitschrift 15: 40-52.

WEGEWITZ, W.: Die Gräber der Stein- und Bronzezeit im Gebiet der Nieder-
1949 elbe: (Die Kreise Stade und Harburg). (= Veröffentlichungen
der urgeschichtlichen Sammlungen des Landesmuseums zu Hannover 11). Hildesheim.

Anschrift der Verfasser:

Rainer B. Michl M.A.   Gabriele Nowatzyk M.A.

Eike Pantzer M.A.   cand.phil. Ulrich Zimmermann

Universität Hamburg
Archäologisches Institut
Arbeitsbereich I
Johnsallee 35
D-2000 Hamburg 13

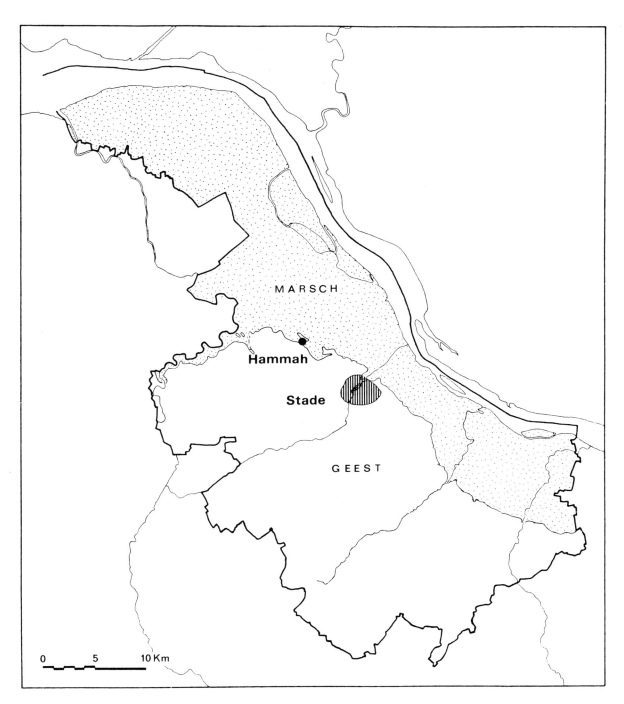

Abb. 1: Naturräumliche Gliederung des Landkreises Stade (nach PANTZER 1985: 5, Abb.1)

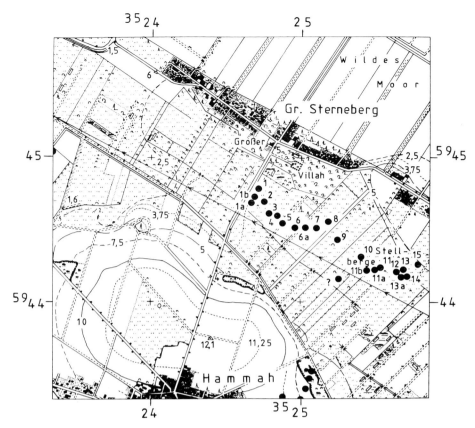

Abb. 2: Das Grabhügelfeld von Hammah (nach JACOB-FRIESEN 1924: 29, Abb.1; Ortsakten und eigenen Untersuchungen; Kartengrundlage umgezeichnet n. Topographische Karte 1: 25ooo: 2322 Stade Nord: Ausgabe 1980, hgg. vom Nieders. Landesverw.-amt - Landesvermessung -)

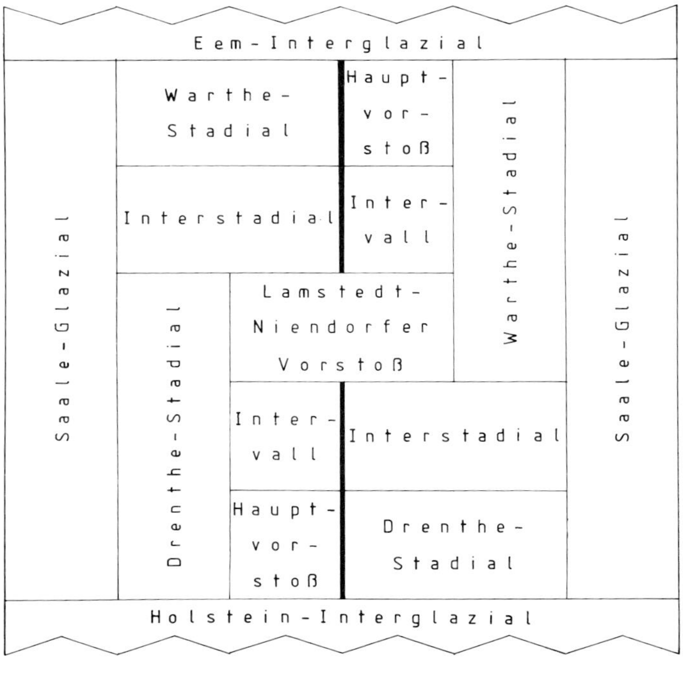

Abb. 3: Synoptisches Schema zur Gliederung des Saale-Glazials in Nord-Niedersachsen und Hamburg (n. GRUBE 1967: 181, 19o f., Tab.28; NILSSON 1983: 177 f.; OVERBECK 1975: 2o5; PERTSCH 197o: 4)

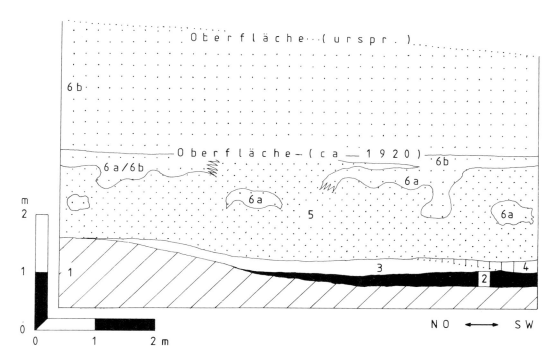

Abb. 4: Schematisches Moorprofil bei Hügel Nr. 1.- 1: pleistozäner Fein- und Mittelsand; 2: Torfmudde; 3: Bruchwaldtorf; 4: Schilftorf; 5: älterer Bleichmoos-(=Schwarz-)Torf; 6: jüngerer Bleichmoos-(=Weiß-)Torf, 6a: umgelagerte Schollen, 6b: wuchsecht in situ (n. WEBER 1924, modifiziert).

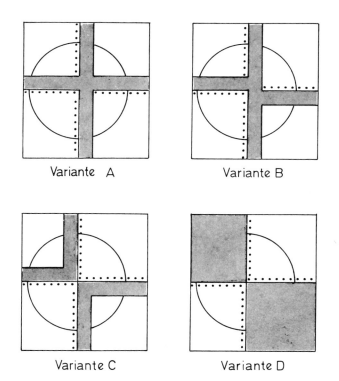

Abb. 6: Möglichkeiten der Schnittanlage bei der Ausgrabung von Grabhügeln.

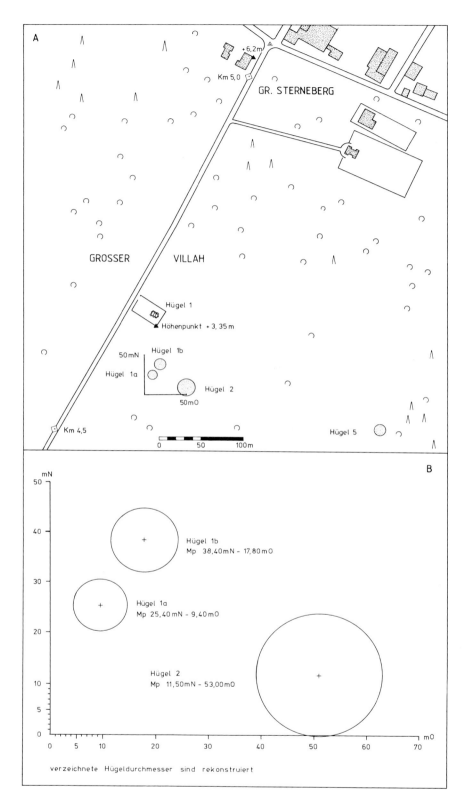

Abb. 5: Lage und Vermessungssystem der Fundstellen bei Hammah, Landkreis Stade
A - Lage der Hügel 1, 1a, 1b, 2 und 5 in der Flur 1 (Grundlage: Deutsche Grundkarte 1:5ooo, Blatt 2322/17, Groß Sterneberg).
B - Grundvermessungssystem der Hügel 1a, 1b und 2.

NEUE UNTERSUCHUNGEN AM STEINKAMMERGRAB NR.1 VON HAMMAH

Gabriele Nowatzyk

Das Steinkammergrab Nr. 1 von Hammah (Lage s. Beitrag MICHL, NOWATZYK, PANTZER, ZIMMERMANN; Abb. 2,5) wurde bereits 1921 von K.H. JACOB-FRIESEN untersucht. Dabei zeigte sich, daß die ursprüngliche, neolithische Bestattung durch eine bronzezeitliche Niederlegung der Periode III ersetzt worden war. Zudem wurde außerhalb der Grabkammer, jedoch innerhalb des Hügels, eine eisenzeitliche Urnenbestattung geborgen (vgl. JACOB-FRIESEN 1924: 28 ff.). Im Rahmen dieser Ausgrabung sowie einer Nachgrabung und Restaurierung durch J. DEICHMÜLLER (DEICHMÜLLER 1976: 93 ff.) wurde die noch erhaltene Hügelschüttung der Anlage, die einen Umfang von 17 mal 14 mal 1 Meter besessen hatte, bis auf einen wallartigen Rest, der sich sichelförmig um den Südostbereich der Steinkammer legt, entfernt und die Kammer selbst freigelegt. Dieser ungestörte Anschüttungsrest war Gegenstand einer begrenzten Untersuchung, die im Zusammenhang mit den Grabungen der Hügel 1a, 1b und 2 durchgeführt wurde (Anm.1).

Ein Profilgraben sollte zum einen klären, ob Hinweise auf Bauphasen oder Bauweise zu erkennen waren, wie dies zum Beispiel bei dem Megalithgrab von Waldhusen der Fall gewesen war (vgl. FRERICHS 1981). Zum anderen sollten die Bodenverhältnisse unter dem bzw. um das Grab untersucht werden. Somit mögliche Vergleiche mit bodenkundlichen Erkenntnissen der eng benachbarten Grabungsstellen erschienen wünschenswert.

Vor Anlage des Profilgrabens durchgeführte Testbohrungen bestätigten, daß es sich bei der erhaltenen Anschüttung tatsächlich um einen zum Großteil ungestörten Abschnitt der Grabbedeckung handelte. Der ca. 5 m lange, 1 m breite und maximal 1,7o m tiefe Testschnitt wurde als Verlängerung der Längsachse der Steinkammer angelegt, so daß der Anschüttungsrest radial geschnitten wurde (s. Abb. 1a,1b). Im Verlauf der Aushebung wurden mit Ausnahme zweier Feuersteinabschläge keine Funde geborgen.

Grabungsergebnisse: Profilbeschreibung

Das freigelegte Profil zeigte vier aufeinanderfolgende Schichten (s. Abb. 1b):

1. Der anstehende Boden;
2. die Hügelschüttung;
3. eine Torfauflage als Rest des den Hügel ursprünglich bedeckenden Moores;
4. ein Torf/Sandgemisch, das wahrscheinlich im Zusammenhang mit der Ausgrabung des Megalithgrabes bzw. der nachfolgenden Gestaltung des Denkmalgeländes zu sehen ist.

Für die oben genannte Problemstellung des Kurzprojektes sind lediglich die Schichten 1 und 2 von Bedeutung, deren Horizonte in Abb. 2 im Detail dargestellt sind.

Im Hinblick auf die erste Fragestellung erbrachte der Testschnitt keinerlei Erkenntnisse. Daß weder Bauphasen noch Einblicke in die Bauweise beobachtet werden konnten, wird aufgrund des sehr begrenzten Untersuchungs-

bereiches nicht überraschen. Der Anschüttungsrest wird, bedingt sowohl
durch seine erhebliche Reduktion, als auch durch die Tatsache, daß er nur
im untersuchten Abschnitt in seiner ursprünglichen Höhe belassen wurde,
für diese Problematik wohl keine Einsichten mehr bergen.

Hingegen erwies sich die beobachtete Bodensituation als von außerordentlichem Interesse. Im folgenden sollen die Horizonte im einzelnen angeführt werden. Um die Beschreibung zu erleichtern, wurde das Profil in
die Abschnitte "A", "B" und "C" eingeteilt (s. Abb. 2).

Der Bereich "A" umfaßt den fossilen Boden, d.h. die Bodenverhältnisse,
wie sie sich zum Zeitpunkt der Errichtung der Anlage darstellten. Der fossile humose Oberboden (fAh) war nur noch schwach und nicht durchgängig zu
beobachten. Er fand seine stärkste Ausprägung nahe der Steinkammer, d.h.
im Bereich der größten Mächtigkeit der Überhügelung. Der folgende fossile
Unterboden (fBv) war im gesamten Anschüttungsbereich relativ gleichmäßig
ausgeprägt, fahlgrau bis braun gefärbt und von durchschnittlich 2o cm
Mächtigkeit. Eine Einzelkornbleichung hatte offenbar vor der "Versiegelung"
des Bodens durch den Hügel bereits eingesetzt. Das Ausgangsgestein (C) ist
Geschiebesand (s.a. Beitrag MICHL, NOWATZYK, PANTZER, ZIMMERMANN).

Der Bereich "B" umfaßt das Anschüttungsmaterial, in dem Bodenbildungsprozesse zur Horizontausprägung führten. Der humose Oberboden (Ah') ist
durchgängig zu beobachten und gewinnt zum Hügelfuß hin deutlich an Mächtigkeit. Es folgt ein Bleichsandhorizont (Ae') von erheblichem Umfang.
Der Unterboden teilt sich in einen durchgängig ausgebildeten Bh/Bs'-Horizont, der sich, durch Huminstoffanreicherung dunkel gefärbt, deutlich vom
folgenden Bs'-Horizont abhebt, der jedoch nicht lückenlos entwickelt ist.
Dieser Ortstein/Orterde-Bereich weist eine Gesamtmächtigkeit von bis zu
3o cm auf. Ausgangsgestein für ablaufende Bodenbildungsprozesse war hier
das Anschüttungsmaterial (C'), das wahrscheinlich aus anstehendem und daher leicht zugänglichem Geschiebesand besteht.

Der Bereich "C" umfaßt die rezente Bodensituation, die sich, dem Abschnitt
"B" vergleichbar, in die Oberbodenhorizonte Ah und Ae, den Anreicherungshorizont Bhs und das Ausgangsgestein C teilen läßt.

Die Bereiche "B" und "C" werden, wie aus den Abbildungen ersichtlich ist,
von einer Torfauflage bedeckt, die jedoch an dieser Stelle vernachlässigt
werden soll.

Diskussion der Grabungsergebnisse

Wie deutlich wurde, ist die Horizontausbildung der Abschnitte "B" und "C"
vergleichbar, lediglich das der Bodenbildung zugrunde liegende Ausgangsgestein ist jeweils ein anderes, d.h. also Hügelanschüttung ("B") bzw. anstehender Geschiebesand ("C"). Die Horizonte gehen sichtbar ineinander
über. Der Boden, wie er sich hier darstellt, ist als PODSOL anzusprechen,
dessen teilweise sehr deutliche Horizontausprägung möglicherweise auf die
nachträgliche Moorbedeckung und damit zu vermutende hohe Feuchtigkeit zurückzuführen ist (Anm.2). Der hiervon deutlich zu unterscheidende Boden
unterhalb des Megalithgrabes ("C") kann als basenarme BRAUNERDE bezeichnet werden, die durch die Grabanschüttung vor einer Überprägung, wie sie
offenbar außerhalb des Hügels stattgefunden hat, bewahrt wurde. Es ist zu
beobachten, daß sich die Horizonte zum Zentrum der Überhügelung hin am
deutlichsten erhalten haben, während im Hügelfußbereich die Horizontausbildung weniger ausgeprägt zu verfolgen ist. Wohl bedingt durch die hier

nur noch geringe bis auslaufende Hügeldecke konnten Überprägungsprozesse einsetzen, die zu einer Verwischung der Braunerdehorizonte führten, für eine deutliche Podsolierung aber nicht ausreichten.

Die nach Errichtung des Megalithgrabes und vor der Übermoorung einsetzende Podsolierung sparte also den vom Grabhügel bedeckten Bereich aus, bezog die Anschüttung selbst jedoch in den Bodenbildungsprozeß ein.

Abschließend sei noch auf einen weiteren, kleinräumigen Bodenbildungsbereich hingewiesen, der sich als geringmächtiger Ah-Horizont, gefolgt von einem deutlicher ausgeprägten Bleichsand- und Ortsteinband auf die oben beschriebene primäre Hügeloberfläche auflegt. Hierbei wird es sich um Anschüttungsmaterial handeln, das durch Erosionsvorgänge gelockert wurde und sich erst im flacheren Hangbereich nahe des Hügelfußes wieder anlagerte. Dieses Hangfließen fand offenbar auf bereits podsolierter Anschüttungsoberfläche statt. Das Verflußmaterial selber wurde wiederum in die Bodenbildung einbezogen und entwickelte noch vor der Übermoorung deutliche Podsolhorizonte, wobei das als Ausgangsbasis dienende Verflußmaterial selbst so vollständig überprägt wurde, daß es nicht mehr als C-Horizont in Erscheinung tritt.

Sicherlich läßt sich annehmen, daß die Hügelaufschüttung einen Abflachungsprozeß durchlief und so nach der Errichtung höher gewesen sein wird als bei der Auffindung. Wenn jedoch davon ausgegangen werden kann, daß Erosionsvorgänge am wirksamsten in Erscheinung treten, solange ein schützender Bewuchs noch nicht eingesetzt hat, so wird ein Großteil der Verflachung kurz nach Fertigstellung der Überhügelung stattgefunden haben. Da mit Bodenbildung zu einem so frühen Zeitpunkt noch nicht gerechnet werden kann, wird sich der primäre Abflachungsvorgang bodenkundlich nicht dokumentiert haben. Hinweise auf Hangverfluß, wie sie oben beschrieben wurden, werden somit mit zeitlich jüngeren Vorgängen in Beziehung zu setzen sein, die offenbar erst nach deutlicher Podsolierung der Hügeldecke einsetzten. Möglicherweise sind die Ursachen dieses sekundären Hangverflusses mit Veränderungen am Hügel selber, wie z.B. die Einbringung einer Nachbestattung oder Neubelegung, begleitet vielleicht von einer anschließenden Aufhöhung, in Zusammenhang zu setzen.

Die Bedeutung der bodenkundlichen Erkenntnisse

Wie deutlich wurde, stellt sich der Boden unterhalb des Megalithgrabes, eine Braunerde, als Zustandsbild der Bodenverhältnisse zum Zeitpunkt der Errichtung dar, während, wie am Befund selbst deutlich wird, die Umgebung, wie auch der Hügel, podsolierten. Diese, für diesen Standort gesicherte, Entwicklung von Braunerde zu Podsol kann durch zahlreiche Faktoren, wie Klimaänderung, Vegetationswechsel oder anthropogene Eingriffe, eingeleitet werden. Die hier zu beobachtenden Hinweise auf die Bodenentwicklung sind somit auch und gerade für eine Umweltbeschreibung bzw. für eine Rekonstruktion von Umweltveränderungen von Interesse.

Die Entwicklung von Braunerde zu Podsol wird sich zudem nicht auf die unmittelbare Umgebung des Megalithgrabes beschränkt haben, sondern kann vielmehr, aufgrund sehr ähnlicher geomorphologischer und hydrologischer Verhältnisse, sowie vor allem vergleichbaren Ausgangsgesteins, auch für Bereiche südlich der Grabanlage angenommen werden, d.h. auch für die Standorte der Hügel 1a, 1b und 2. Damit bietet sich hier die Bodenkunde als Mittel zur relativen Chronologie an. Grabhügel, deren Anschüttung zur Konservierung einer Braunerde führten, werden in diesem Falle älter sein als solche die hier auf einem entwickelten Podsol angelegt wurden, d.h. auf dem Endstadium der hier nachgewiesenen Bodenentwicklung.

Ein Vergleich der fossilen Böden der benachbarten Grabanlagen zeigt also, daß die auf dem entwickelten Podsol angelegten Hügel 1b und 2 jünger sein müssen als der Grabhügel 1a, dessen fossiler Untergrund als Podsol-Braunerde angesprochen werden muß. Dieser wiederum wird jünger sein als das Megalithgrab, das auf basenarmer Braunerde errichtet wurde. Die Bodenkunde liefert hier unterstützende Hinweise für die Deutung des Altersverhältnisses der Hügel untereinander (vgl. Beiträge MICHL, PANTZER, ZIMMERMANN).

Es läßt sich somit zusammenfassend feststellen, daß die Bodenkunde bei benachbarten Grabungsstellen als weiteres Hilfsmittel zur relativen Altersbestimmung herangezogen werden kann, unter der Voraussetzung, daß vergleichbare geomorphologische, hydrologische und Untergrund-Verhältnisse vorliegen, die eine weiträumigere Anwendung lokal beobachteter Bodenphänomene erlauben, wie dies im beschriebenen Beispiel der Fall ist.

Diese Ausführungen sollten im übrigen deutlich werden lassen, daß bodenkundliche Sichtweisen sowohl für Umweltrekonstruktionen, als auch für die Deutung bodenkundlich dokumentierter Vorgänge am und im untersuchten Denkmal von Interesse sein können.

Anmerkungen

1. An dieser Stelle möchte ich meine Mitarbeiter Frau P. Tutlies und Herrn A. Diallo dankend erwähnen.
2. Für seine Hilfe bei der bodenkundlichen Ansprache möchte ich Herrn Dr. D. Goetz herzlich danken.

Literatur

DEICHMÜLLER, J.: Das Großsteingrab von Hammah. - Führer zu vor- und früh-
1976   geschichtlichen Denkmälern Bd.3o, Das Elb-Weser-Dreieck
                II: 93-95.

FRERICHS, K.:   Die Bauphasen des Megalithgrabes von Waldhusen, Gemarkung
1981   Pöppendorf, Hansestadt Lübeck. Befunde einer Nachgrabung.
                - Lübecker Schriften zur Archäologie und Kulturgeschichte
                Bd.5: 17 ff.

JACOB-FRIESEN, K.H.: Die Steinkammern im Moore von Hammah (Kreis Stade).-
1924   Prähistorische Zeitschrift 15: 28-4o.

Anschrift der Verfasserin

Gabriele Nowatzyk M.A.
Universität Hamburg
Archäologisches Institut
Arbeitsbereich I
Johnsallee 35
D-2ooo Hamburg 13

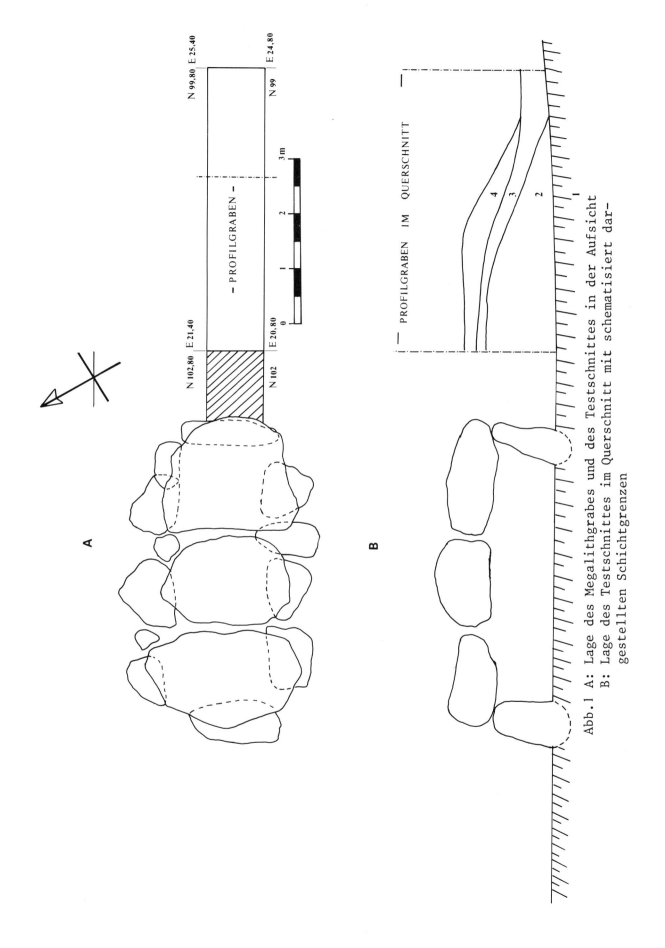

Abb.1 A: Lage des Megalithgrabes und des Testschnittes in der Aufsicht
B: Lage des Testschnittes im Querschnitt mit schematisiert dargestellten Schichtgrenzen

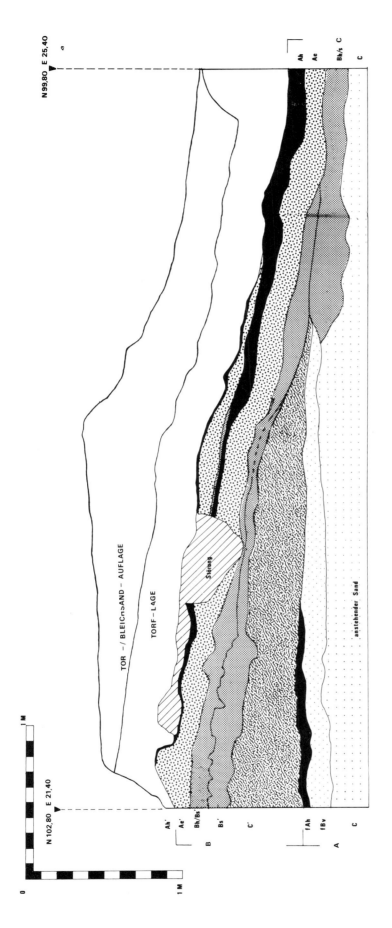

Abb.2: Nordnordwest-Profil des Testschnittes. Die Sohle des Schnittes liegt bei 2.16 m ü.NN

DER ZERSTÖRTE GRABHÜGEL 1A VON HAMMAH, LANDKREIS STADE
Befunde, Interpretation und chronologische Überlegungen.

Ulrich Zimmermann

I. Allgemeines

Der Grabhügel 1a befand sich in unmittelbarer, südsüdwestlicher Nachbarschaft von Hügel 1b und wurde erst spät, nämlich anläßlich von Geländebegehungen und Vermessungsarbeiten des Niedersächsischen Landesverwaltungsamtes (Institut für Denkmalpflege in Hannover, Herr Dr. W. GEBERS) im August 1980, entdeckt und in die Numerierung des neolithisch-bronzezeitlichen Gräberfeldes von Hammah aufgenommen.

Ein interpolierter Höhenschichtenplan (Abb.1) weist für die zu diesem Zeitpunkt nicht mehr übermoorte Hügelkuppe im Jahre 1980 eine Höhe von 0,40 m aus. Größere, oberflächlich sichtbare Beschädigungen wurden damals nicht festgestellt, wohl aber ein unnatürlich abflachender Böschungswinkel zur Kuppenmitte hin.

Ein gänzlich verändertes Bild bot sich dem Grabungstechniker der Dienststelle des Kreisarchäologen, Kr. Stade, Herrn D. ALSDORF, bei einer routinemäßigen Denkmalkontrolle im Frühjahr 1983.

Zu Grabungsbeginn im Juli 1983 zeigte eine fast vegetationslose, kreisrunde Sandfläche als Folge von landwirtschaftlichen Arbeiten die Lage des Hügels auf der Moorweide an. Einzelne Gerölle auf dieser Fläche ließen die Vermutung zu, daß durch die Einebnung bzw. durch frühere Grabungen eine Steinanlage in oder auf dem Hügel in Mitleidenschaft gezogen worden war. Der noch verbliebene, übermoorte Hügelrest wurde in der Zeit vom 17.7. - 21.9.1983 untersucht, wobei Variante B der Quadrantentechnik (s. Beitrag MICHL/NOWATZYK/PANTZER/ZIMMERMANN: Grabungstechnik) Anwendung fand (Anm.1).

II. Befunde

1. Rezente Eingrabungen

Zusätzlich zu der erwähnten Abtragung der Hügelkuppe wurde im zentralen Bereich eine Störungsgrube als Unterbrechung der natürlichen Bodenbildungshorizonte der Hügelschüttung festgestellt. Oberflächlich betrugen die horizontalen Ausmaße dieser Trichterung etwa 6,00 m in Ost/West- und 4,5 m in Nord/Süd-Richtung. Bei dem Böschungswinkel von 25-30° zeigten die Störungsgrenzen 0,35 m unter der Oberfläche (x - 0,20 m; Anm.2) eine annähernd viereckige, länglich von Südwest nach Nordost verlaufende Form von 3,5 m x 2,3 m Grundfläche. Die tiefsten Bereiche der Störungsgrube haben die fossile Erdoberfläche unter dem Hügel ziemlich genau in dessen Zentrum durchstoßen, so daß aufgrund der horizontalen und vertikalen Ausdehnung der Grube eine zielgerichtete Trichterung des Hügels angenommen werden darf (Abb.10).

Verfüllt war der Störungstrichter in den oberen Bereichen mit einem Sand-Torf-Gemisch, tiefer mit schichtweise abgelagerten und unterschiedlich humosen Sanden. Die geneigte Schichtstellung der unteren Verfüllungssande, vereinzelt beobachtete Schichtbrüche sowie eine leichte Verfestigung in den tieferen Bereichen lassen die Vermutung zu, daß die Grube nicht sofort bzw. nicht vollständig wieder verfüllt wurde, sondern eine zeitlang offen lag. Andererseits kann ein Zusammenhang dieser Eingrabung mit den Kultivierungsarbeiten im Jahre 1983 ausgeschlossen werden. Die verfestigten Sande deuten eher auf eine einige Jahrzehnte weiter zurückliegende Störung, die später wieder verfüllt wurde.

In der Verfüllung befanden sich in gestörter und regelloser Lage über 1oo Gerölle von 1o - 2o cm Durchmesser, die sicherlich aus der z.T. zerstörten zentralen Steinanlage stammen; zudem wurden 2 Flintpfeilspitzen aus den Verfüllungssanden des Trichters geborgen.

2. Hügelaufbau

a) Fossiles Relief

Hügel 1a wurde offensichtlich auf und an einer natürlichen Bodenerhebung erbaut. Durch Sondierbohrungen in Verlängerung der beiden Hauptprofile konnte südlich des Hügels ein abfallendes fossiles Bodenrelief unter den Torfschichten nachgewiesen werden. Bereits 2o m südlich des angenommenen Hügelmittelpunkts (25,oo N / 1o,oo E) ist der Mineralboden mit einem 1 m-Sondierbohrstab nicht mehr faßbar, was einem Geländeabfall von mindestens o,7 m entspricht. Die rezente Mooroberfläche fällt auf gleicher Distanz um o,45 m ab.

Direkt nördlich an Hügel 1a anschließend ist eine leichte und kleinräumige Senke (etwa o,4 m) im fossilen Relief zu beobachten (s. Kap.IV). Östlich und westlich von Hügel 1a sind die Höhenschwankungen des Mineralbodens dagegen minimal und unerheblich, so daß insgesamt eine etwa Ostnordost - Westsüdwest verlaufende fossile Bodenwelle vorausgesetzt werden darf, auf der und an derem nordöstlichen Rand Hügel 1a erbaut worden ist.

b) Fossile Bodenbildung unter dem Hügel

Werden Böden durch neue Sedimente überdeckt, seien es natürliche (z.B. Dünenaufwehungen) oder anthropogene (z.B. Bau von Erdwällen oder Grabhügeln), so können die normalen Faktoren der Bodenentwicklung (Klima, Relief, Wasser, Fauna/Flora, Mensch) nicht oder nur in sehr geringem Maße weitere Veränderungen bewirken; die natürliche Bodengenese ist unterbrochen (vgl. F. SCHEFFER, P. SCHACHTSCHABEL 1979(1o): 311). Derartige Paläoböden dokumentieren jedoch das jeweilige Stadium der Bodenentwicklung. Sie verdienen daher während archäologischer Ausgrabungen - auch von Grabhügeln - besondere Beobachtung. Zur Rekonstruktion der Klima- und Umweltverhältnisse und - wie noch zu zeigen sein wird - zur Entwicklung eines relativchronologischen Schemas können die Untersuchungsergebnisse von fossilen Böden entscheidende Denkanstöße liefern.

Die Mächtigkeit des Solums unter Hügel 1a betrug o,3 - o,4 m, wobei die Horizontgrenzen nicht sehr markant ausgeprägt waren. Die Ansprache des fossilen Bodentyps wurde dadurch lange Zeit erschwert (Anm.3).

Profilbeschreibung:

o - 1 bis 2 cm fA_h nur schwach ausgebildet und nur partiell als dunkelgraue Humusanreicherung erkennbar.

2 - 15 cm   fA$_{he}$ bzw. fB$_s$ graubrauner Mittelsand mit gelbbrauner Flekkung und partiell ganz leichten Podsolierungserscheinungen in den oberen 5 cm; nicht scharf abgegrenzt zum tiefer liegenden Horizont.

15 - 3o cm   fB$_v$ hell- bis mittelbrauner, nicht verfestigter Sand, z.T. gefleckt; im unteren Bereich heller werdend und ohne scharfe Abgrenzung in den hellgelben Sand des C-Horizontes übergehend.

Der Hügel ist demnach auf einem Bodentyp erbaut, der sowohl Verbraunungsals auch schwache Podsolierungserscheinungen zeigt. Es handelt sich um eine Podsol-Braunerde. Vor allem die Ausprägung des fossilen Verbraunungshorizonts, der unter dem Hügel nicht verfestigt ist, außerhalb des Hügels unter den Torfschichten jedoch eine rostbraune Färbung annimmt und leicht verfestigt ist, somit dort einen fossilen Illuvialhorizont (fBhBs, Orterde) darstellt, unterstützt die Interpretation einer Podsol-Braunerde unter dem Hügel. Der fossile Humusboden (fAh) unter dem Hügel ist nur partiell erkennbar, so daß eine Begradigung der Erdoberfläche vor dem Hügelbau wahrscheinlich ist.

c) Baumaterialien

Der Hügel ist einheitlich aus Mittel- bis Feinsanden aufgebaut. Bodenbildungshorizonte und konstruktiv bedingte Schichten sind daher nur aufgrund unterschiedlicher Humositätsgrade und unterschiedlicher Färbung voneinander zu trennen.

Auf der fossilen Oberfläche zeigte sich im Hügelzentrum uneinheitlich grau gefärbtes humoses Sandmaterial in einer annähernd kreisrunden Ausdehnung von 6,5 m Durchmesser. Die Höhe dieses ersten Bauabschnitts oszillierte zwischen o,1 und o,4 m, so daß der humose Hügelkern in den Plana oft nicht als einheitliche Verfärbung sichtbar wurde und während der Grabung zu unterschiedlichen Interpretationsüberlegungen Anlaß gab. Die Profile machten dann jedoch einen humos-grauen Hügelkern deutlich ohne markant ausgeprägte Plaggenstrukturen, wie sie in den benachbarten Hügeln lb, 2 und 5 zu beobachten waren. Darüber kam hellbrauner, gelegentlich graugelb gefleckter Sand zu liegen. In den oberen Bereichen ist dieser Schüttungssand von einer rezenten Bodenbildung (Podsol) überprägt. Eine etwa lo cm mächtige graue Sandschicht mit dunkelgraubrauner Bänderung läßt an eine obere Abdeckung der Schüttungssande mit dünnen Plaggen denken (Abb.3).

Erwähnenswert scheint, daß der pedogenetisch bedingte, fossile Eluvialhorizont (fAe) außerhalb der Hügelschüttung horizontal, dann jedoch der Hügelböschung folgend verläuft. Eine braunschwarze, sandfreie Sedimentschicht, die hier vorbehaltlich der noch ausstehenden moorkundlichen Untersuchung als Dy angesprochen wird, befindet sich unter den Torfschichten und über dem Mineralboden (s. Abb.3). Auch sie folgt leicht ansteigend dem Verlauf der Hügelböschung.

3. Abmessungen

Der Durchmesser des Hügels betrug ehemals sowohl im Ostwest- als auch in Nordsüdrichtung etwas über lo m. Die Bodenbildung im Hügel bildet in der Kontaktzone mit der der ehemaligen Erdoberfläche unter dem Hügel als o,4 - o,5 m breiter ringartiger Übergangsbereich beider Bodenbildungen den

Hügelfuß. Hier wurde die fossile Bodenbildung unter dem Hügelrand (Podsol-Braunerde) durch die spätere Bodenbildung in den Schüttungssanden überprägt, so daß ein dunkelbrauner Eisen-Humus-Anreicherungshorizont (BhBs) entstanden ist, der gut vom verfestigten fBhBs außerhalb des Hügels und von den nur leicht überprägten Schüttungssanden zu unterscheiden ist. Die vorgefundene Horizontalausdehnung des Hügels betrug 12 m in Nordsüd- und 11 m in Ostwestrichtung.

Vertikal waren im Hügelzentrum noch etwa 0,55 m der Schüttung im übermoorten Zustand erhalten. Unter Berücksichtigung sowohl des parallelen Verlaufs der Bodenhorizonte als auch des Höhenschichtenplans von 1980 ergibt sich eine ehemalige Höhe von etwa 1,00 m.

4. Dezentrale Steineinbauten

Die randlich meist auf der fossilen Oberfläche gelegenen Gerölle haben durchweg einen Durchmesser von $\pm$ 20 cm. Viele zeigen eine leicht abgeflachte, plattige Form. Auffallend ist die Konzentrierung der dezentralen Gerölle auf den nördlichen und südlichen Randbereich (s. Abb.4), während im Osten und Westen die entsprechenden Bereiche fast steinfrei geblieben sind. Ein geschlossener Steinkranz ist also nicht vorhanden.

In Quadrant 2 markieren 4 in Reihe auf die fossile Oberfläche gesetzte größere Steine (Ø 30-35 cm) exakt die äußere Begrenzung des humosen Hügelkerns, der mit Ausnahme der zentralen Steinanlage nahezu steinfrei ist. Dieser Steinreihe nordwestlich gegenüberliegend in Quadrant 1 befinden sich - ebenfalls außerhalb des humosen Hügelkerns - zwei halbkreisförmige Steinsetzungen.

Die im Nordosten außerhalb des rekonstruierten Hügelumfangs gelegenen Gerölle haben ursprünglich auf der Hügelböschung gelegen und sind vor der Übermoorung in die Senke zwischen Hügel 1a und Hügel 1b abgerutscht.

5. Zentrale Steinanlage

Durch die erwähnte Trichterung sind größere Teile einer zentralen Steinanlage zerstört worden. Lediglich 2 Konzentrationen dicht nebeneinander gepackter Gerölle westnordwestlich bzw. ostsüdöstlich des tatsächlichen Hügelmittelpunktes bei 25,40 N / 9,40 E sind in situ erhalten geblieben. Diese Gerölle (Ø 20-30 cm) lagen zum großen Teil auf der fossilen Oberfläche, einige waren leicht eingetieft (Abb.10). Ihre Form ist meist plattig-abgeflacht, wenige waren mit einer abgeflachten Seite nach unten gepackt worden, so daß - beide Konzentrationen zusammengenommen - eine Steinpflasterung von etwa 3 m Länge und 1,5 m Breite angenommen werden kann (s. Abb.5) (Anm.4). Weitere in-situ-Befunde unter oder über den ungestörten Schmalenden dieses Steinpflasters fehlen, so daß zwar der Eindruck einer zentralen Bestattungsanlage entsteht, ein sicherer Nachweis jedoch fehlt; hingewiesen sei allerdings auf die bereits erwähnten 2 langschmalen Flintpfeilspitzen mit konkaver Basis und gezähnten Schneiden aus der Verfüllung der Trichterungsgrube über dem ostsüdöstlichen Teil des Steinpflasters (s. Kap.V).

6. Funde aus der Hügelschüttung

Aus dem Hügelschüttungsmaterial wurden aus unterschiedlicher Tiefenlage zahlreiche Flintabschläge, z.T. mit kleinen Randretuschen, geborgen. Abschläge sowie sehr kleine Holzkohlepartikel stammen hauptsächlich aus dem humosen Hügelkern. Gleiches trifft für insgesamt 16 grobgemagerte und unverzierte Wandungsscherben zu.

Aus dem Sandmaterial über dem humosen Kern stammt aus ungestörter Lage ein beidseitig flachretuschiertes Flintartefakt (Abb. 7b). Dieses Stück sowie ein flacher Flintabschlag mit umlaufender Randretusche (Abb. 7a) sind wohl - vermutlich unabsichtlich - während des Hügelbaus mit in das Schüttungsmaterial gelangt.

7. Flintmaterial außerhalb der Hügelschüttung

Am südöstlichen, nordöstlichen und nördlichen Hügelfuß, in dem - wie erwähnt - hier als Dy bezeichneten schwarzbraunen, mineralfreien Sediment, wurden 14 Flintabschlagkonzentrationen (Ø 2o-3o cm) mit insgesamt rund 2oo Abschlägen geborgen. Sie stammen nicht aus der Hügelschüttung, sondern lagen z.T. eindeutig außerhalb des Hügelbereichs, z.T. auch unter und in den randlichen Erosionslagen der Hügelböschung. Retuschierte Stücke und Klingenbruchstücke fehlen. Innerhalb der einzelnen Konzentrationen aus einheitlich grauem Flintmaterial sind in mehreren Fällen Stücke zusammensetzbar, so daß ein Befundzusammenhang hergestellt ist.

III. Fundkatalog

Nr. 1   Grabungsnummer 11/B/13
         Lage: Quadrant 1; 26,97 m N / 8,15 m E; Tiefe x ± o,oo m
              ungestörte Lage in Hügelschüttung.
         Annähernd triangulärer Abschlag aus hellgrauem Flint mit umlaufender Randretusche.
         Länge: 2,4 cm; größte Breite: 2,o cm; Abb. 7a

Nr. 2   Grabungsnummer 11/B/17o
         Lage: Profilsteg II; 23,28 m N / 11,oo m E; Tiefe x + o,o2 m
              ungestörte Lage in Hügelschüttung.
         Beidseitig flachretuschiertes Artefakt aus dunkelgrauem Flint.
         Mögliche Verwendung als Projektilspitze oder als Feuerschlagstein.
         Länge: 6,1 cm; Breite 1,7 cm; Abb. 7b

Nr. 3   Grabungsnummer 11/B/171
         Lage: Profilsteg III; 25,6o m N / 1o,46 m E; Tiefe x - o,o4 m
              in Verfüllungssanden der zentralen Störungsgrube.
         Beidseitig flachretuschierte Pfeilspitze aus hellbraunem Flint;
         Basis rundlich o,6 cm einziehend; Seitenkanten kräftig gezähnt;
         äußerste Spitze fehlt.
         Länge: 3,9 cm; größte Breite: 1,4 cm; Abb. 7c

Nr. 4   Grabungsnummer 11/B/173
         Lage: Profilsteg IV; 24,77 m N / 11,85 m E; Tiefe x + o,11 m
              in Verfüllungssanden der zentralen Störungsgrube.
         Aus hellbrauner Flintklinge hergestellte Pfeilspitze mit beidseitig randlicher Retusche, gezähnten Seitenkanten und rundlicher Basiseinziehung (o,5 cm).
         Länge: 3,5 cm; größte Breite: 1,3 cm; Abb. 7d.

IV. Schnitt A - Verbindungsschnitt zwischen Hügel la und Hügel lb
Befund und Interpretation

Die räumliche Nähe der beiden Hügel la und lb, deren Mittelpunkte nur etwa 15 m voneinander entfernt lagen, bot die seltene Gelegenheit, die Randbereiche zweier Hügel und deren Erosionslagen an einem gemeinsamen Profil zu untersuchen.

Dieser Verbindungsschnitt wurde so gelegt, daß dessen Nordwestprofil (Südwest-Nordost-Verlauf) die Mittelpunkte beider Hügel ideell miteinander verbindet (Abb.2). Auf diese Weise war die Gewißheit gegeben, beide Hügel in ihrer größten Ausdehnung bzw. auch eventuelle stratigraphische Befunde zu erfassen (Abb.6, 11 und 12).

Die fossile Bodenbildung in der kleinen Senke zwischen beiden Hügeln zeigt einen mittelgründig ausgeprägten Podsol mit einem 5-lo cm mächtigen Eluvialhorizont (fAe), unterlagert von einem Anreicherungshorizont (fBhBs), der leicht verfestigt ist. Ohne scharfe untere Abgrenzung geht diese Orterde über in den gelben Sand des C-Horizonts.

Höchst aufschlußreich erscheint der Verlauf des fossilen Eluvialhorizonts, der, wie oben erwähnt, bei Hügel la der Hügelböschung folgt, also die nachträgliche Bodenbildung nach dem Bau des Hügels darstellt, bezüglich Hügel lb jedoch relativ horizontal unter dessen Hügelschüttung bzw. unter dessen Plaggenkern verläuft. Es ergibt sich ein erstes pedogenetisch-stratigraphisches Argument für relativchronologische Aussagemöglichkeiten; denn zum Zeitpunkt der intensiven Podsolierung der ehemaligen Braunerde bzw. der Podsol-Braunerde muß Hügel la bereits erbaut gewesen sein. Hügel lb (vgl. Beitrag E. PANTZER) dagegen kann erst erbaut worden sein, als die Podsolierung erheblich vorangeschritten war. Eine zeitparallel unterschiedliche Bodengenese kann aufgrund der räumlichen Nähe ausgeschlossen werden. Eine Änderung des Bodensubstrats sowie herausragend unterschiedliche geomorphologische Gegebenheiten sind nicht vorhanden, so daß hier nur der Faktor Zeit unterschiedliche Bodenbildungen hervorgerufen haben kann.

Über dem fAe ist ein humoser Sandoberboden nicht auffindbar. Dafür zeigt sich in der Senke die bereits mehrfach erwähnte schwarzbraune mineralfreie Schicht in einer Mächtigkeit von 8-lo cm. Wahrscheinlich handelt es sich um ein Braunschlammsediment, um Dy, das durch "Ausflockung der in dem braungefärbten Wasser gelösten organischen Verbindungen" (F. SCHEFFER, P. SCHACHTSCHABEL 1979(lo): 351) entstanden ist. Nach der Podsolierung des Bodens in der Senke zwischen beiden Hügeln sind offensichtlich als Folge drastischer Vernässung des Geländes organische Sedimente abgelagert worden. Diese Schicht folgt auf Hügel la dem Verlauf der Hügelböschung und wird von Torfschichten - partiell auch von dünnen sandigen Erosionslagen - überdeckt. Bezüglich lb hingegen läuft die Schicht in das Aufschüttungsmaterial hinein, das Substrat wird hier zunehmend sandiger. Die Schicht markiert hier offensichtlich den Grenzbereich zwischen 1. und 2. Hügelbauphase (vgl. Beitrag E. PANTZER), da sie einerseits von den mittelbraunen Sanden der 2. Phase und von verflossenen Bleichsanden der Hügelschüttung überdeckt ist, andererseits randliche Erosionslagen der 1. Phase überdeckt (Abb.12).

Es ergibt sich also ein 2. stratigraphischer Befund, wonach relativchronologisch Hügel la eindeutig älter sein muß als die 2. Bauphase von Hügel lb. Die pedogenetisch-stratigraphischen Befunde und Überlegungen, wonach Hügel 1b - auch dessen 1. Bauphase - jünger sein muß als Hügel 1a, werden durch diesen 2. Befund in ihrer Bedeutung nachdrücklich unterstrichen.

V. Diskussion und Exkurs über den chronologischen Stellenwert von Flintpfeilspitzen

Der randlich übermoorte, rezent getrichterte und schließlich 1983 gekappte Grabhügel 1a von Hammah, Kr. Stade, war erbaut auf bzw. an einer natürlichen Bodenwelle, deren leichter Abhang nach Nordost vor dem Bau mit humosem Oberbodenmaterial begradigt worden ist. Die rekonstruierte Höhe beträgt 1 m, der ehemalige Durchmesser ohne randliche Erosionslagen 10,20 m.

Der Hügelkern ist ebenfalls aus humosem Oberbodenmaterial aufgebaut, das vermutlich aus der näheren westlichen Umgebung des Hügels stammt, wo fossile Bodenbildungen unter den Torfschichten wenig ausgeprägt sind. Daß Hügelbaustoffe mit Ausnahme der Steineinbauten nicht über größere Entfernungen transportiert wurden, ist zwar zu vermuten, konnte jedoch m.W. erstmalig für die Grabhügel 27 und 31 von Oldenstadt, Kr. Uelzen (H. SCHIRNIG, B. HEINEMANN 1970: 6-26) durch bodenkundliche Laboruntersuchungen nachgewiesen werden (a.o.O. S.23). Es darf also nicht wundern, daß im humosen Kern von Hügel 1a eigentliche Plaggenstrukturen mit abwechselnd dunkel-heller Bänderung fehlen; denn ein ausgeprägter Podsol, dessen Ah- und Ae-Horizonte diese charakteristischen Plaggenstrukturen in Grabhügeln hervorrufen, war zum Zeitpunkt des Hügelbaus noch nicht vorhanden. Die Bodenbildung befand sich vielmehr in dem Stadium der Podsol-Braunerde, wie sie unter dem Hügel dokumentiert ist.

Der hellbraune, gelegentlich gefleckte Sand über dem humosen Hügelkern dürfte dann das Material des ehemaligen Bv-Horizonts darstellen. In den oberen Bereichen ist dieser Schüttungssand von mehreren dünnen Plaggenlagen abgedeckt, vermutlich um den sonst unvermeidlichen Verfluß der Sande zu verhindern, zumindest jedoch hinauszuzögern.

Die 16 unverzierten Keramikwandungsscherben aus dem Plaggenkern entsprechen in Magerungsart (Kies), Wandungsstärke und Farbe dem neolithischen Keramiktyp, der unter Hügel 2 (vgl. Beitrag R. MICHL/G. NOWATZYK) gefunden wurde. Vor allem in Verbindung mit Fund 2 (Fundkatalog und Abb. 7b) darf daher für Hügel 1a angenommen werden, daß auch hier neolithische Siedlungsreste - vermutlich unbeabsichtigt - mit in das Baumaterial gelangten. Vorstellbar ist, daß die 14 Flintschlagkomplexe außerhalb der Hügelschüttung in Zusammenhang mit dem Bau des Hügels stehen, da sie z.T. von dünnen Erosionsschichten überlagert werden. Andererseits können sie auch kurze Zeit nach dem Hügelbau, jedoch vor der Erodierung der Randbereiche und vor der Übermoorung entstanden sein.

Den dezentralen Steineinbauten im Norden und Süden des Hügels kann eine bautechnische Funktion nicht beigeordnet werden. Einige Gerölle haben allerdings ursprünglich auf der Hügelböschung gelegen und sind dann später in tiefere Bereiche abgerutscht. Die beiden halbkreisförmigen Steinsetzungen in Quadrant 1 stehen sicherlich in einem nicht mehr rekonstruierbaren Zusammenhang mit dem Grabritual. D. SCHÜNEMANN interpretiert derartige Steinhalbkreise auf der fossilen Oberfläche von Grabhügeln als Kultnischen für die Lagerung von organischen Grabbeigaben (1980: 275-280; 1985: 346, Abb.9 und 355, Abb.13).

Die Reste einer zentral, auf der fossilen Oberfläche gelegenen Bestattung können trotz großflächiger Zerstörung ohne Mühe zu einem Steinpflaster von 3 m Länge und 1,5 m Breite rekonstruiert werden (Abb.5). Die über 100 Gerölle in der Verfüllung der zentralen Eingrabung machen zudem eine Steinabdeckung der vermutlichen Körperbestattung wahrscheinlich. Erkennt man an, daß die beiden Flintpfeilspitzen in einem ehemaligen Befundzusammenhang mit der Zentralbestattung stehen - was nicht schwer fällt, da die hier vorliegende Form aus Siedlungsbefunden nicht bekannt ist, sie also mit größter Wahrscheinlichkeit nicht zufällig mit in das Hügelbaumaterial gelangt sind - so ist in Hügel 1a eine männliche Person in Ostnordost/Westsüdwest-Ausrichtung auf einem Steinpflaster und vermutlich unter einer Steinabdeckung bestattet worden. Beigegeben wurden - neben möglichen weiteren Gegenständen, die in diesem Fall einer Raubgrabung zum Opfer gefallen sein müssen - zwei Flintpfeilspitzen.

Ein sehr gut vergleichbarer Grab-Befund liegt aus Torsballig, Kr. Schleswig-Flensburg, Hügel 3, Grab A (K. KERSTEN 1978: Nr.2360 A) vor. Ein zusätzlich zu zwei langschmalen Flintpfeilspitzen beigegebener Flintdolch vom Typ VIa (nach E. LOMBORG 1973: 32 ff.; H.J. KÜHN 1979: 45 f.) datiert dieses Grab in die frühe oder ältere Bronzezeit.

Für den Zeitpunkt des Baus von Hügel 1a kann aufgrund der stratigraphischen Befunde im "Verbindungsschnitt" zwischen Hügel 1a und 1b (Kap. IV), der unterschiedlichen pedogenetischen Stadien der fossilen Böden unter den untersuchten Grabhügeln von Hammah und aufgrund des Vergleichsfundes von Torsballig zunächst nur die frühe oder ältere Bronzezeit angenommen werden; gemeint sind die Perioden I und II (nach O. MONTELIUS) bzw. die Perioden IA, IB, IIA und IIB nach K. KERSTEN (1936: 97 f.), der die Stader Geest ("östlicher Regierungsbezirk Stade") als kulturell der nordeuropäischen Bronzezeit (Zone II) zugehörig rechnet.

Ein Versuch, den Hügel 1a von Hammah genauer datieren zu wollen, muß notwendigerweise bei den Grabbeigaben, den beiden Flintpfeilspitzen, ansetzen.

Nach H.J. KÜHN (1979: 71) sind die aus Hügel 1a stammenden Pfeilspitzen seinem Typ 9 zuzuordnen (a.o.O. S.68, Abb.16), der durch Beifunde ganz allgemein in die frühe oder ältere Bronzezeit zu datieren ist. Wie F. LAUX (1971: 90) bezüglich seiner Variante A für Nordniedersachsen vermutet, weist auch H.J. KÜHN (1979) für Schleswig-Holstein auf Grabfunde mit Flintpfeilspitzen des Typs 9 hin, die durch weitere Beigaben dem Sögel-Wohlde-Horizont der frühen nordeuropäischen Bronzezeit (Periode I nach O. MONTELIUS) beizuordnen sind.

Nach K. KERSTEN (1936: 83) allerdings, der zwei verschiedene Formen (dreieckig und langschmal) herausgearbeitet hat, diese jedoch aufgrund der geringen Anzahl nicht als 2 Typen unterscheidet, sind die Flintpfeilspitzen in der nordelbischen Zone II durch Beifunde in seine Perioden IB (2 Funde), II (3 Funde) und III (2 Funde) zu datieren. Auch W. WEGEWITZ (1949: 165) konstatiert für Nordniedersachsen eine lange Laufzeit der Pfeilspitzen von Periode I bis Periode II, hält aber die großen, langschmalen Pfeilspitzen, insbesondere diejenigen mit gezähnten Seitenkanten für älterbronzezeitlich, der Periode II zugehörig (1958: 97; zitiert nach H.G. PETERS 1970: 71).

Eine neuerliche Durchsicht des älterbronzezeitlichen Fundmaterials ergibt für Nordniedersachsen (Gesamtzahl der Gräber: rund 400) 61 geschlossene Grabinventare mit Flintpfeilspitzen, von denen 20 der Variante A (nach LAUX 1971) (Anm.5) bzw. dem Typ 9 (nach H.J. KÜHN 1979) entsprechen. Sie haben eine runde oder eckige, in jedem Fall kräftige Basiseinziehung, gezähnte oder gerade Seitenkanten und ein Längen-Breiten-Verhältnis von ≥ 2:1 (vgl. Fundliste 1).

In insgesamt 11 dieser 2o nordniedersächsischen Grabinventare sind Flintpfeilspitzen der Variante A mit Bronzegegenständen kombiniert; zwei dieser elf Gräber sind nicht datierbar (Betzendorf, Kr. Lüneburg; Holßel, Kr. Cuxhaven), die anderen neun jedoch sind durch die Kombination der Bronzebeigaben dem Sögel-Wohlde-Horizont beizuordnen (Baven, Kr. Celle; Bockel, Kr. Soltau; Dohnsen-Wohlde, Kr. Celle; Hagen, Kr. Celle; Heeslingen-Offensen, Kr. Rotenburg/W.; Heine, Kr. Cuxhaven; Helmste, Kr. Stade; Holßel, Kr. Cuxhaven; Luttum, Kr. Verden). Es sind vor allem die Kurzschwerttypen mit runder (Typ Sögel) oder trapezförmiger (Typ Wohlde) Griffplatte sowie Randbeile mit geraden oder geknickten Randleisten, die diese Datierung zulassen. K. KERSTEN (1936: Taf. XXXV) setzt diese Bronzen in seine Perioden IA und IB. Der vollkommene Ausschluß jünger zu datierender Bronzen in Kombination mit diesen Pfeilspitzen definiert letztere zweifellos als eng gebunden an den Sögel-Wohlde-Horizont der frühen Bronzezeit in Nordniedersachsen, als Leittyp für diesen Zeitabschnitt. Die weiteren Beifunde (Feuerschlagstein, Flintdolch Typ VI, Tontasse) stehen - obwohl jeder für sich gelegentlich auch mit Periode II - Bronzen kombiniert ist - dieser Datierung nicht entgegen.

In Schleswig-Holstein (Gesamtzahl der Gräber: rund 75o) sind derzeit 26 geschlossene Grabfunde (Anm.6) mit Flintpfeilspitzen bekannt, wovon hier 11 dem Typ 9 entsprechen (Fundliste 2). Ein chronologisch einheitliches Gesamtbild, wie es sich für Nordniedersachsen bildet, entsteht für Schleswig-Holstein nicht. 2 Brandgräber (Albsfelde, Kr. Hzgt. Lauenburg; Loit, Kr. Schleswig-Flensburg) mit kalzinierten Pfeilspitzen, Griffzungenschwertern, Messern und rhombischen Ortbändern sind in die Periode III zu datieren und ein vermutliches Körpergrab (Tensfeld, Kr. Segeberg) kann durchaus endneolithischen Ursprungs sein. Weiterhin sind Kombinationen mit Flintdolchen des Typs VI (Bunsoh, Kr. Dithmarschen; Ridders, Kr. Steinburg; Schafstedt, Kr. Dithmarschen; Torsballig, Kr. Schleswig-Flensburg) genauso festzustellen, wie solche mit Sögel-Wohlde-Inventar (Bunsoh, Kr. Dithmarschen; Rastorf, Kr. Plön). Es ergibt sich eine Bestätigung der Ergebnisse von K. KERSTEN (1936: 83; s.oben), wonach den Flintpfeilspitzen in Schleswig-Holstein und im südlichen Dänemark eine längere Laufzeit (Periode I bis III) zugebilligt werden muß.

In Nordniedersachsen dagegen sind - unter Berücksichtigung des chronologischen Stellenwertes, der der Flintpfeilspitze Variante A hier als offensichtlichem Leittyp zukommt - mit größter Wahrscheinlichkeit auch diejenigen Gräber sögel-wohlde-zeitlich, in denen diese Pfeilspitzen als ausschließliche Beigabe aufgefunden wurden. Somit müßte also auch Hügel 1a von Hammah während der frühen Bronzezeit, in der Periode I (nach O. MONTELIUS), entstanden sein.

Absolutchronologisch kommt R. HACHMANN (1957: 18o) für die nordeuropäische Frühbronzezeit durch die Methode der Fundvernetzung (vgl. hierzu H. ZIEGERT, 1983: 43) zu dem Ergebnis, daß "der Beginn des Sögeler Horizonts in die Zeit zwischen 155o und 15oo v.Chr. fällt" (a.o.O.); das Ende vermutet er im 15. oder 14. Jahrhundert v.Chr. Durch ein konventionelles C-14-Datum von 148o$\pm$6o BC (KN 2o82) für Luttum, Kr. Verden, Grabhügel Grab 2 (s. Fundkatalog 1), das 2 verschiedene Leittypen des Sögel-Wohlde-Horizonts sowie 3 Flintpfeilspitzen der Variante A enthielt, wird HACHMANNs Ergebnis zunächst einmal bestätigt; absolute Zeitangaben für die Dauer dieser Periode sind mittels eines einzelnen C-14-Datums natürlicherweise nicht zu treffen.

Es ist das besondere Verdienst K. BOKELMANNS, daß aufgrund seiner genauen Beobachtung der stratigraphischen Befundlage im Hügel 1 von Rastorf, Kr. Plön, nun ein relativ- und absolutchronologischer Mindestzeitraum für den Sögel-Wohlde-Horizont angegeben werden kann. In Rastorf, Kr. Plön, lag ein Körpergrab 5 (Fundliste 2) mit einem importierten Vollgriffschwert und einer Pfeilspitze Variante A/Typ 9 über einem Körpergrab 4 (Dolchklinge mit zweinietiger, rundlicher Griffplatte). Mit einer jüngsten frühbronzezeitlichen Aufhöhung des bestehenden Hügels konnte BOKELMANN (1977: 9o-1oo) Grab 6 mit einem Griffplattenschwert Typ Wohlde, einem Schieferanhänger, 6 Pfeilspitzen Variante A/Typ 9 u.a. (s. Fundkatalog 2) korrelieren. Unter diesen drei frühbronzezeitlichen Gräbern lag ein Megalithgrab und eine spätneolithische Nachbestattung (u.a. mit 3 Flintpfeilspitzen mit Schaftzunge und hochsitzenden Flügeln).

Für diesen neolithisch-frühbronzezeitlichen Grabhügel, der unzweifelhaft zu den chronologisch wichtigsten in Nordeuropa zählt, liegen nunmehr drei C-14-Daten des Biologisch-Archaeologischen Instituuts in Groningen, Niederlande, vor (Anm.7):

1. Dolmengrab; Holzkohle in Kammerboden: 4710 ± 45 BP (GrN 1o346)
2. Grab 4; Holzkohle vom Sarg: $352o \pm 7o$ BP (GrN 1o754)
3. Grab 6; Reste der Holzscheide für
   Griffplattenschwert: $334o \pm 7o$ BP (GrN 1o755)

Sicherlich können hier nicht alle Konsequenzen diskutiert werden, die sich für die Chronologie der Frühbronzezeit in Nordeuropa aus diesen Befunden und Daten ergeben. Es bleibt aber festzuhalten, daß bereits während der Frühbronzezeit in schon bestehenden Hügeln nachbestattet wurde, und - wichtiger - daß sich für den Sögel-Wohlde-Horizont in Schleswig-Holstein und Nordniedersachsen ein nicht kalibrierter, absolutchronologischer Mindestzeitraum von 157o BC (Grab 4) bis 139o BC (Grab 6) ergibt. Diese Daten nach M.A. GEYH (1983: 27, Fig.6) korrigiert, ist die Zeit von 185o bis 165o v.Chr. für die Anlage der drei frühbronzezeitlichen Gräber von Rastorf anzunehmen.

Die beiden Pfeilspitzen des Hügels 1a von Hammah sind formidentisch mit denen der Gräber 5 und 6 von Rastorf. Sie sind der Variante A bzw. dem Typ 9 zuzuordnen, dem - wie festgestellt wurde - in Nordniedersachsen ein leittypologischer Stellenwert für den Sögel-Wohlde-Horizont zukommt. Der Hügel 1a muß daher während des oben erwähnten Zeitraumes erbaut worden sein.

VI. Fundliste 1

Geschlossene Grabfunde aus Nordniedersachsen mit Flintpfeilspitzen der Variante A (F. LAUX 1971: 9o) bzw. des Typs 9 (H.J. KÜHN 1979: 71)

Altencelle, Kr. Celle:
   Hügelgruppe "Föscherberg", Hügel 17, Grab 1
   Flintfeuerschlagstein, 3 Pfeilspitzen
   F. LAUX 1971: 165, Kat.Nr. 11

Altencelle, Kr. Celle:
   Hügelgruppe "Föscherberg", Hügel 17, Grab 2
   2 Pfeilspitzen, eine kalziniert
   F. LAUX 1971: 165, Kat.Nr. 11

Altencelle, Kr. Celle:
    Hügelgruppe "Föscherberg", Hügel 17, Grab 3
    1 Pfeilspitze
    F. LAUX 1971: 165, Kat.-Nr. 11

Baven, Kr. Celle:
    Hügelgruppe "Bonstorfer Heide", Hügel 1, Grab 1
    Griffplattenschwert Typ Wohlde, Griffplattendolch, Kegelkopfnadel, Projektilspitze aus Flint, 2 Flintfeuerschlagsteine, 17 Pfeilspitzen, fragm. Holzbecher
    H. PIESKER 1958: 25; F. LAUX 1971: 165, Kat.-Nr. 13

Betzendorf, Kr. Lüneburg:
    Hügelgruppe "Kämpen", Hügel 3, Grab 2
    fragm. Bronzedraht, 3 Pfeilspitzen, retuschiertes Flintartefakt
    F. LAUX 1971: 211, Kat.-Nr. 239

Bockel, Kr. Soltau:
    Hügelgruppe "Langemannshof", Hügel 18, Grab
    Griffplattenschwert Typ Sögel, Randleistenbeil, fragm. Bronzering, 6 Pfeilspitzen
    H. PIESKER 1958: 28; F. LAUX 1971: 226, Kat.-Nr. 334

Dohnsen-Wohlde, Kr. Celle:
    Grabhügel "Roxhüllen", Grab
    Griffplattenschwert Typ Wohlde, Randleistenbeil, 13 Pfeilspitzen, Flintklinge
    F. LAUX 1971: 174, Kat.-Nr. 33 I

Hagen, Kr. Celle:
    Grabhügel, Grab
    Griffplattenschwert Typ Sögel, 1o Pfeilspitzen
    F. LAUX 1971: 175, Kat.-Nr. 39 C

Hammah, Kr. Stade:
    Hügel 1b, Grab 1
    3 Pfeilspitzen
    E. PANTZER 1984: 273-279

Heeslingen-Offensen, Kr. Rotenburg/W:
    Hügel, Grab
    Beil mit geknickten Randleisten, 11 Pfeilspitzen
    J. BERGMANN 197o: 66

Heidenau, Kr. Harburg:
    Hügel 9, Grab
    2 Pfeilspitzen
    F. LAUX 1971: 198, Kat.-Nr. 148 I

Heine, Kr. Cuxhaven:
    Hügel 34, Grab
    Griffplattenschwert Typ Sögel, Beil mit geknickten Randleisten, 2 Pfeilspitzen, Keramikscherben
    H. AUST 1976: 14o

Helmste, Kr. Stade: Grab
    Griffplattenschwert Typ Sögel, Randleistenbeil, 2 Pfeilspitzen, Keramikscherben
    W. WEGEWITZ 1949: 52 f.; F. LAUX 1971: 234, Kat.-Nr. 388

Hörpel, Kr. Soltau:
    Hügel, Grab 2
    2 Pfeilspitzen, Tontasse
    A. KÜHNE 1942: 26 ff.; F. LAUX 1971: 228, Kat.-Nr. 347 B

Holßel, Kr. Cuxhaven:
    Hügel, Grab 1
    Griffplattenschwert Typ Wohlde, Pfeilspitze
    J. BERGMANN 1970: 65

Holßel, Kr. Cuxhaven:
    Hügel, Grab 2
    fragm. Griffplattendolch, Pfeilspitze
    J. BERGMANN 1970: 68

Luttum, Kr. Verden:
    Hügel, Grab 2
    Griffplattenschwert Typ Sögel, Beil mit geknickten Randleisten, 3 Pfeilspitzen
    C14-Datum: 1480 ± 60 BC (KN 2082)
    J. BERGMANN 1970: 66; H. SCHWABEDISSEN 1978: 112

Ostereistedt, Kr. Rotenburg/W.:
    Hügel 2, Grab
    Flintfeuerschlagstein, 4 Pfeilspitzen, fragm. Flintbeil
    J. BERGMANN 1970: 75

Revenahe-Kammerbusch, Kr. Stade:
    Hügel "Rugebarg", Grab
    Flintdolch Typ VI, 5 Pfeilspitzen, Flintfeuerschlagstein
    F. LAUX 1971: 236, Kat.-Nr. 405

Wangersen, Kr. Stade:
    Hügel 7, Grab
    Flintfeuerschlagstein, Pfeilspitze
    J. BERGMANN 1970: 65

Fundliste 2

Geschlossene Grabfunde aus Schleswig-Holstein mit Flintpfeilspitzen des Typs 9 (H.J. KÜHN 1979: 71) bzw. der Variante A (F. LAUX 1971: 90)

Albsfelde, Kr. Hzgt. Lauenburg:
    Hügel 45, Grab A, Brandgrab
    Griffzungenschwert, rhombisches Ortband, Rasiermesser, Nadel mit profiliertem Kugelkopf, 3 Pfeilspitzen (eine kalziniert)
    K. KERSTEN 1951: 135 ff.

Bosau, Kr. Plön:
    Hügel, Grab 2
    fragm. Pfriemnadel, Pfeilspitze
    R. HACHMANN 1957: 192, Kat.-Nr. 167; Material K. KERSTEN

Bunsoh, Kr. Dithmarschen:
    Hügel, Grab
    Griffplattendolch Typ Sögel, Flintdolch Typ VI, Pfeilspitze.
    K.S. 8776
    unveröffentlichtes Material K. KERSTEN

Liesbüttel, Kr. Rendsburg-Eckernförde:
    Hügel 19, Grab C
    2 Pfeilspitzen
    Mus. Harburg 1893.39/4o; unveröffentlichtes Material
    K. KERSTEN

Loit, Kr. Schleswig-Flensburg:
    Hügel 21, Grab, Brandgrab
    Griffzungenschwert, rhombisches Ortband, fragm. Rasiermesser, Griffangelmesser, 2 kalzinierte Pfeilspitzen, Keramikscherben
    E. ANER, K. KERSTEN 1978: 139 f., Ke.-Nr. 2379

Rastorf, Kr. Plön:
    Hügel 1, Grab 5
    frühbronzezeitliches Import-Vollgriffschwert, Pfeilspitze
    K. BOKELMANN 1977: 9o-1oo

Rastorf, Kr. Plön:
    Hügel 1, Grab 6
    Griffplattenschwert Typ Wohlde, Felsgesteinaxt, Gürtelhaken, dreifach durchbohrter Schieferanhänger, 6 Pfeilspitzen (3 mit gezähnten Seitenkanten)
    K. BOKELMANN 1977: 9o-1oo

Ridders, Kr. Steinburg:
    Hügel 77, Grab A
    Flintdolch Typ VI, kleiner fragm. Bronzering, 6 Pfeilspitzen
    K. KERSTEN 1939: 349 ff.

Schafstedt, Kr. Dithmarschen:
    Hügel 2o, Grab B
    Flintdolch Typ VI, Feuerschlagstein, 2 Spiralringe aus rundem Golddraht, Pfeilspitze
    C. ROTHMANN 19o7: 18

Tensfeld, Kr. Segeberg:
    Hügel "Pottbarg", Grab 1
    Bernsteinring, 2 Bernsteinperlen, 6 Pfeilspitzen
    R. HACHMANN 1957: 196

Torsballig, Kr. Schleswig-Flensburg:
    Hügel 3, Grab A
    Flintdolch Typ VI, 2 Pfeilspitzen
    E. ANER, K. KERSTEN 1978: 12o f., Ke.-Nr. 236o A

Anmerkungen

1. Trotz brennender Juli-Sonne und septemberlichen Sturmregens haben sich dankenswerter Weise folgende Kommilitoninnen und Kommilitonen nicht entmutigen lassen: Herr T. Arp, Frau A. Busse, Frau C. Gerotzke, Herr C. Gildhoff, Frau G. Legant, Frau G. Meyer, Frau U. Michel, Frau P. Tutlies, Frau B. Wohlenberg. Meinen herzlichen Dank auch an Frau R. Volbracht und an Frau M. Witek für die Anfertigung der Reinzeichnungen.

2. Die Höhen- bzw. Tiefenangaben beziehen sich auf einen vor Grabungsbeginn festgelegten Fixpunkt (x) für vertikale Messungen.

3. Für die mündlichen Auskünfte vor Ort bedankt sich Verf. bei Herrn Dr. D. Goetz, Ordinariat für Bodenkunde, Universität Hamburg.

4. In Abb. 4 und 5 wurden nur Gerölle aus ungestörter Lage aufgenommen.

5. Mit Variante B werden bei F. Laux (1971: 9o) offensichtlich diejenigen wenig sorgfältig gearbeiteter Flintpfeilspitzen bezeichnet, die durch Bronzebeigaben dem Lüneburger Kulturraum zuzuordnen sind und dort ab Zeitgruppe 1 vorkommen. In einer Rezension korreliert R. Busch (1972: 3o8) die Zeitgruppen I und II mit Periode II der nordeuropäischen Bronzezeit (nach O. Montelius).

6. Herrn Prof.Dr. K. Kersten, Landesmuseum Schleswig, gilt mein besonderer Dank für die Erlaubnis, seine z.T. noch unveröffentlichten Materialaufnahmen einsehen zu dürfen.

7. Für die freundliche Erlaubnis, die C^{14}-Daten veröffentlichen zu dürfen, bedankt sich Verf. bei Herrn Dr. K. Bokelmann, Landesmuseum Schleswig.

Literatur

ANER, E.; KERSTEN, K.: Südschleswig-Ost. (Die Funde der älteren Bronze-
1978   zeit des nordischen Kreises in Dänemark, Schleswig-Holstein und Niedersachsen. Bd.IV.) Neumünster.

AUST, H.: Das älterbronzezeitliche Hügelgrab Debstedt 75. In: Das Elb-
1976   Weser-Dreieck III. (Führer zu vor- und frühgeschichtlichen Denkmälern. Bd.31: 134-14o) Mainz.

BERGMANN, J.: Die ältere Bronzezeit Nordwestdeutschlands. Marburg.
197o

BOKELMANN, K.: Ein Grabhügel der Stein- und Bronzezeit bei Rastorf, Kr.
1977   Plön. In: Offa 34: 9o-1oo.

BUSCH, R.: Laux, Friedrich: Die Bronzezeit in der Lüneburger Heide. In:
1972   NNU 41: 3o4-3o9.

GEYH, M.A.: Physikalische und chemische Datierungsmethoden in der Quartär-
1983   Forschung. Clausthal-Zellerfeld.

HACHMANN, R.: Die frühe Bronzezeit im westlichen Ostseegebiet und ihre
1957   mittel- und südosteuropäischen Beziehungen. Hamburg.

KERSTEN, K.: Zur älteren nordischen Bronzezeit. Neumünster.
1936

KERSTEN, K.: Vorgeschichte des Kreises Steinburg. Neumünster.
1939

KERSTEN, K.: Vorgeschichte des Kreises Herzogtum Lauenburg. Neumünster.
1951

KÜHN, H.J.: Das Spätneolithikum in Schleswig-Holstein. Neumünster.
1979

KÜHNE, A.: Das Steingrab von Döhle, Kr. Harburg. In: NNU 16: 26-33.
1942

LAUX, F.: Die Bronzezeit in der Lüneburger Heide. Hildesheim.
1971

LOMBORG, E.: Die Flintdolche Dänemarks. Kopenhagen.
1973

PANTZER, E.: Eine Urnenbestattung der Periode II nordischer Bronzezeit
1984   aus Hammah, Kr. Stade. In: Arch.Korr. 14, H.3: 273-279.

PETERS, H.G.: Die Ausgrabung von 3 Grabhügeln in der Gemarkung Ripdorf,
1970   Kr. Uelzen. In: Materialhefte zur Ur- und Frühgeschichte Niedersachsens 3: 37-76.

PIESKER, H.: Untersuchungen zur älteren Lüneburgischen Bronzezeit. Lüneburg.
1958

ROTHMANN, C.: Ein Grabhügel der Bronzezeit bei Schafstedt in Dithmarschen. In: Mittheilungen des Anthropologischen Vereins in Schleswig-Holstein. 18. Heft: 14-21.
1907

SCHEFFER, F.; SCHACHTSCHABEL, P.: Lehrbuch der Bodenkunde. 10. Aufl. Stuttgart.
1979

SCHIRNIG, H.; HEINEMANN, B.: Hügelgräber der älteren Bronzezeit in Oldenstadt, Kr. Uelzen. In: Neue Ausgrabungen und Forschungen in Niedersachsen. 6.: 6-26.
1970

SCHÜNEMANN, D.: Drei Hügelgräber im Landkreis Verden. In: NNU 49: 275-80.
1980

SCHÜNEMANN, D.: Ein Hügelgrab mit zwei eingetieften Bestattungen bei Baden, Stadt Achim, Lkr. Verden. In: Die Kunde N.F. 36: 339-355.
1985

SCHWABEDISSEN, H.: Konventionelle oder kalibrierte C^{14}-Daten? In: Arch. Inf. 4: 110-118.
1978

WEGEWITZ, W.: Gräber der Stein- und Bronzezeit im Gebiet der Niederelbe. Hildesheim.
1949

ZIEGERT, H.: "Kombinations-Statistik" und "Seriation". Zu Methode und Ergebnis der Bronzezeit-Chronologie K. Goldmanns. In: Arch. Inf. 5: 21-52.
1983

Anschrift des Verfassers:

Ulrich Zimmermann
Universität Hamburg
Archäologisches Institut
Arbeitsbereich I
Johnsallee 35
D-2000 Hamburg 13

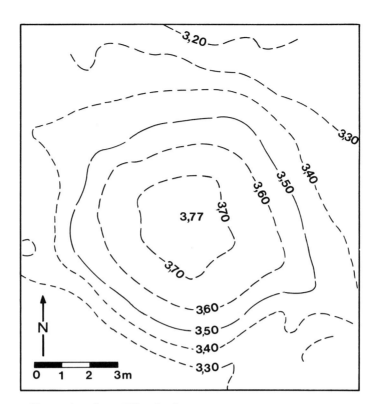

Abb.1: Hammah, Ldkr. Stade, Hügel 1a;
Höhenschichtenplan der nicht übermoorten Hügelkuppe (Zustand 1980)

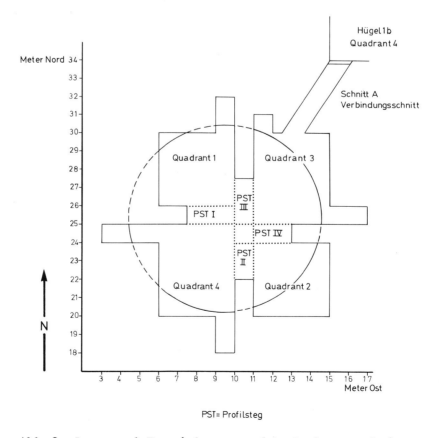

PST = Profilsteg

Abb.2: Lage und Bezeichnungen der Grabungsschnitte

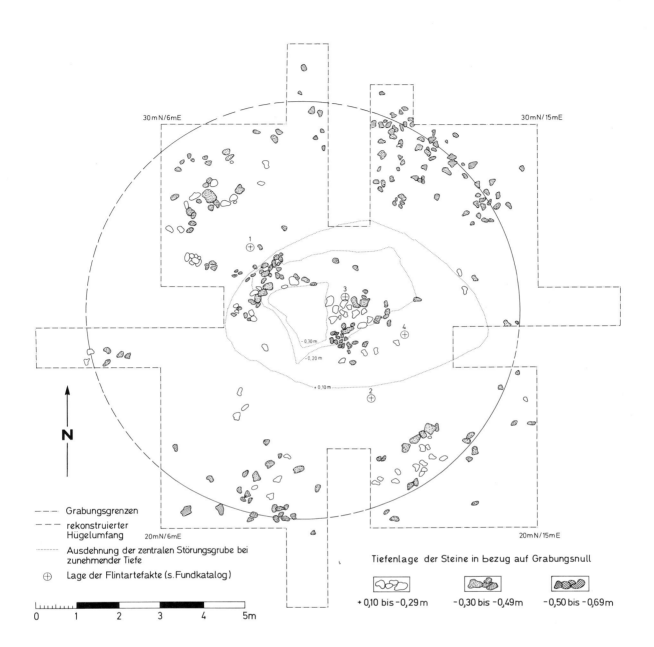

Abb. 4: Hammah, Ldkr. Stade, Hügel 1a;
Grundplan

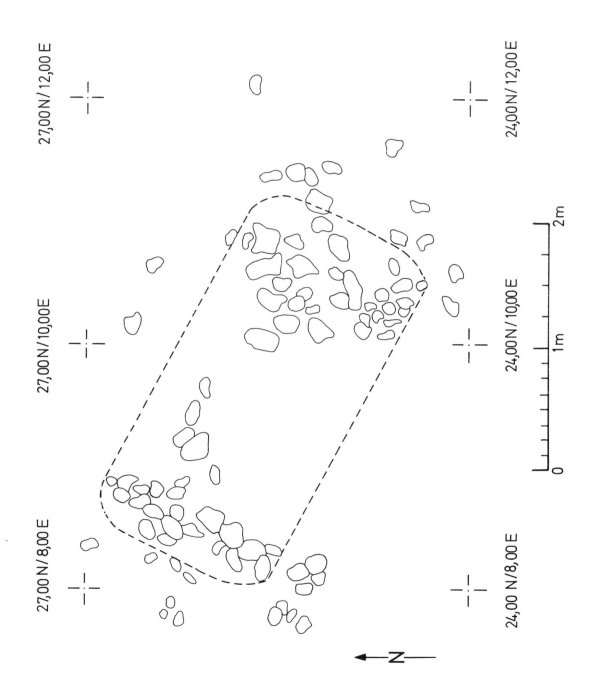

Abb. 5: Zentrale Steinanlage und mögliche Ausdehnung einer Steinpflasterung

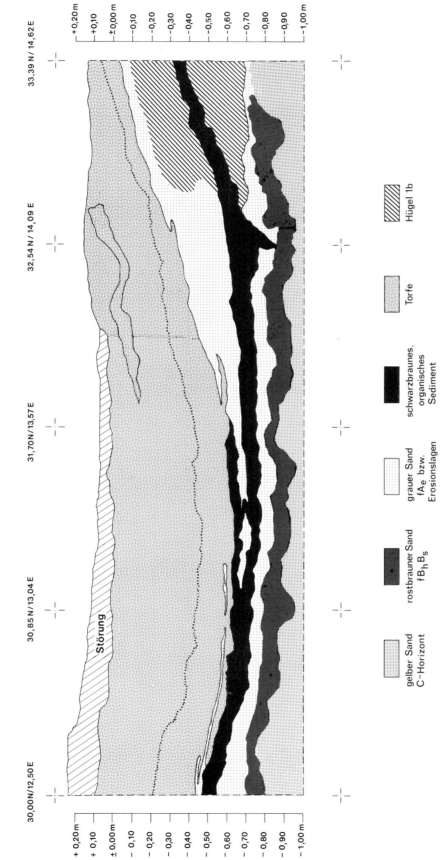

Abb. 6: Hammah, Ldkr. Stade;
Nordwest-Profil des Verbindungsschnittes zwischen den Hügeln 1a und 1b

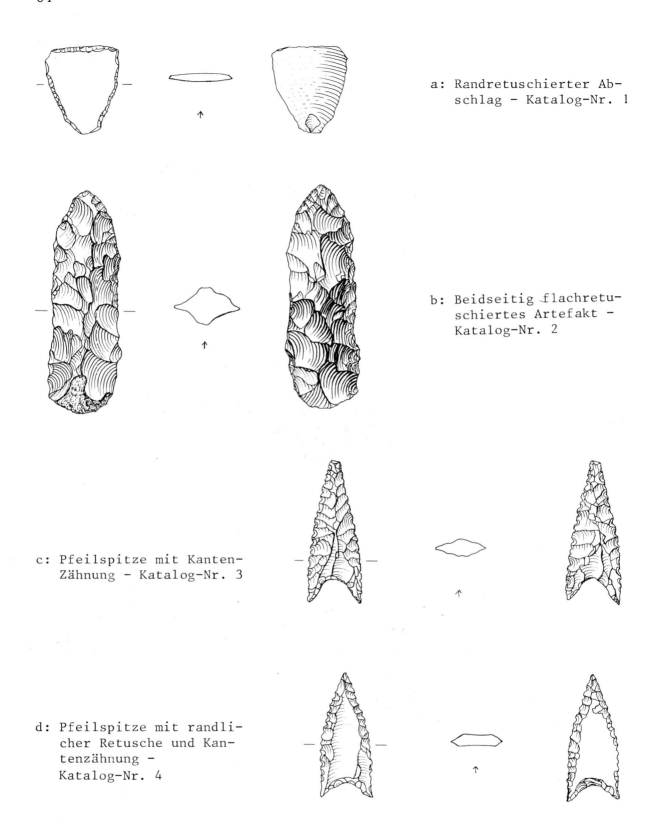

Abb.7: Flintartefakte aus der Hügelschüttung und aus den Verfüllungssanden des zentralen Störungstrichters

Abb.8: Blick von Süden auf die Ausgrabungsflächen von Hügel 1a (vorn) und Hügel 1b (hinten)

Abb.9: Hammah, Ldkr. Stade, Hügel 1a; (Aufnahme von Nordwest)

Abb.10: Quadrant 1; östlicher Ausschnitt des Südprofils mit Teilen der zentralen Steinanlage und mit deutlich erkennbarem Verlauf der zentralen Trichterung

Abb.12: Nordöstlicher Ausschnitt des Profils zwischen den Hügeln 1a und 1b. Die Randbereiche der ersten Bauphase von Hügel 1b werden von einer mineralfreien, schwarzbraunen Schicht (Dy) überlagert.

Abb.11: Blick von Südwest in den Verbindungsschnitt zwischen den Hügeln 1a und 1b

DER ZWEIPHASIGE GRABHÜGEL 1B VON HAMMAH, LANDKREIS STADE -
Aufbau, Bestattungsfolge und Belegungsdauer

Eike Pantzer

Als Bestandteil eines etwa 22 neolithische und bronzezeitliche Hügel umfassenden Gräberfeldes bei Hammah, Landkreis Stade, lag der Hügel 1b (topographische Karte 1:25ooo, 2322 Stade Nord, Koordinaten R 35 24 71o/H 59 44 72o) unweit des von K.H. JACOB-FRIESEN 1921 untersuchten Megalithgrabes.

Im Rahmen einer Geländebegehung durch J. DEICHMÜLLER 1968 als ungestörte Hügelkuppe von 9 m Durchmesser und o,5 m Höhe beschrieben (Ortsakte), wurde der Grabhügel in den Folgejahren durch landwirtschaftliche Nutzung bis auf die den Hügelfuß überlagernden Straten des Kehdinger Moores abgetragen, was die Zerstörung wesentlicher, stratigraphisch auswertbarer Befunde der Hügelkuppe zur Folge hatte.

Die dadurch notwendig gewordene Untersuchung der Grabanlage wurde als Lehrgrabung unter Mitarbeit von Studentinnen und Studenten der Universität Hamburg von Juli bis Oktober 1983 durchgeführt (Anm.1).

Die Anlage der Grabungsflächen orientierte sich dabei an einem exzentrisch zum vermuteten Hügelmittelpunkt angelegten Profilkreuz mit versetzter O-W-Achse. Der Erdabtrag erfolgte in je zwei 4x4 m (NW- u. SO-Quadranten) und 4x5 m (NO- u. SW-Quadranten) betragenden Grabungsarealen. Ergänzend wurden im späteren Verlauf der Ausgrabung in Verlängerung der Profilachsen vier Testschnitte zur Untersuchung des Hügelrandes angelegt, so daß die Gesamtausdehnung der Grabanlage erfaßt wurde. Darüber hinaus wurde zur Klärung der stratigraphischen Beziehung der eng benachbart liegenden Grabhügel 1a und 1b ein verbindender Testschnitt auf der Achse zwischen ihren Mittelpunkten angelegt (vgl. Beitrag U. ZIMMERMANN, Hügel 1a). Die dreidimensionale Einmessung der Funde und Befunde orientierte sich an dem einheitlichen Vermessungssystem aller Grabungsstellen der Flur 1 (vgl. Beitrag MICHL, NOWATZYK, PANTZER, ZIMMERMANN). Die im folgenden angeführten absoluten Höhenwerte beziehen sich dabei auf den behelfsmäßigen Höhenpunkt (Grabungsnull: 3,35 m ü. NN).

1. Befunde des fossilen Untergrundes

Entsprechend der allgemeinen geomorphologischen Situation in der Flur 1 - einer leichten Geländedepression zwischen den Orten Hammah und Groß Sterneberg mit abfallender Höhenlage in SSO-NNW-Streichrichtung - dokumentierte sich kleinräumig auch das Relief der vor-hügelzeitlichen Oberfläche. Im Bereich des Grabhügels wurde ein relativer Abfall des Untergrundes um o,1o m von SO nach NW festgestellt, der mit Höhenunterschieden von bis zu o,2o m ein unregelmäßiges Oberflächenrelief aufwies (Abb.1,a).

Den fossilen Bodentyp bildete, überdeckt von Torflagen des Kehdinger Moores, ein mäßig mächtiger, deutlich ausgeprägter Podsol, dessen Horizontabfolge unter dem Grabhügel gestört war. Dort zeichnete er sich durch eine o,1o - o,15 m mächtige humose Auflage aus, die anhand eingelagerter Keramikbruchstücke und Holzkohlesplitter als durchpflügter fAp-Horizont anzusprechen war. Als weitere Bodenhorizonte lagen ein bis zu o,o5 m mächtiger

Bleichsand über fester Orterde mit zahlreichen Wurzeltöpfen und fossilem
Sand mit Infiltrationsbändern vor. Außerhalb der Grabanlage wies der Boden deutliche Einwirkungen der überlagernden Moorhorizonte auf. So war
hier, bedingt durch die Verlagerung mineralischer Bestandteile des Torfes,
eine intensive rotbraune Verfärbung bis in das Ausgangsgestein festzustellen, die eine eindeutige Differenzierung der Horizonte nicht immer
zuließ. Anhaltspunkte für einen durchpflügten (Ap-) Horizont ergab die
Untersuchung des Hügelumfeldes jedoch nicht. So ist für diese Bereiche
mit einer Horizontabfolge von Hh-Ah-Ae-Bsh-C zu rechnen.

Neben Keramik- und Holzkohleresten belegten fragmentarisch erhaltene
Pflugspuren unter der nördlichen Hügelhälfte die Bearbeitung der prähistorischen Oberfläche (Abb.1b; 2). Im Grenzbereich zwischen humoser Auflage und Bleichsandhorizont besaßen die rinnenförmigen Vertiefungen durchschnittlich o,o5 m Breite und eine Eindringtiefe von bis zu o,14 m unterhalb der fossilen Oberfläche. Parallel angeordnet, verliefen die Spuren
kreuzweise in südwestlich-nordöstlicher bzw. südöstlich-nordwestlicher
Ausrichtung. Unter der südlichen Hügelhälfte konnten die Pflugspuren aufgrund größerer Humusmächtigkeit nicht dokumentiert werden. Anzunehmen ist
jedoch auch eine Fortsetzung in diesen Teilen, wie wenige Reste zwischen
den zentralen Bestattungen vermuten lassen (Abb.3). Allgemein ließen die
Befunde des fossilen Untergrundes aber keine gezielte Nivellierung des
Grabplatzes erkennen.

2. Befunde des Grabhügels 1b

Allgemein waren für den Aufbau des Grabhügels 1b zwei Bauphasen zu unterscheiden: Der Hügelkern mit einem über den zentralen Bestattungen aufgeschichteten Plaggenhügel von 9 m Durchmesser und umlaufendem Steinkranz,
sowie die im Zuge mehrerer Nachbestattungen aufgeschüttete Hügeldecke.
Die gesamte Anlage besaß unter Einbeziehung der Erosionslagen der Hügelrandbereiche einen Durchmesser von 15 m und eine ehemals 1,7o m betragende Höhe (Abb.1 a-b).

2.1. Bauphase I - Der Kernhügel

Die zentrale Grabanlage des Hügels bildeten die Steinpackungsgräber 1
(südliches Grab) und 2 (nördliches Grab). Während die organischen Bestandteile beider Bestattungen nahezu vollkommen vergangen waren, entsprach der
Erhaltungszustand der Packungskonstruktionen im wesentlichen dem ursprünglichen Aufbau (Abb.4).

Mit parallelen Längsachsen wiesen sie eine west-östliche Orientierung
mit einer Abweichung von 18,5 Grad nach Süden auf. Das Grab 2 war nahe
dem rekonstruierten Mittelpunkt (38,4o m N / 17,85 m O) der Bauphase I
angelegt worden, das Grab 1 exzentrisch in der südlichen Hügelhälfte. In
Flucht der Längsachsen lag die Bestattung 2 um o,7o m von der idealen
Hügelmitte nach WNW versetzt (Abb. 1 b; 5).

Grab 1

Ein besonderes Augenmerk soll hier dem Aufbau der Bestattungsfundamente
gelten, da sich an ihrer Konstruktion Unterschiede zwischen den darüber
hinaus nahezu baugleichen Zentralgräbern festlegen lassen.

Das Grab 1 besaß ein in die fossile Oberfläche eingetieftes Fundament. In einer Mulde von 3,oo x 1,3o m Ausdehnung und o,15 m Tiefe befanden sich zur Unterfütterung der Bestattung drei eingegrabene Steinreihen quer zur Längsachse verlaufend (Abb.5). Die Gräben, in die die Steinreihen angesetzt worden waren, reichten bis -o,77 m (West), -o.84 m (Mitte) und o,78 m (Ost) Tiefe und somit maximal o,26 m unter die ehemalige Oberfläche. Die Grabenverfüllung zwischen den Steinen bestand aus stark humosem Material und Resten des bei der Anlage aufgebrochenen Orterdehorizonts (Abb.6). In ihrer Länge unterfütterten die Steine nicht nur den Grabinnenraum, sondern führten bis unter dessen Längsseiten-Begrenzung. Eingefaßt wurden die Steinreihen durch eine langovale Steinsetzung des Packungsunterbaus von 2,9o m Länge und 1,3o m Breite, die auf Höhe der fossilen Oberfläche (-o,55 m) lag (Abb.7; vgl. Abb.5).

Der Aufbau der erhaltenen Packungskonstruktion bestand aus unregelmäßigen Geröllen unterschiedlicher Größe (Durchmesser o,1o - o,4o m). Langoval angeordnet umschlossen die aufgehend geschichteten Steine rahmenartig einen Innenraum von annähernd o,6o m Breite und 2,1o m Länge (vgl. Abb.5). Die äußeren Abmessungen betrugen 1,95 x 3,4o m. Die größte erhaltene Höhe der seitlichen Rahmen maß o,8o m über dem Bestattungsfundament (Abb.8).

Die äußere Gestaltung des Grabes ließ erkennen, daß die Steinpackung in eine bereits vorhandene Anschüttung von Plaggenmaterial eingebracht worden war. So verbreiterte sich das Außenmaß der Packung mit zunehmender Höhe über ihrem Fundament, wobei die größten Abmessungen bei -o,2o m angetroffen wurden. Eine trichterförmige Grube bzw. ein angeschütteter "Plaggenwall" sind als Bauform anzunehmen. Die darüber anschließenden Steinlagen wurden auf das vorhandene Mauerwerk aufgelegt, wobei sich - aus Stabilitätsgründen - die äußeren Abmessungen geringfügig verjüngten. Nach Befunden des Grabinnenraumes ist ein teilweises Übergreifen der aufgeschichteten Steine über die Bestattung gesichert (vgl. Abb.8).

Zur Untersuchung der primären Konstruktion des Grabinnenraumes wurden die Steine, die beim Vergehen der Bestattung in freiwerdende Hohlräume nachgesunken waren, entfernt. Die freigelegten Innenseiten der Packung wiesen eine nahezu vertikale Schichtung der Steine auf. Teils abgeplattete Innenseiten der Steine ließen auf ausgesuchtes Baumaterial schließen, wie auch die Verwendung großformatiger Steine für die westliche Grabbegrenzung und zweier plattiger, aufrecht stehender Steine als östliche Begrenzung (Abb.9).

In der weitgehend homogenen Einfüllung des Grabraumes wurden keine zusammenhängenden Bestattungsüberreste angetroffen. Lediglich vereinzelt zwischen eingesunkenen Steinen und flächig verteilt auf dem Packungsfundament (bei -o,57/-o,58 m) fanden sich leicht verfestigte Reste von Holzmoder. An der östlichen Begrenzung des Bestattungsraumes wurden mit unterschiedlicher Tiefenlage (-o,42 m, -o,44 m, -o,53 m) drei herzförmige Flintpfeilspitzen angetroffen, von denen zwei Exemplare noch Reste von Baumharz zur Schäftung aufwiesen (Abb.9; 8; vgl. Kap.4; Abb.19).

Einige Aussagen lassen sich zur möglichen Rekonstruktion der Bestattung 1 treffen: Aus dem lichten Innenmaß der Steinpackung zu schließen, besaß der Sarg einen Durchmesser von o,55 m und eine Länge von etwa 2,1o m. Mit einem Widerlager aus Steinen ist die Auflage der Bestattung auf dem Niveau der prähistorischen Oberfläche, einer Höhe von -o,55 m bis -o,6o m entsprechend anzusetzen. Die zu den Längsseiten der Grabpackung hin ansteigenden Nivellements der Fundamentsteine weisen auf einen - zumindest im Bodenteil - runden Querschnitt des Sarges hin. Dementsprechend sind die Steinlagen der Rahmenbasis als Verkeilsteine eines Baumsarges zu interpretieren. Man wird nicht fehlgehen in der Annahme, daß das Kopfende der Bestattung im Osten lag. Darauf deuten sowohl die Lage der beigegebenen Pfeilspitzen, als auch die Steinplatten an der östlichen Schmalseite hin. Die verstürzten Steine des Grabinneren lassen neben der Steineinfassung des Sarges auch an eine teilweise Überdeckung denken.

Grab 2

Im Detail von dem Befund des Grabes 1 abweichend, wurde das Grab 2 nördlich des Hügelmittelpunktes angetroffen (Abb.5). Im Gegensatz zur Bestattung 1 war das Fundament nicht in den fossilen Boden eingetieft worden, sondern lag bei durchschnittlich -o,63 m flach auf der humosen Oberfläche auf (Abb.1o; vgl. Abb.5).

Die Basislage - eine Schicht aus überwiegend plattigen, in Ausnahmefällen kantigen Steinen mit flacher Unterseite - wurde teilweise leicht in den Boden eingedrückt angetroffen. In der Anordnung langoval, besaß das lückenhafte Steinpflaster der Grabsohle eine Ausdehnung 3,15 m auf 1,4o m und weicht damit etwas von den Maßen der Bestattung 1 ab. Auf ebenfalls ausgesuchtes Steinmaterial ließen die z.T. verwendeten Platten von bis zu o,5o m x o,6o m Größe und einer Dicke von o,13 m schließen, die damit die durchschnittliche Mächtigkeit des Fundaments repräsentieren (Abb.11).

Der Oberbau der Grabpackung besaß dieselben konstruktiven Merkmale, wie sie schon für die Bestattung 1 beschrieben wurden: Die aufgehenden Teile waren rahmenartig in langovaler Anordnung auf die Gründungslage gesetzt worden und umkränzten einen Innenraum von o,55 m Breite und 2,1o m Länge. Die äußeren Abmessungen der Packung betrugen maximal 3,45 m x 1,8o m. Die größte Höhe über der Grabsohle maß o,75 m.

Allgemein zeichnete sich das Grab 2 im Vergleich zu Grab 1 durch die Verwendung kleinformatigerer Steine aus.

Die Gestaltung des Grabinnenraumes - wie auch bei Grab 1 von verstürztem Material befreit - bestand aus nahezu vertikalen Innenflanken, die leicht angeböscht waren. Ferner zeigte sich eine Parallele der Bauformen in den größeren, plattigen Steinen, die aufrecht stehend am vermutlichen Kopfende Verwendung fanden. In der Profilansicht (Abb.12) wird deutlich, daß die Steinpackung ebenfalls in eine bereits bestehende Anschüttung von Plaggen eingesetzt worden war. So erreichte die Grabpackung ihre größte Breite in einer Höhe von o,3o bis o,4o m über dem Fundament. Die darüber liegenden Teile - leicht nach innen einziehend - sowie die Lage von eingesunkenen Steinen im Innenraum ließen auch hier eine teilweise Überdeckung des Sarges erkennen.

Als einzige Bestattungsreste wurden dicht über der Grabsohle Reste von Holzmoder angetroffen. Ein Zusammenhang der einzelnen Fragmente war jedoch nicht zu erkennen. Bemerkenswert erscheint hier aber, daß entsprechend ihrer Höhenlage (-o,57 / -o,58 m) die Holzmoderschicht auf gleichem Niveau angetroffen wurde, wie für die Bestattung 1 beschrieben. Eine gezielte Anlage des Grabniveaus vorausgesetzt, bleibt der Schluß offen, die Fundamentierungsunterschiede zwischen den Gräbern dienten dem Ausgleich des leicht nach Norden einfallenden Hügeluntergrundes.

Wenn aus Grab 2 mit Ausnahme der organischen Reste keine weiteren Funde vorliegen, so ist das möglicherweise einer Störung des östlichen Grab-

bereiches zuzuschreiben (vgl. Abb.1 b). Trichterförmig eingetieft, besaß
die Grube bei +0,20 m eine Ausdehnung von 2,40 m x 2,80 m. Mit Zentrum
bei 39,50 m N und 19,00 m O reichten Ausläufer der Störung in den Grabinnenraum, der auf einer Fläche von 0,50 m x 0,60 m bis auf die Fundamentsteine abgetragen worden war.

Da in dem östlichen Ende - in Analogie zu Grab 1 - die Lage des Kopfes zu vermuten ist, ist es wahrscheinlich, daß eventuelle Grabbeigaben bei Anlage der Grube entfernt worden waren. Der Zeitraum, innerhalb dessen die Störung erfolgte, ließ sich anhand der Grubenverfüllung - Plaggenanteile, Sand und Orterdebrocken - eingrenzen. So kann die Trichterung erst im Zuge bzw. nach der Errichtung der Bauphase II (vgl. Kap. 2.2) erfolgt sein.

Die Hügelschüttung

Der über den Zentralbestattungen aufgeschüttete Grabhügel der Bauphase I besaß 9 m Durchmesser und eine rekonstruierte Höhe von etwa 1,25 m. Als Baumaterial fanden locker übereinandergeschichtete Plaggen Verwendung, die meist parallel zur ehemaligen Oberfläche gelagert waren und in der Regel Spatenabstich-Größe aufwiesen (s.a. Abb. 1 a). Deutlich differenziert - bestehend aus Teilen der ehemals organischen Bodenauflage sowie fragmentarisch erhaltenem Bleichsandhorizont - war die Plaggenstruktur in der Nähe der zentralen Bestattungen, über denen sich die einzelnen Lagen dem Oberkantenrelief der Steinpackungen anglichen (Abb.13); in den höher gelegenen Straten des Hügels, wie auch in randlichen Bereichen, war die Struktur durch jüngere Bodenbildungsprozesse weitgehend aufgelöst. Hier konnten Reste vergangenen Plaggens als grau-humoses Schüttungsmaterial von der Bauphase II abgegrenzt werden. Anzeichen für eine fossile Humusbildung konnten nur in randlichen Teilen, vor allem des westlichen Hügelbereiches, festgestellt werden. Lediglich von geringem Ausmaß wurden Erosionslagen von Schüttungsmaterial im Hügelrandbereich angetroffen, die der Steinumkränzung mit annähernd 1 m Breite vorgelagert waren.

Die Abschwemmungslagen der Hügelrandbereiche belegen einen zumindest zeitweiligen Bestand dieser Anlage. Unter Ausschluß eines Oberflächenabtrages während der Aufhöhung durch die Bauphase II - für den keine wertbaren Befunde angetroffen wurden - kann der Zeitraum des Bestehens dieses Plaggenhügels für eine ausgeprägte Bodenentwicklung kaum ausreichend gewesen sein. Eine mögliche geringmächtige organische Bodenauflage (fAh) kann hier durch Abschwemmung aus dem Oberhügel zerstört worden sein.

Der Steinkranz

Ein Element, welches den Befund einer Zweiphasigkeit des Hügels 1b unterstützt, bildete der umlaufende, den Kernhügel gegen die Bauphase II abgrenzende Steinkranz (Abb. 1 a; 1 b). Mit einem Durchmesser von 9 m deckte sich die Anlage des Steinkranzes mit den äußeren Abmessungen der Phase I und bezeichnete darüber hinaus die Schichtgrenze zwischen Plaggen- und Sandanschüttung (Phase II, vgl. Kap.2.2).

Als Basis der Steineinfassung wurde eine Reihe von Steinen mit bis zu 0,60 m Durchmesser angetroffen, die - nicht eingetieft - auf die fossile

Oberfläche aufgelegt, den Hügel umfaßten. Über diesem Fundament schlossen sich mehrere Lagen von unterschiedlich großen (mittlerer Durchmesser ca. 0,20 m), locker aufeinander geschichteten Geröllen in zur Hügelmitte ansteigenden Niveaus an. Mit einer größten Höhe von 0,70 m über der ehemaligen Oberfläche war der Steinkranz auf den bereits fertiggestellten Plaggenhügel als randliche, gegen spätere Abschwemmungen schützende Befestigung aufgelegt worden. Dem weitgehend primären Zustand entsprachen dabei die östlichen Teile, wo mehrere Steinlagen überlappend angeordnet, die größte Höhe über dem fossilen Untergrund erreichten. In den südlichen, westlichen und nördlichen Abschnitten der Umkränzung wurden nur noch einzelne horizontale Steinlagen aufgefunden, deren Befund jedoch nicht von dem beschriebenen Aufbau abwich.

Nicht geklärt werden konnte das fast vollständige Ausbleiben des Steinkranzes am nördlichen Hügelrand. Ausbruchgräben und Standspuren als Nachweismöglichkeiten etwaiger Steineinbauten wurden hier nicht festgestellt. Eine Ausnahme bildete die Gruppe von sechs großformatigen Steinen, die auf der Schichtgrenze zwischen Plaggen und Sand gelagert, ein Vorhandensein einer Umkränzung auch in diesen Teilen anzeigten.

Sekundär gelagerte Steine, die der fossilen Oberfläche angenähert im Hügelumfeld angetroffen wurden, entstammen dem Steinkranz und sind m.W. durch Erosionsprozesse abgeschwemmt worden.

Bauphase II - Die Hügeldecke

Mit einer Mächtigkeit von 0,50 - 0,80 m überlagerte die Anschüttung der Bauphase II den gesamten Hügelkern. In nord-südlicher Richtung besaß sie 12,30 m, in ost-westlicher Richtung 12,60 m Durchmesser. Durch die Aufhöhung erreichte die gesamte Grabanlage eine rekonstruierbare Höhe von 1,70 m (Abb. 1 a, 1 b). Abweichend vom Hügelzentrum der Bauphase I, lag der Mittelpunkt der Phase II um 0,50 m süd-östlich versetzt bei 37,95 m N/ 18,00 m O, und somit etwa im Zentrum der Bestattung 3.

Mit einer deutlichen Schichtgrenze hob sich das Ausgangssubstrat der sekundären Anschüttung von dem grau-humosen Kernhügel ab. Verwendung fanden als Hauptbestandteile Sand und Reste aufgebrochener Orterde gelbbrauner Färbung, die wahrscheinlich dem Ausgangsgestein (B- und C-Horizont) der Hügelumgebung entnommen worden waren.

Die Hügeloberfläche wies eine geringmächtige (0,20 m) Podsolierung auf, die in allen Hügelrandbereichen durch abgeflossenes Material der Hügelkuppe überlagert wurde. Je nach Schichtmächtigkeit der Erosionslagen, die ihrerseits podsoliert waren, lagen zwei Bodenbildungsphasen übereinander vor; bei dünneren Abschwemmungen war die Bodenentwicklung der Bauphase II überprägt worden. Fragmentarisch ließ sich hier noch die ehemalige Hügeloberfläche nachweisen (vgl. Abb. 1 a, westlicher Hügelrand). Dem Hügelrand vorgelagert, bildeten die Abschwemmungen breite Keile, die den Durchmesser der Grabanlage auf 15 m erhöhten. Während die in der Grabungsfläche des Hügels 1b untersuchten Befunde ein direktes Aufliegen der Bauphase II und der Abschwemmungslagen auf dem fossilen Untergrund bestätigten, stellte sich ein abweichender Befund in dem Verbindungsschnitt A (vgl. Beitrag U. ZIMMERMANN, Hügel 1b; bes. Kap. IV) dar. Bedingt durch die früh vermoorte Geländedepression zwischen Hügel 1a und 1b, kam hier die Bauphase II mit ihren abgeschwemmten Bereichen auf einer Schicht schwarzbraunen, organischen Sediments zu liegen, welches die Bauphase I überlagerte (Anm.2).

Von dem Befund abgeflossener Teile der Hügeldecke sind die im Norden des Grabhügels angetroffenen Bleichsandschollen (Abb. 1 a) zu trennen. Hier lag eine Schicht sandigen Materials über den bereits bis zur Hügelkuppe aufgewachsenen Moorstraten. Mit Wahrscheinlichkeit lassen sich diese Schollen den verschiedenen Eingrabungen und Nachbestattungen zuordnen. Eindeutige Aussagen ließen sich jedoch aufgrund der Zerstörung der Hügelkuppe nicht treffen.

Konstruktive Einbauten wie der Steinkranz des Kernhügels waren der Hügeldecke nicht zuzuordnen. Die vereinzelt auf ihrer Oberfläche angetroffenen Gerölle ließen keine systematische Anlage erkennen. Die geringe Anzahl von Steinen ließ den Schluß offen, daß sie aus dem Steinkranz stammen bzw. in Verbindung mit der Raubgrabung von Bestattung 2 und dem dortigen Ausbruch von Steinen zu betrachten sind.

Bestattung 3

Im Hügelmittelpunkt der Bauphase II - zwischen den Bestattungen 1 und 2 - lag die Urnenbeisetzung 3 in umgebender Steinpackung (Abb. 14 a). Die bei Grabungsbeginn bereits oberflächlich sichtbaren Steine der Grababdeckung wiesen eine deutliche Störung durch die Abschiebung auf. So waren sie um etwa o,1o bis o,2o m in nordöstlicher Richtung verschoben worden, was in den tiefer liegenden Horizonten zur Zerstörung der Randregion des Gefäßes durch eingedrückte Steine führte.

Bis o,3o m über der ehemaligen Oberfläche (bei -o,6o m) in die Hügelphase I eingetieft, hatte die Grabgrube einen Durchmesser von o,9o m (Abb. 14 b). Die untere Begrenzung war schüsselförmig ausgeprägt, der obere Grubenbereich über -o,o7 m stark verbreitert angelegt worden und reichte dadurch über das nördlich gelegene Grab 2. Das Fundament der Bestattung bildete eine Lage von sechs Steinen auf der Grubensohle, die durch eine Steinplatte von o,25 x o,3o x o,1o m Größe abgedeckt worden waren, auf der das Bestattungsbehältnis stand. Mit einer Ausdehnung von 1,7o m (NW-SO) auf 1,oo m (NO-SW) bestand die darüber aufgeschichtete Steinpackung aus unregelmäßig geformten Geröllen. Lediglich im nördlichen und östlichen Bereich der Packung wurden plattige Steine angetroffen, die schräg nach außen ansteigend, von entgegengesetzt orientierten unterfüttert waren (Abb.15). Die Grubenverfüllung bestand im unteren Bereich aus grau-humosem Sand; der verbreiterte Oberteil war mit zunehmend gelblichen Anteilen verfüllt, in denen sich kleine Orterdebrocken befanden.

In der Einfüllung des zerscherbten und nach Nordosten gekippt angetroffenen Gefäßes wurde eine Bronzefibel freigelegt. Auf der Oberfläche des Leichenbrandes im unteren Gefäßteil lag der Dolch mit bronzener Klinge (vgl. Kap.4; Abb.2o). Im Bereich des vergangenen Griffes wurde eine Graufärbung der sandigen Einfüllung beobachtet. So kann als gesichert gelten - unterstützt durch die Lage zweier Hutnieten am vermutlichen Griffende -, daß der Dolch mit organischem Griff beigegeben worden war. Die Klinge selbst wies eine Auflage von stark zersetztem Leder auf, das den unteren Teil der Griffplatte und Teile des Blattes umfaßte. Eine Pinzette als dritte Bronzebeigabe wurde dicht unter dem Dolch aufgefunden (Abb.2o; Kap.4).

Die Untersuchung der Skelettüberreste (117o g Leichenbrand) ergab, daß es sich bei der Bestattung 3 wahrscheinlich um die Beisetzung eines adulten

Mannes handelte (vgl. Beitrag G. BRÄUER). Es ist jedoch nicht auszuschließen, daß ebenso die Reste einer adult/maturen Frau aus der Bestattung vorliegen. Interesse verdient diese Diagnose besonders bei der Berücksichtigung von vergleichbaren Befunden (vgl. Kap.5).

Befunde, die zur Klärung der stratigraphischen Beziehung zwischen der Nachbestattung 3 und der Hügelbauphase II beigetragen hätten, waren mit der abgeschobenen Hügelkappe zerstört worden. Mit Wahrscheinlichkeit sprechen jedoch sowohl die Grubenverfüllung, welche in den oberen Straten dem Schüttungsmaterial der Hügeldecke entsprach, besonders aber die zentrale Position der Nachbestattung im Hügelaufwurf für eine Zeitgleichheit mit der Bauphase II.

Bestattungen 5 und 6

Über der nordöstlichen Längsseite der Bestattung 1 wurden direkt unter der rezenten Oberfläche die Brandschüttungen der Gräber 5 und 6 angetroffen (Abb.16). In nordwest-südöstlicher Anordnung bestanden sie aus zwei Konzentrationen von Leichenbrand bei 37,25 - 37,45 m N / 16,85 - 16,95 m O (Bestattung 5) und 36,75 - 36,9o m N / 17,15 - 17,3o m O (Bestattung 6). Im oberflächennahen Bereich stark gestört, waren die Brandreste in einem Umfeld von ca. 1 m um die Grablege verstreut und mit einer intensiven Graufärbung des Bodens verbunden. In Tiefen zwischen +o,12 m bis -o,o3 m wies die kompakte Lagerung von Leichenbrand beider Schüttungen auf einen besseren Erhaltungszustand hin, was hier auch durch die festgestellte Grabgrube belegt werden konnte (vgl. Abb.17).

Die bis zu -o,12 m eingetiefte Grube besaß in den erfaßten Teilen Abmessungen von 1,5o m (NW-SO) zu 9,9o m (NO-SW). In den unteren Horizonten nur unscharf gegen die Hügelschüttung abgrenzbar, umfaßte sie mit steil gerundet aufsteigenden Seitenbegrenzungen in ihrer Ausdehnung mehrere Lagen übereinander geschichteter Steine. Eine eher lockere Verteilung der einzelnen, o,15 - o,2o m im Durchmesser betragenden Gerölle ließ im südöstlichen Schüttungsteil eine in Ansätzen kreisförmige Setzung über der Basislage erkennen, innerhalb derer ein Großteil des Leichenbrandes der Bestattung 6 lag (Abb.16). Die nordwestliche Schüttung wies keine eindeutigen, vergleichbaren Befunde auf, wenngleich auch dort zwischen den Steinen eine höhere Konzentration des Leichenbrandaufkommens auf eine ähnliche Anlagen schließen ließ. Die nordöstlich der Gräber 5 und 6 freigelegte Streuung von einzelnen Geröllen muß der ehemaligen Grabpackung zugeordnet werden und entstammt wahrscheinlich den Resten der Graböberdeckung.

Als Grabbeigabe wurde bei 37,17 m N / 17,13 m O / +o,12 m ein bronzener Doppelknopf (Abb. 22; vgl. Kap.4) geborgen, der diesem Bestattungskomplex zugeordnet werden kann, sich jedoch in gestörter Lage befand.

Die Analyse der Brandreste (vgl. Beitrag G. BRÄUER) hatte zum Ergebnis, daß in der Bestattung 5 wahrscheinlich eine Frau, vermischt mit den Überresten eines Kindes beigesetzt worden war. Im Grab 6 lagen die Brandreste eines Mannes vor, ebenfalls vermischt mit Knochenfragmenten eines Kindes. G. BRÄUER äußert sich dahingehend, daß die Kindesüberreste beider Bestattungen möglicherweise zu ein und demselben Individuum gehören. Da durch das Verschleifen der Bestattungen eine definitive Trennung der Gräber eingeschränkt worden war, muß offen bleiben, ob mit den Gräbern 5 und 6 eine Doppel- (im engeren Sinne Dreifach-)bestattung vorlag.

Während die Eintiefungen der Bestattungen das Zentralgrab 1 weitestgehend unberührt ließen (vgl. Abb.8), konnte im erhaltenen Teil des Grabhügels eine Überschneidung mit Grab 3 ebenfalls nicht festgestellt werden. Somit kann für den zeitlichen Bezug der Nachbestattungen 3 und 5, bzw. 6 zueinander nicht auf stratigraphisch wertbare Befunde zurückgegriffen werden. Lediglich die vermischte Grubenfüllung ließ - wie schon für Grab 3 beschrieben - eine Anlage während bzw. nach der Errichtung der Bauphase II vermuten (s.a. Kap.2.1). Die dezentrale Lage der Bestattungen deutet hier jedoch eher eine Niederlegung nach der Aufhöhung des Hügels an.

Bestattung 4

Im östlichen Profilsteg wurden, bis an die gestörte Oberfläche reichend, die Überreste einer weiteren Urnenbestattung angetroffen (Abb.18; vgl. Abb. 1 a). In Verbindung mit dem Abschieben des Hügeloberbaus waren sowohl die höher gelegenen Straten der Grabgrube, als auch die Randregion des Gefäßes zerstört worden. Die unteren Gefäßteile - ab dem Schulter-Bauch-Umbruch - waren, wenn auch zerschert, als weitgehender in-situ-Befund erhalten geblieben (Abb.18; vgl. Abb.21).

Die Sohle der Grabgrube bildete der an dieser Stelle bei der Eingrabung der Bestattung erreichte Steinkranz der Bauphase I. Die Grube - als von Osten flach einfallender Trichter gestaltet - reichte im Westen bis 0,20 m innerhalb des Steinkranzes; mit nahezu vertikalem Verlauf stieg dort die westliche Grubenbegrenzung unter die rezente Oberfläche auf. Das unterste Eingrabungsniveau erreichte bei -0,08 die obersten beiden Steinlagen des Steinkranzes, die NS-Ausdehnung betrug - gemessen unter der Oberfläche - 2,00 m, in OW-Richtung 1,50 m. Deutlich geschichtet, bestand die Verfüllung aus wechselnden Lagen sandigen und humosen Materials.

Das Gefäß selbst stand, von Osten mit sechs faustgroßen Steinen unterfüttert und verkeilt, an die westliche Grubenwand reichend auf dem Kranz, dessen Steine hier sekundär verbaut worden waren. Bei der Untersuchung des en bloc geborgenen Gefäßes zeigte sich, daß die Bodengruppe, wie auch der Rand, nicht erhalten war. Ein Tiergang durch das Gefäß wies auf die mögliche Zerstörungsursache hin. Im Bereich des Bodens befand sich eine etwa 0,04 m starke Schicht aus verbrannten Resten einer männlichen Leiche sowie einiger Rothirsch-Knochenfragmente (vgl. G. BRÄUER). Darüber war das Gefäß mit dicht gepackten Steinen angefüllt. Beigaben zur Nachbestattung 4 wurden nicht angetroffen.

Anders als für die im Voranstehenden beschriebenen Gräber, ließ sich die Eingrabung auf einen Zeitraum *nach* der Errichtung der Phase II festlegen, da der Trichter beide Bauphasen durchschnitten hatte. Die mit den Bestattungen 3, 5 und 6 vergleichbare Grubenverfüllung wies jedoch noch einmal auf die problematische Parallelisierung der einzelnen Gräber mit den Hügelbauphasen hin.

3. Befunde aus dem Hügelumfeld

Befunde, die in stratigraphischem Zusammenhang mit der Hügelerrichtung standen, lagen aus den östlichen und südöstlichen Grabhügelteilen vor (vgl. Abb. 1 b).

Innerhalb einer Gruppe unregelmäßig verstreuter, einzelner Steine gelagert, fanden sich etwa o,8o m östlich vor dem Steinkranz angehäufte Flintabschläge und Flintbruch. Die Streuungsweite der Flintstücke betrug o,45 m (WO) x o,6o m (NS), die Tiefenlage -o,46 bis -o,55. Somit dicht über der fossilen Oberfläche (-o,56 m) liegend, waren sie in abgeschwemmtes Schüttungsmaterial der Bauphase I einzugliedern, von dem die Flintanhäufung überdeckt wurde. Unter Ausschluß einer Abschwemmung der Artefakte von der Hügeloberfläche lag hier der Abfall einer "Schlagstelle" im weitesten Sinne vor, dem auswertbare Geräte vollständig fehlten.

In vergleichbarer Situation erhalten, wurde in der südöstlichen Grabungsfläche eine Grube von o,5o m Durchmesser und o,o5 m Tiefgang freigelegt (Abb. 1 b). Ebenfalls dicht über der ehemaligen Oberfläche gelegen, wurde sie von verschwemmtem Hügelschüttungsmaterial abgedeckt. In der kohlig-humosen Einfüllung der flachen Grube fand sich lediglich ein einzelnes Fragment unverzierter Keramik.

Beide Befunde lassen sich entsprechend der Auffindungssituation zeitlich der offenstehenden Hügelphase I zuordnen, deren Verfluß im Randbereich gerade eingesetzt haben wird. Sowohl der Flintbruch als auch die Grube sind damit kurz nach der Fertigstellung der I. Bauphase anzusetzen.

4. Die Funde

Grabfunde

Bestattung 1:

Fd.-Nr. 122: Pfeilspitze aus mittelgrauem Flint. Beidseitig flächig retuschiert, mit eingezogener Basis und leicht gezähnten, bogenförmigen Kanten. Einseitig erhaltene Reste von Baumharz.
L.: 3,55 cm; Br.: 1,46 cm; D.: o,54 cm.
Abbildung 19, 1.

Fd.-Nr. 123: Pfeilspitze aus hellgrauem Flint. Flächig retuschiert, eingezogene Basis, bogenförmige, deutlich gezähnte Kanten. Einseitig erhaltenes Baumharz.
L.: 3,32 cm; Br.: 1,4o cm; D.: o,52 cm.
Abbbildung 19, 2.

Fd.-Nr. 139: Pfeilspitze aus dunkelgrauem Flint. Beidseitige Flächenretusche mit geringer Zähnung der nahezu geraden Kanten. Eingezogene Basis.
L.: 3,69 cm; Br.: 1,38 cm; D.: o,54 cm.
Abbildung 19, 3.

Bestattung 3:

Fd.-Nr. o94: Zweiteilige Fibel, Bronze, stark korrodiert. Bandförmiger Bügel, durch randliche Einkerbungen in zehn Abschnitte gleicher Länge unterteilt. Die einzelnen Abschnitte sind auf der Bügeloberseite mit konzentrischen Kreisornamenten versehen, bestehend aus drei vertieften Kreisen um eine punktförmige Vertiefung. Erhaltene Bügel-L.: 8,3o cm; Bügel-Br.: o,75 cm. Nadelrast und Nadel sind fragmentarisch erhalten, die Querschnitte rund. Erhaltene Nadel-L.: lo,8o cm.
Abbildung 2o, 1.

Fd.-Nr. 132: Pinzette, Bronze, korrodiert. Wangen leicht bogenförmig zu
den Greifkanten ausladend, am Umbruch zwischen Bügel und
Wangenwulst abknickend verbreitert. Wangen an der Innenseite
zur Lippe glatt abschließend, an der Außenseite mit bügel-
auswölbendem Wulst versehen, der zur Greifkante rechtwinklig
abschließt. L.: 5,52 cm; Wangen-Br.: 2,oo cm; Bügel-Br.:
(Bügelumbruch) o,57 cm.
Abbildung 2o, 2.

Fd.-Nr. o95: Dolchklinge, Bronze, korrodiert; zwei Hutniete, Bronze. Ge-
rundete flache Griffplatte mit zwei Pflocknieten. Klinge mit
leicht dachförmigem Querschnitt und flach-gewölbter, breiter
Mittelrippe. Erhaltene L.: 15,4 cm; größte Br. der Griffplatte: 3,85 cm.
Abbildung 2o, 3.

Fd.-Nr. o86: Urne, stark fragmentiert. Leicht kegelförmiger, unregelmäßi-
ger Hals mit gerade abschließendem Rand ohne Randlippe, fa-
cettiert. Unterhalb des Hals-Schulter-Umbruches umlaufende
Wulstverzierung mit zwei aufgesetzten, gegenständigen Ösen-
henkeln. Schulter gewölbt, Bauchregion leicht konisch. Der
Standboden ist leicht eingezogen. Starke Grobquarzmagerung.
Die Oberfläche ist geglättet, unregelmäßig rotbraun verfärbt
und unverziert. Rekonstruierte Abmessungen: Randdm.: 22,5 cm;
größte Br.: 33,6 cm; Bodendm.: 17,o cm; Höhe 4o,4 cm.
Abbildung 2o, 4. - Leichenbrand: 117o g.

Bestattung 4:

Fd.-Nr. 176: Urne, unvollständig erhalten. Terrinenförmiges Gefäß, erhalten vom Boden-Wandungs-Umbruch bis zum Bauch-Schulter/Hals-
Umbruch. Standboden. Starke Grobquarzmagerung, Oberfläche
mit verstrichenem Schlicker geglättet, Bauchregion leicht ge-
rauht. Hellbraun. Rekonstruierter Bodendm.: 21 cm; Dm. des
Bauch-Schulter-Umbruchs: 43 cm; größte Br.: 44 cm; erhaltene Höhe 21,7 cm.
Abbildung 21. - Leichenbrand 2oo g.

Bestattung 5 und 6:

Fd.-Nr. o87: Bronzener Doppelknopf, stark korrodiert, aus gestörter Lage.
Obere Knopfplatte ganz, untere fragmentarisch erhalten. Wahr-
scheinliche Verzierung der oberen Knopfplatte: sternförmiges
Ornament. Br.: 1,32 cm; H.: 1,28 cm.
Abbildung 22.

Funde aus der Hügelschüttung

Aus dem ergrabenen Teil des Hügels 1b wurden neben den Grabbeigaben weitere 155 Funde geborgen. Von einer detaillierten Behandlung der einzelnen
Fundstücke soll hier jedoch abgesehen werden, da das Fundbild nicht von
dem bereits mehrfach beschriebenen Aufkommen von Keramik- und Flintfrag-
menten in den Aufschüttungen älterbronzezeitlicher Grabhügel abweicht
(vgl. PETERS 197o). Auf die Materialgruppen Keramik, Flint und Stein ver-
teilen sich die Funde wie folgt:

Keramik: 33 Fragmente unterschiedlicher Verteilung und Höhenlage

Flint: 119 Funde unterschiedlicher Verteilung und Höhenlage, davon:

    4 Geräte
    14 Artefakte mit Gebrauchsspuren (Anm.3)
    1o Artefakte mit Kantenretuschen
    34 Abschläge
    22 Flintstücke mit Brandspuren
    35 Flintbruchstücke

Stein: 1 Fragment eines durchbohrten Artefakts.

5. Zur Datierung

Der Grabhügel 1b von Hammah entspricht mit allen seinen Detailbefunden der bereits ausführlich aufgearbeiteten Variationsbreite bronzezeitlichen Bestattungsbrauches und der Beigabensitte, wie sie u.a. von K. KERSTEN (1936), W. WEGEWITZ (1949), in neuerer Zeit von F. LAUX (1971) und H.J. KÜHN (1979) beschrieben wurden.

In Ermangelung von Radiocarbondaten für die Bestattungen unseres Grabhügels können mögliche Datierungsansätze nur aus den Grabbeigaben und den Grabbauformen bzw. deren Vergleich gewonnen werden. Insbesondere trifft dies für die *zentralen Steinpackungsgräber* zu, aus denen mit Ausnahme dreier Flintpfeilspitzen (Grab 1) keine weiteren Funde geborgen werden konnten.

Geflügelte Flintpfeilspitzen - die hier vorgelegten Exemplare sind der von F. LAUX (1971: 9o) beschriebenen Variante a bzw. nach H.J. KÜHN (1979: 71) dem Typ 9 vergleichbar - sind als früh- bis älterbronzezeitliche Beigaben durchaus allgemein bekannt. Fanden die Flintpfeilspitzen vom Endneolithikum bis in die ältere Bronzezeit Verwendung (vgl. PETERS 197o: 71), lassen sich die Funde aus Grab 1 möglicherweise - auch im Hinblick auf die im folgenden zu behandelnden Grabformen - auf die ersten beiden Bronzezeitperioden festlegen. Während F. LAUX (1971: 9o) für den lüneburgischen Kreis eine sögel-wohlde-zeitliche Stellung belegt, lassen Grabfunde des nordisch beeinflußten Niederelbegebietes erkennen, daß herzförmige Pfeilspitzen auch Bestattungen der Periode II beigegeben wurden (WEGEWITZ 1949: 165; KÜHN 1979: 71; vgl. auch Beitrag U. ZIMMERMANN, Hügel 1a).

Hinweise auf eine früh- bis älterbronzezeitliche Stellung der *Bestattungen 1 und 2* des Hügels 1b geben ebenso die Bauformen der Steinpackungen.

Von den bekannten Befunden bronzezeitlicher Hügelgräber nicht abweichend (vgl. u.a. WEGEWITZ 1949; PIESKER 1958; KÜHN 1979, bes. 18 f.), wird eine Datierung der Beisetzungen in die Periode I bzw. II durch vergleichbare Befunde gestützt, wie sie z.B. aus Hjordkjaer, Åbenrå Amt, Grabhügel 52 ANER und KERSTEN 1981: 65 f.; Kt.-Nr. 3o18) und Sörup, Kr. Schleswig-Flensburg, Grabhügel 16, Gräber A und B (ANER u. KERSTEN 1978: 87 ff.; Kt.-Nr. 23o1) vorliegen.

In dem aus Soden aufgeschichteten Kernhügel von Hjordkjaer lag eine zentrale Steinpackung, die mit den konstruktiven Merkmalen der Gräber von Hammah nahezu identisch ist. Über einem horizontal verteilten Basispflaster errichtet, lag die Packung innerhalb eines angeschütteten "Walls" von kiesigem Sand, wodurch die größten Abmessungen der Packung über dem Fundament erreicht wurden. Ein zweiphasig aufgeschütteter Grabhügel über der Bestattung wies einen Plaggenkern (Phase I) und eine Deckschicht aus Sand (Phase II) auf. Ergänzend zu dem genauen Befund von Hjordkjaer liegen in der Fundamentierung unserem Grab 1 vergleichbare Packungen aus Sörup vor, welche ein in gleicher Weise mit steinernen Querrippen versehenes Widerlager für den Sarg zeigten. Die beiden Gräber aus Sörup werden der Periode I (Grab A) bzw. der älteren Bronzezeit (Grab B) zugeordnet (ANER u. KERSTEN 1978: 98), die Bestattung von Hjordkjaer der älteren Bronzezeit (ANER u. KERSTEN 1981: 66).

Gemessen an den Ergebnissen einer Datierung, liegt mit der *Urnenbestattung 3* der wichtigste Befund des Hügels 1b vor. Wenn sich für die Vergesellschaftung der einzelnen Beigaben und der Bestattungssitte keine eindeutigen Vergleichfunde benennen lassen, so erscheint dennoch gesichert, den Niederlegungszeitpunkt für die Nachbestattung in der Periode II nordischer Bronzezeit anzusetzen (vgl. zum folgenden E. PANTZER 1984: 276 ff.).

Mit der Fibel liegt der Typenvertreter einer u.a. von K. KERSTEN (1936: 31 ff.) beschriebenen Nordischen Urfibel vor, die in gering unterschiedlicher Ausprägung aus mehreren Grabfunden bekannt ist. Nach K. KERSTEN rechtfertigt die chronologische Empfindlichkeit der Fibelform A3 eine Stellung als Leittyp der Zeitstufen IIA bzw. IIb. Ebenso durch Begleitfunde gesichert, ist für das niedersächsische Verbreitungsgebiet eine Zeitstellung in der zweiten Hälfte der Periode II belegt (LAUX 1973: 33). Als nur zwei Beispiele seien die Grabfunde von Frelsdorf, Kr. Wesermünde (AUST 1965: 368 ff.) und Oersdorf, Kr. Rendsburg (G. JACOB-FRIESEN 1967: 332) genannt, die jeweils anhand der Beifunde in die Periode II datiert werden.

Die Pinzette entspricht in ihrer Ausprägung der von K. KERSTEN (1936: 58) definierten Form 1, Variante b, deren Auftreten sich auf Männergräber der Periode II begrenzt. Dieser Datierung schloß sich auch K. RANDSBORG (1968: 120 f.) unter dem Hinweis an, daß kleinere Formen dieses Typs bis in die Periode III reichten. Oftmals verziert, weisen die Pinzetten wenige unverzierte Parallelen zu unserem Fund auf, so z.B. aus Harrislee, Kr. Schleswig-Flensburg, Hügel 34, Grab G (ANER u. KERSTEN 1978: 57 f.; Kt.-Nr. 2245 G), das mit einem Griffzungenschwert und nordischem Absatzbeil in die Periode II datiert wird.

Aussagen über die chronologische Stellung der Dolchklinge allein sind nur mit Einschränkungen möglich. Während E. LOMBORG (1959: 135) zufolge Dolchklingen mit zwei Pflocknieten, gerundeter bis trapezförmiger Griffplatte und teils einer Mittelrippe versehen, allgemein der Periode II (bc) zuzuordnen sind, liegen einige wenige Dolchfunde aus der Periode III vor. In diesen Fällen wurde eine Datierung jedoch allein durch begleitende Funde erreicht (RANDSBORG 1968: 14). Im Gegensatz zu den oben beschriebenen Formen können somit die Dolchklingen der vorliegenden Ausprägung nicht als datierende Beigabe bewertet werden. Die relativchronologische Stellung einzelner Fundstücke läßt sich hier nur durch begleitende Inventare ermitteln.

Auf eine interessante Parallele zu dem Dolch aus Hammah sei an dieser Stelle dennoch hingewiesen:
Mit Gottrupel, Kr. Schleswig-Flensburg, Hügel 11, Grab. H (ANER u. KERSTEN 1973 : 28, Taf.8) liegt eine Urnenbrandbestattung mit beigegebener Dolchklinge vor, die als einziger mir bekannter Grabfund eine vergleichbare Kombination von Bestattungsform und Beigabensitte aufweist. Bemerkenswert ist darüber hinaus die sich durch Analyse des Leichenbrandes andeutende

Entsprechung einer möglichen Mehrfachbeisetzung (ANER u. KERSTEN 1978: 28; vgl. Beitrag G. BRÄUER). Nach E. ANER und K. KERSTEN ist diese Beisetzung vermutlich der Periode II zuzuordnen.

Wenn sich auch aus der Keramik der Bestattung 3 allgemein keine genauen Ansätze einer gesicherten Datierung ableiten lassen, so sei auch hier auf einen vergleichbaren Grabfund hingewiesen, der eine älterbronzezeitliche Zuordnung unterstützt. Aus dem Körpergrab von Thorup, Ribe Amt, stammt ein in den formalen Merkmalen nahezu identisches Gefäß, welches über Beifunde (u.a. Nadel, Pinzette und Messer) der Zeitgruppe 4 nach S. Müller, entsprechend der Periode II nach Montelius beigeordnet wird (THOMSEN 1915: 13o).

Nach den Beigaben zu urteilen, liegt mit Grab 3 des Hügels 1b erstmals gesichert eine Urnenbestattung der Periode II nordischer Bronzezeit vor. Durch die chronologische Empfindlichkeit der Fibel und der Pinzette läßt sich der Niederlegungszeitraum möglicherweise auf die zweite Hälfte der Periode eingrenzen. So würde, schließt man den interpretatorischen Rückschluß auf Altfunde aus, das Erstauftreten von Urnenbrandbestattungen der nordischen Bronzezeit von der Periode III zumindest in die Spätphase der Periode II vorverlagert.

Nur annähernd läßt sich ein Zeitraum für die Beisetzung der *Bestattung 4* erfassen. Während der schlechte Erhaltungszustand - insbesondere des fehlenden Gefäßoberteils und des Bodens - die genaue Bestimmung des Typs erschwert, lassen sich Anhaltspunkte für eine Datierung aus den vorhandenen Teilen und der Machart der Keramik gewinnen, die jedoch nur einen groben Rahmen umreißen können. Am augenfälligsten ist die Ähnlichkeit zu den von M. MENKE (1972) für das Südholsteinische Gebiet beschriebenen Formen aus Urnengräbern der jüngeren Bronzezeit. Vergleichbare Gefäße stellt die Gruppe der ungegliederten Terrinen. Mit großer Variationsbreite weisen diese Gefäße eine über dem Boden weit ausladende Bauchregion mit vergleichsweise steil über einem deutlichen Umbruch ansteigenden Hals- bzw. Schulterbereich auf. Sandgemagert, besitzen sie in der Regel eine gelbbraune Färbung; die Keramikoberfläche ist geglättet und in der Bauchregion teils sandig angerauht (MENKE 1972: 32; Fundkatalog). Mit den Parallelen, die unser Fund zu diesen Merkmalen besitzt, ist ein zeitlicher Ansatz der Bestattung 4 im Rahmen der jüngeren Bronzezeit - ohne nähere Eingrenzung - wahrscheinlich.

Ebenso wie für Grab 4, können für die *Bestattungen 5 und 6* Datierungsvorschläge nur mit einem Grad gewisser Wahrscheinlichkeit angeführt werden Der Befund beider Gräber ließ zwar erkennen, daß dem Bestattungskomplex ein bronzener Doppelknopf zuzuordnen ist, ein gesicherter Fund lag jedoch nicht vor.

Die Brandschüttungsgräber deuten auf eine Grablegung in der Periode II bzw. III hin, den Zeitraum der allgemeinen Verbreitung dieser Bestattungsform (KERSTEN 1936: 9; WEGEWITZ 1949: 154 ff.; LAUX 1971: 128) als Vorstufe zu späteren Urnenbestattungen. Durch den vermutlich beigegebenen Doppelknopf kann der Niederlegungszeitraum jedoch präziser gefaßt werden. Nach K. KERSTEN (1936: 2o) der Form 6 entsprechend, liegt hier der Vertreter einer Leitform aus Grabinventaren der Periode III vor, die mit flach gewölbter Knopfplatte, geringer Größe und einem eingetieften Sternornament erstmals am Übergang von Periode II zu III belegt ist (KERSTEN 1936: 22 ff.; vgl. RANDSBORG 1969: 112).

Für die Bestattungen 1 bis 6 des Grabhügels 1b ergeben sich somit hinreichende Aussagemöglichkeiten zur chronologischen Stellung, zum Aufbau der Grabanlage, wie auch zur Bestattungsfolge und Belegungsdauer

6. Grabungsergebnisse und Rekonstruktion

Mit dem Hügel 1b von Hammah, Ldkr. Stade, wurde eine Grabanlage freigelegt, die, an den Befunden gemessen, einerseits dem bekannten Grabbau der Bronzezeit entspricht, andererseits jedoch auch neue Erkenntnisse zu den Bestattungsformen der älteren Bronzezeit aufzeigen läßt. Obwohl durch die rezente Zerstörung der Hügelkuppe und subrezente Eingrabungen wertvolle Befunde verlorengegangen waren, war der Grabhügel unter dem heute noch anstehenden Moor soweit ungestört erhalten, daß der Aufbau und die stratigraphischen Beziehungen von Detailbefunden zueinander weitgehend rekonstruiert werden konnten.

In leichter Hanglage am Rande einer Geländedepression errichtet, besaß der Grabhügel im Auffindungszustand 15 m Durchmesser, nach Rekonstruktion des ehemaligen Oberflächenverlaufs eine Höhe von 1,7o m. Der fossile Untergrund, ein deutlich ausgeprägter und durch den Hügelaufwurf konservierter Podsol, war im Grabbereich vor der Anlage des Hügels durchpflügt worden. Ob die Bearbeitung der ehemaligen Oberfläche intentional mit dem Grabbau in Verbindung stand, oder die eingelagerten Keramikfragmente eher auf Siedlungsaktivitäten im näheren Umfeld hindeuten, konnte anhand der Befunde nicht entschieden werden. Für den Bezug zu möglichen Grabriten sprach jedoch das vollständige Fehlen vergleichbarer Spuren außerhalb des Grabplatzes, wenngleich die später aufgewachsenen Moorschichten sich hier nicht unerheblich auf die Bodenentwicklung ausgewirkt haben dürften.

Der Gründungsphase des Hügels 1b (I. Ausbau) ist die zentrale Doppelbestattung (Grab 1 u. 2) zuzuordnen, deren nahezu vergangene Überreste als Baumsargbestattungen anzusprechen waren. Geringfügige Unterschiede, sowohl der Lage innerhalb des Hügels, als auch der Bauart beider Steinpackungsgräber ließen verschiedene Interpretationsmöglichkeiten zu. So können die unterschiedlichen Fundamente zum Ausgleich von Unebenheiten des Hügeluntergrundes gedient haben, da das "hangabwärts" liegende Grab auf der ehemaligen Oberfläche, das am oberen Hang gelegene leicht in den Boden eingetieft vorgefunden wurde. Die Auflageflächen der Bestattungen wiesen dabei die gleichen absoluten Höhenwerte auf. Den im Detail unterschiedlichen Fundamentierungsarten entsprechend, sind ebenso Rückschlüsse auf Unterschiede zwischen den bestatteten Individuen denkbar. Ob jedoch mit den Gräbern 1 und 2 aus Hammah ein ähnlicher Befund vorliegt, wie ihn W. WEGEWITZ (1949: 61 ff.) für Wiepenkathen, Kr. Stade, Hügelgrab 4 beschrieb, kann nur vermutet werden. Aus diesem Hügel liegen zwei, wohl zeitgleich niedergelegte Bestattungen eines Mannes und einer Frau in unterschiedlich fundamentierten Steinpackungen vor. Folgt man W. WEGEWITZ in der Geschlechterdifferenzierung anhand der Beigaben, wie er sie auch für die Doppelbestattung aus Hamburg-Harburg (Brunnental), Fundplatz 16 (W. WEGEWITZ 1949: 74) vorschlug, wäre unsere Bestattung 1 als ein Männergrab zu interpretieren. Eine Zuordnung der Bestattung 2 muß dagegen offenbleiben. Befunde, die einen unterschiedlichen Zeitansatz rechtfertigen könnten, wurden nicht getroffen, so daß hier von einer zeitgleichen Niederlegung der Bestattungen ausgegangen werden soll.

Der über beiden Zentralgräbern aufgeschichtete Hügel zeigte deutliche Plaggenstrukturen, bestehend aus Teilen organischer Bodenauflage und ausgehobenem Bleichsand, die in den Hügelrandbereichen und zur Hügeloberfläche hin in grau-humose Verwitterungsreste übergingen. 9 m im Durchmesser und 1,25 m in der Höhe betragend, war der Kernhügel als Abschluß der Bauphase I mit einem Steinring umkränzt und randlich befestigt worden.

Zeitlich ist der Ausbau der Phase I anhand der Grabformen und Beigaben in die Perioden I-II nordischer Bronzezeit zu stellen. Wertet man zusätzlich die pedogenetischen und chronologischen Untersuchungsergebnisse an Hügel 1a (vgl. Beitrag ZIMMERMANN), so ist eine Zuordnung in die späte Periode I bzw. frühe Periode II durchaus wahrscheinlich.

Hinweise auf einen längeren Bestand des Hügelgrabes in dieser Form geben die in Randbereichen angetroffenen Überreste einer geringen fossilen Humusausbildung, sowie die, durch eine Grube und Flintabfälle bezeugte, zwischenzeitliche Nutzung des Hügelumfeldes. Diesem Zeitraum sind darüber hinaus der Verfluß der Anschüttung durch Erosion des Oberhügels, wie auch die südwestlich des Grabes einsetzenden Vermoorung des tiefer gelegenen Geländes zuzuordnen. Inwieweit die Vernässung dieser Senken auch das weitere Grabumfeld einbezog und damit die Begehbarkeit einschränkte, war im einzelnen nicht zu beantworten. In Anbetracht der späteren Erweiterungen des Hügels ist jedoch in diesem Stadium keine einschneidende Umweltveränderung vorauszusetzen.

Da die Intentionen erneuter Bauaktivitäten am Grabhügel durch die stark in Mitleidenschaft gezogene Hügelkuppe nicht mehr eindeutig zu rekonstruieren waren, können hierfür nur hypothetische Erklärungen herangezogen werden.

Annähernd mittig im bestehenden Hügel wurde demnach in einer tiefreichenden Grube die Urne 3 mit Leichenbrand und bronzenem Gerät beigesetzt und anschließend mit Steinen ummantelt. Die untersuchten Brandreste lassen, unterstützt durch die Beigabenkombination, eine Doppelbestattung von Mann und Frau vermuten, die mit einer relativ-chronologischen Stellung in der Periode II ein vergleichsweise höheres Alter zeigt, als es bisher für Urnenbestattungen der Bronzezeit bekannt war. Im Rahmen dieser Beisetzung wird der gesamte Hügel durch die Anschüttung von Sand aufgehöht worden sein, so daß die Abmessungen auf durchschnittlich 12,5o m im Durchmesser und 1,7o m in der Höhe anstiegen. Eine randliche Befestigung der Bauphase II wurde dabei nicht vorgenommen, was zu ausgeprägten Verflußstrukturen im Hügelumfeld führte. Die abgeflossenen Teile der Sanddecke kamen im Südwesten über der erwähnten moorigen Schicht zwischen Hügel 1a und 1b zu liegen, im übrigen Umfeld auf der ehemaligen Oberfläche, die hier noch keine Moorauflage aufwies.

Erst in der Periode III erfolgte eine weitere Bestattung im Hügelaufwurf. Die Brandschüttungsgräber 5 und 6 - ebenfalls in einer Grube nahe dem Hügelzentrum gelegen - waren als mögliche Mehrfachbestattung in lockeren Steinpackungen beigesetzt worden, zwischen denen ein zeitlicher Unterschied der Niederlegung nicht bestanden haben wird. Aus der Bestattungsform und der wahrscheinlichen Grabbeigabe, einem Doppelknopf, ergaben sich hinreichende Anhaltspunkte, Grab 5 und 6 der Periode III beizuordnen.

Sicherlich rechtfertigen die Funde und Befunde der Gräber 3, 5 und 6 die oben beschriebene Bestattungsfolge. Da jedoch keine stratigraphisch gesicherten Befunde angetroffen wurden, sei auf eine weitere Erklärungsmöglichkeit hingewiesen: In zeitlich verkehrter Reihenfolge wären in der Periode III (mit frühem Ansatz) die Nachbestattungen 5 und 6 mit anschließender Aufhöhung des Grabhügels, und eine weitere Nachbestattung - Grab 3 -

im Laufe der Periode III erfolgt. Demnach wäre eine Charakterisierung der Beigaben aus Grab 3 als Altfunde einer späten Periode II nicht auszuschließen.

Die abschließende Nutzung des Begräbnisplatzes repräsentiert die Urnenbeisetzung 4 auf dem östlichen Steinkranz. Im Gegensatz zu den Gräbern 3, 5 und 6 kann eine Verbindung dieser Nachbestattung mit der Bauphase II ausgeschlossen werden, da die randlich in den Hügel reichende Grube durch beide Hügelphasen hindurch nachgewiesen werden konnte. Ohne Beigaben, wird die Urnenbestattung eines Mannes wahrscheinlich in die jüngere Bronzezeit einzuordnen sein, wenngleich eine genaue Datierung nicht ermittelt wurde.

7. Zusammenfassung

Der rezent gestörte und 1983 untersuchte Grabhügel 1b von Hammah, Ldkr. Stade, besaß einen zweiphasigen Aufbau. Die Bauphase I bildete eine zentrale Körperdoppelbestattung der frühen bis älteren Bronzezeit (Per.I-II), überdeckt durch einen Plaggenhügel mit randlicher Steineinfassung (Durchmesser 9 m, Höhe 1,2 m). Eine zentrale Urnenbeisetzung (Per.II) und die Aufhöhung des Hügels durch eine Sanddecke (Dm.12,5 m, H.1,7 m) sind der Bauphase II zuzuordnen. Ferner enthielt der Grabhügel zwei Leichenbrandschüttungen der Periode III nahe dem Hügelzentrum, sowie eine randlich eingegrabene Urnennachbestattung, vermutlich der jüngeren Bronzezeit.

Betrachtet man den Hügel 1b im Zusammenhang mit den benachbarten Ausgrabungen der Flur 1 von Hammah (vgl. Beiträge MICHL u. NOWATZYK; ZIMMERMANN), so wird ihm nach den archäologischen und bodenkundlichen Ergebnissen eine chronologische Stellung zwischen den Grabhügeln 1a und 2 bzw. 5 beizumessen sein.

Anmerkungen

1) Mein Dank für ihre Mitarbeit gilt an dieser Stelle Frau V. Borucki, Frau A. Brettschneider, Herrn S. Burmeister, Herrn A. Diallo, Frau B. Dobiess, Herrn D. Graniceanu, Herrn H. Holsten, Herrn H. Lübke, Herrn E. Kh. Mohamed, Frau U. Nodop, Frau R.v.Schaafthausen, Frau A. Schlesinger, Frau P. Tutlies, Frau U. Wecks und Frau A. Witte. Frau R. Volbracht danke ich für die Reinzeichnung der Abb. 19,1 und 2, Frau M. Witek für die Anfertigung der Zeichnung 1a.

2) Zur stratigraphischen Auswertung der Befunde des verbindenden Schnittes "A" zwischen den Grabhügeln 1a und 1b sei auf den Beitrag U. ZIMMERMANN verwiesen.

3) nach mündlicher Mitteilung durch Frau G. Nowatzyk M.A.

Literatur

ANER, E. u. KERSTEN, K.: Die Funde der älteren Bronzezeit des nordischen
1978   Kreises in Dänemark, Schleswig-Holstein und Niedersachsen IV.
              Südschleswig-Ost. Neumünster

ANER, E. u. KERSTEN, K.: Die Funde der älteren Bronzezeit des nordischen
1981   Kreises in Dänemark, Schleswig-Holstein und Niedersachsen
         VI. Nordslesvig-Syd. København, Neumünster.

AUST, H.: Ein Grabfund der älteren Bronzezeit aus Frelsdorf, Kr. Weser-
1965   münde. Germania 43, 368-370.

JACOB-FRIESEN, G.: Bronzezeitliche Lanzenspitzen Norddeutschlands und
1967   Skandinaviens. Hildesheim.

KERSTEN, K.: Zur älteren nordischen Bronzezeit. Neumünster, o.J.
1936

KÜHN, H.J.: Das Spätneolithikum in Schleswig-Holstein.
1979   Neumünster.

LAUX, F.: Die Bronzezeit in der Lüneburger Heide. Hildesheim.
1971

LAUX, F.: Die Fibeln in Niedersachsen. PBF XIV, 1.
1973

LOMBORG, E.: Donauländische Kulturbeziehungen und die relative Chronolo-
1959   gie der frühen nordischen Bronzezeit. Acta Archaeologica 30,
         51-146.

MENKE, M.: Die jüngere Bronzezeit in Holstein. Topographisch-chronolo-
1972   gische Studien. Neumünster.

PANTZER, E.: Eine Urnenbestattung der Periode II nordischer Bronzezeit
1984   aus Hammah, Ldkr. Stade. Archäologisches Korrespondenzblatt
         14, 273-279.

PETERS, H.G.: Die Ausgrabung von drei Grabhügeln in der Gemarkung Rip-
1970   dorf, Kr. Uelzen. Materialhefte zur Ur- und Frühgeschichte
         Niedersachsens 3, 37-76.

PIESKER, H.: Untersuchungen zur älteren lüneburgischen Bronzezeit. Lüne-
1958   burg.

RANDSBORG, K.: Von Periode II zu III. Chronologische Studien über die
1968   ältere Bronzezeit Südskandinaviens und Norddeutschlands.
         Acta Archaeologica 39 (1969), 1-142.

THOMSEN, T.: Bronzealdersfund fra Thorup. Aarbøger 5, 123-131.
1915

WEGEWITZ, W.: Die Gräber der Stein- und Bronzezeit im Gebiet der Nieder-
1949   elbe (Die Kreise Stade und Harburg). Hildesheim.

Anschrift des Verfassers:

Eike Pantzer
Universität Hamburg
Archäologisches Institut
Arbeitsbereich I
Johnsallee 35
D-2000 Hamburg 13

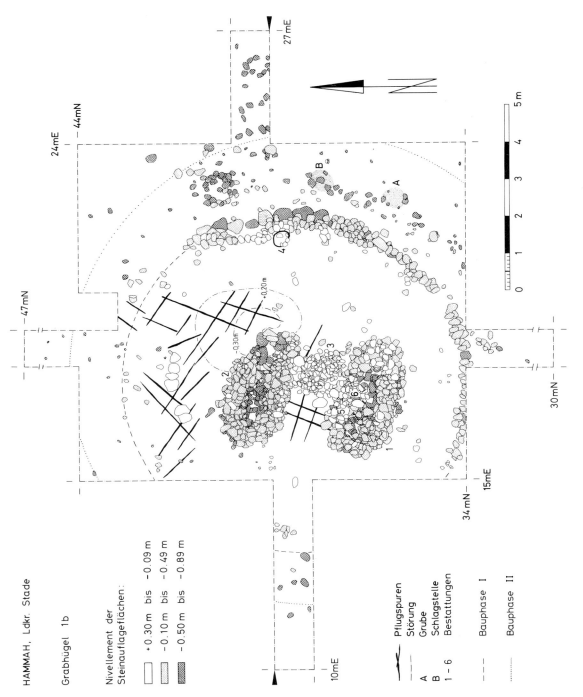

Abb. 1b: Hammah, Ldkr. Stade, Hügel 1b. – Aufsicht.

Abb.2: NW-Quadrant von Norden, Planum bei -0,76 m. - Pflugspuren im fAe-Horizont.

Abb. 3:

SW-Quadrant, Planum bei -0,71 m. - Fragmentarisch erhaltene Pflugspuren zwischen den zentralen Bestattungen 1 (links) und 2 (rechts).

Abb. 4: Blick von Norden auf die westliche Grabungsfläche. – Zentrale Steinpackungsgräber; im Hintergrund Teile des Steinkranzes der Bauphase I (Planum bei -o,43 m).

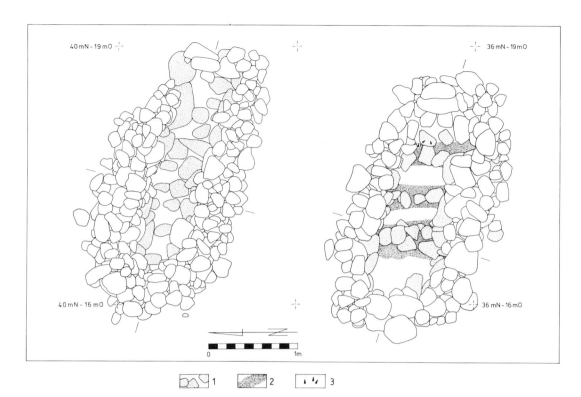

Abb.5: Bestattungen 1 und 2. - Fundamentierung und Packungsaufbau, in-situ-Befund; 1: Fundamentsteine; 2: Fundamentgräben; 3: Pfeilspitzen.

Abb. 6:

Grab 1, Innenraum bei -0,75 m. - Steinreihen und Fundamentgraben-Verfüllung im östlichen Grabbereich.

Abb. 7:

Basiskonstruktion des Grabes 1, Ostteil. - Steinreihen des Sargfundaments und umlaufende Rahmenbasis.

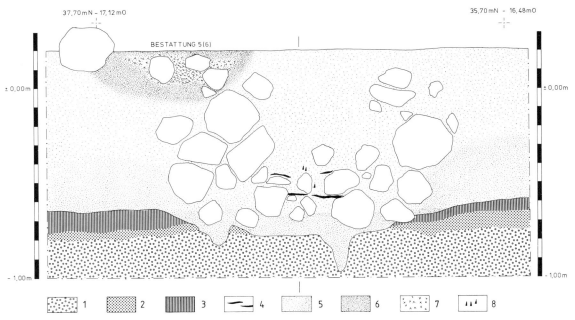

Abb. 8: Querprofil durch Grab 1 und Bestattung 5. - 1: fossiler B- und C-Horizont; 2: fAe-Horizont; 3: fAh-Horizont; 4: organische Bestattungsreste (Holzmoder); 5: Plaggenanschüttung; 6: Grabgrube der Best. 5 (bzw. 6); 7: Leichenbrand; 8: Pfeilspitzen.

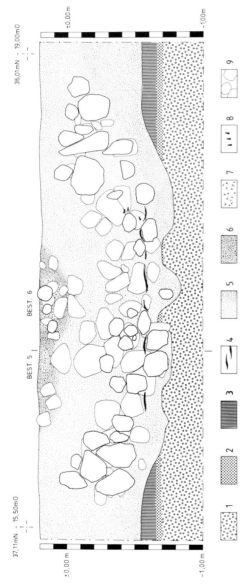

Abb.9: Längsprofil durch Bestattung 1 und Bestattung 6, Tangentialprofil durch Bestattung 5. – 1: fossiler B- und C-Horizont; 2: fAe-Horizont; 3: fAh-Horizont; 4: Holzmoder; 5: Plaggenschüttung; 6: Grabgruben der Best. 5 und 6; 7: Leichenbrand; 8: Pfeilspitzen; 9: Schnitt durch die nördlichen Längsseiten der Steinpackungen.

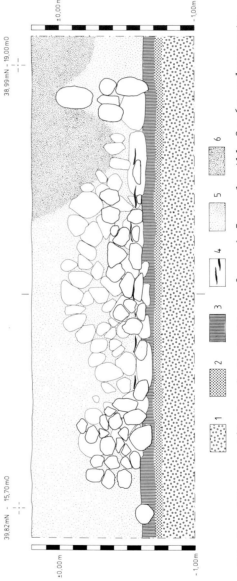

Abb.10: Längsprofil durch Bestattung 2. – 1-5: vgl. Abb.9; 6: subrezente Eingrabung.

Abb.11: Basiskonstruktion des Grabes 2, Westteil von Norden. - In der Grabmitte flache Fundamentsteine mit umlaufender Steinsetzung der Rahmenbasis.

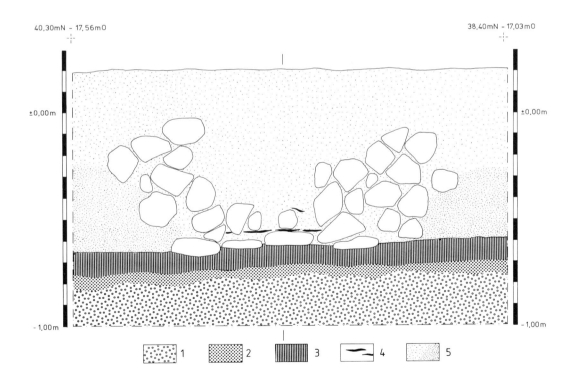

Abb.12: Querschnitt durch Grab 2. - 1: fossiler B- und C-Horizont; 2: fAe-Horizont; 3: fAh-Horizont; 4: Holzmoder; 5: Plaggenschüttung.

Abb.13: West-Ost-Profil, 39 m N/16-17 m O, Planum bei -o,4o m. - Detail der Plaggenschichtung über Grab 2.

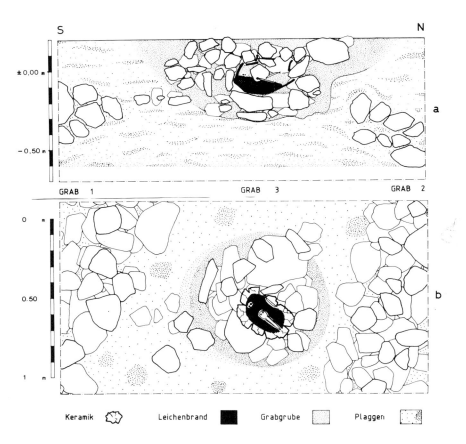

Abb.14: Bestattung 3. - a: Westprofil; b: Aufsicht bei geöffneter Steinpackung.

Abb.15: Steinpackung der Bestattung 3 von Osten (Planum bei -o,o3 bzw. -o,18 m).- Packungskonstruktion und Grubenprofil; rechts im Vordergrund Steinlagen der südlichen Packungsteile von Grab 2.

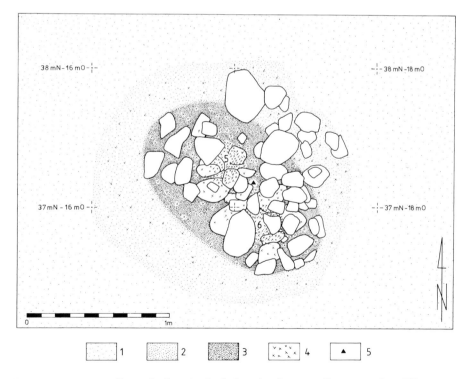

Abb.16: Bestattungen 5 und 6, Aufsicht bei -o,o8 m. - 1: Plaggenanschüttung; 2: dunkelgraue Einfärbung des Grabumfeldes; 3: Grabgrube; 4: Leichenbrand; 5: Lage des bronzenen Doppelknopfes.

Abb.17: Kreuzprofil durch Bestattung 5, Ansicht von SW. - Bestattung 5 im Kreuzungspunkt der Profile; im Vordergrund das südwestliche Ende der Steinpackung des Grabes 1.

Abb.18: Seitenansicht der Bestattung 4 von Norden.

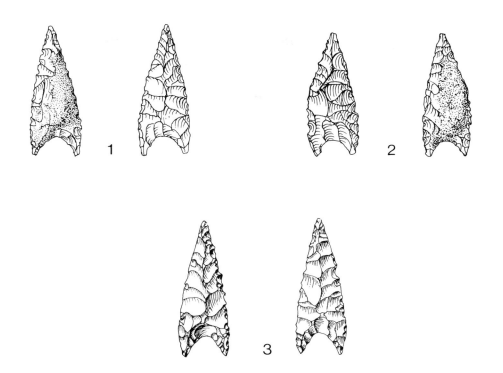

Abb.19: Hammah, Ldkr. Stade, Hügel 1b, Bestattung 1. - 1-3: Flint. M = 1:1

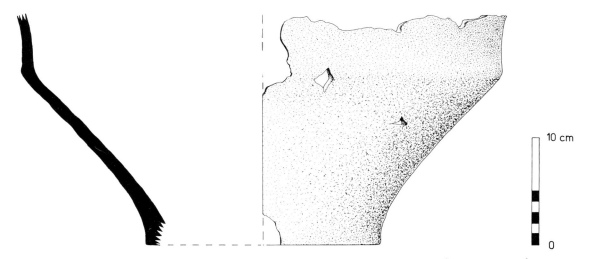

Abb.21: Hammah, Ldkr. Stade, Hügel 1b, Bestattung 4. - Keramik.

Abb.22: Hammah, Ldkr. Stade, Hügel 1b, Bestattungen 5 und 6. - Bronze. M = 1:1

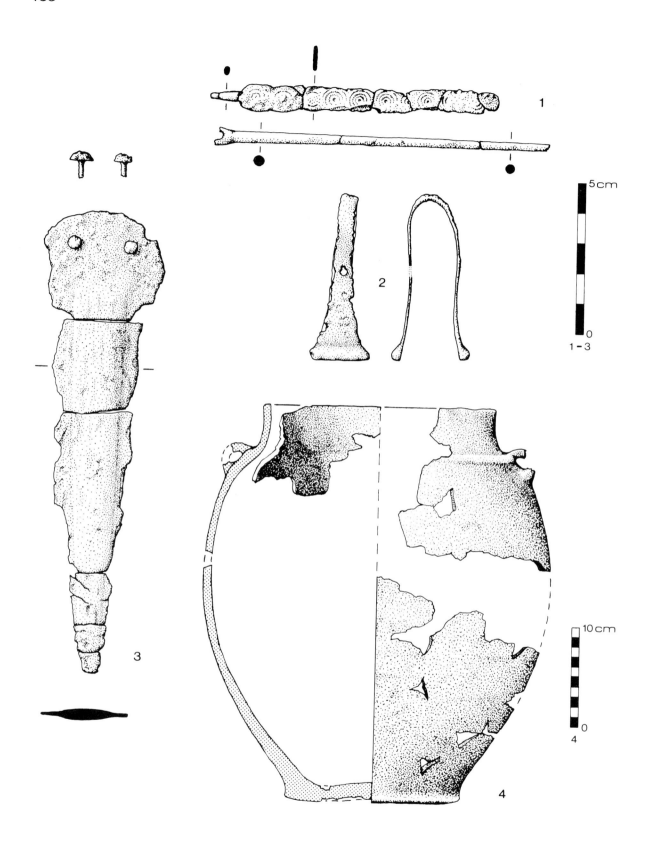

Abb.2o: Hammah, Ldkr. Stade, Hügel 1b, Bestattung 3. - 1-3: Bronze; 4: Keramik.

DER HÜGEL NR. 2 VON HAMMAH:
Die mentale Rekonstruktion eines heute zerstörten Fundplatzes

Rainer B. Michl unter Mitarbeit von Gabriele Nowatzyk

Inhalt

1. Einleitung
   1.1. Die Geschichte des Fundplatzes
   1.2. Zur Grabungstechnik

2. Hauptteil
   2.1. Vorbemerkungen
   2.2. Der Grabungsbefund

   2.2.1. Allgemeines
   2.2.2. Der fossile Boden
   2.2.3. Die Grube
   2.2.4. Der Hügel
   2.2.5. Das Moor
   2.2.6. Die Störungen
   2.2.7. Die Kleinfunde

   2.3. Auswertung: Die Vorgeschichte des Fundplatzes

   2.3.1. Die neolithische Grube
   2.3.2. Der bronzezeitliche Grabhügel

   2.3.2.1. Anlage und Konstruktion
   2.3.2.2. Zeitliche und kulturelle Einordnung

   2.3.3. Bemerkungen zur Umweltrekonstruktion aus archäologischer und bodenkundlicher Sicht

3. Zusammenfassung

4. Literaturverzeichnis

1. Einleitung

1.1. Die Geschichte des Fundplatzes

Den Geodäten, welche 1878 die Topographie der Gemarkung Hammah aufmaßen, war offenbar die Präsenz dieses südöstlichsten und bei weitem größten der drei 1983 untersuchten Grabhügel völlig entgangen: Auf dem 1880 herausgegebenen Meßtischblatte "Nr. 930 Stade" sind lediglich die Stellberge verzeichnet, welche das gut einen Kilometer entfernte südöstlichste Ende der Grabhügelkette markieren, zu der unser Tumulus gehört (JACOB-FRIESEN 1924: 28). Dieser dürfte damals noch vollständig oder doch so weit von den Ausläufern des Kehdinger Moores verhüllt gewesen sein, daß er der Aufmerksamkeit entgehen mußte (WEBER 1924: bes. 41 f.).

Erst nachdem die Kultivierung des Moores seine Oberfläche abgesenkt hatte, gab dieses Ende des 19. Jahrhunderts seinen Inhalt frei. Der zutage tretende Hügel wies eine Höhe von etwa 2 m auf - gemessen von seiner Sohle - und war von einem ca. 24 m Durchmesser aufweisenden Steinkranz umgeben (JACOB-FRIESEN 1924: 32; Ortsakten). Offenbar noch vor der Jahrhundertwende wurde das Grabmal mittels eines sog. "Kopfstiches" verletzt und die Zentralbestattung zum Zwecke der Steingewinnung erbrochen; ein ähnliches Schicksal ereilte das Gros der Randsteine, während der Hügelrest dann als Gemeindesandgrube von Groß Sterneberg dienen mußte (JACOB-FRIESEN 1924: 32; Ortsakten). Als K.H. JACOB-FRIESEN 1921 das Großsteingrab untersuchte, legte er auch an Hügel 2 einen "Stichgraben" an, dessen Lage und Ausmaße allerdings nicht näher dokumentiert wurden und von dem unsere Ausgrabungen keine Spuren erbrachten (WEBER 1924: 47; Ortsakten). Zu jener Zeit war der Kurgan noch knapp zur Hälfte erhalten (JACOB-FRIESEN 1924: 32). Bereits 1930 war nach Ausweis der Ortsakten das - relativ zur Oberfläche der noch etwa 1 m mächtigen Schwarztorfauflage - Aufgehende des Hügels fast vollständig abgetragen. Der Fundplatz diente dann in der zweiten Hälfte dieses Jahrhunderts in Form eines von einem niedrigen Sandwall umgebenen Trichters als Viehtränke, ehe er geebnet und der Moorwiesen-Oberfläche angeglichen wurde (Ortsakten u. mündl. Mitteilungen).

1.2. Zur Grabungstechnik

Im Sommer 1983 wies sich die Fundstelle inmitten der Viehweide durch eine rundliche Sandfläche von ca. 20 m Durchmesser mit unregelmäßigen Rändern aus, welche z.T. schon vom Bewuchs zurückerobert worden war.

Grabungstechnisch begonnen wurde mit den Quadranten 1 bis 4 in der Nähe des vermuteten Hügelmittelpunktes gemäß den oben erwähnten Ausführungen (vgl. MICHL/NOWATZYK/PANTZER/ZIMMERMANN in diesem Bande) (Abb.1). Da die Störungen jedoch weitreichender waren als anfänglich vermutet, wurde das Grabungskonzept zugunsten eines "Befundorientierten Sampling-Verfahrens" abgeändert. Es galt dabei, die präzisen Ausmaße der Zerstörungen und die noch intakten Hügelbereiche zu erfassen (Q5 - Q12) (Anm.1). Die noch verbleibende Zeit wurde genutzt, um Detailfragen zum Hügelaufbau zu klären und um potentielle Nachbestattungen zu finden (Q13 - Q23).

Das Resultat war ein mehr oder minder flächendeckendes Netz von Aufschlüssen. Überschlagsweise wurden dadurch von dem noch zu gut 10 Vol.-% erhaltenen intakten Hügel ca. 55% ergraben, wodurch etwa 6% des ursprünglichen Tumulus untersucht werden konnten - die ungestörten Verflußteile nicht eingerechnet.

Die Grabungen wurden in der Zeit vom 17.07.83 bis zum 17.09.83 kontinuierlich durchgeführt, danach noch zeit-punktuell zur Klärung von Einzelproblemen und zu Dokumentationszwecken. Im Schnitt standen dabei dem Grabungsleiter R.B. MICHL ein örtlicher Stellvertreter (G. NOWATZYK und A. GRÜNDEL) (Anm.2) sowie 4 Grabungshelfer zur Verfügung.

2. Hauptteil

2.1. Vorbemerkungen

Wir wollen uns im wesentlichen an dem Vorschlag K. FRERICHS (1981) orientieren, wonach zunächst die reinen Daten in Form sogenannter Befundaussagen dargestellt werden sollten, ehe mit ihrer Hilfe die Ebene der Interpretation betreten wird.

Befundaussagen sind danach (vgl. FRERICHS 1981: 1o8, 135-137, 143-145, 15o) sprachliche Darstellungen, welche
1. eine Tatsache, d.h. einen realen Sachverhalt, wiedergeben, und
2. frei sind von a r c h ä o l o g i s c h e n Hypothesen (Anm.3).

Bei den folgenden Ausführungen halten wir uns jedoch stets die fließenden Grenzen zwischen einer idealtypologisch reinen Daten- und einer idealtypologischen reinen Theorie-Ebene vor Augen!

2.2. Der Grabungsbefund

2.2.1. Allgemeines

Stratigraphisch stellt sich der Fundplatz folgendermaßen vor (Abb.2): In den pleistozänen Untergrund tieft sich eine grubenartige Verfärbung ein, die von den Schichten des Hügels überlagert wird. Auf diesem wiederum befinden sich die Torflagen, welche ihrerseits trichterförmig gestört werden. Diese Strukturen wollen wir mit "fossiler Boden", "Grube", "Hügel", "Torf" und "Störungen" bezeichnen und in dieser Reihenfolge einzeln beschreiben.

2.2.2. Der fossile Boden

Das anstehende Gestein lag in Form eines ockerfarbenen Gemenges von Fein- und Mittelsanden vor, welches den C-Horizont eines fossilen Podsol-Normaltyps (Eisenhumuspodsols) bildete. Der Illuvial-(= Anreicherungs-)Bereich war als die übliche Bhs-Orterde ausgeprägt, wobei sich hin und wieder oberhalb von dieser, und von ihr durch eine dünne Bleichsandlage getrennt, eine wenige Millimeter dicke Bh-(=Humusorterde-)Schwarte abhob. Der darüber liegende Ae-(=Bleichsand-)Horizont wies Mächtigkeiten von bis zu über 2o Zentimetern auf.

Ein schwach ausgeprägtes und häufig unterbrochenes fAh-(=humoses Oberboden-)Band markierte die fossile Oberfläche. Ihr Relief erschien im Detail relativ unruhig, wobei es jedoch unter dem Hügel generell nach Norden und Nordwesten hin um gut 2 Dezimeter abfiel.

Der "Gewachsene Boden" trug - zumeist in seinen oberen 1o Zentimetern - unregelmäßig streuend einige Keramikscherben, Feuersteinartefakte und kalzinierten Flint.

2.2.3. Die Grube

Etwa 3,5 m östlich der Hügelmitte grub sich eine humos verfüllte Mulde

in den beschriebenen natürlichen Untergrund ein (Abb.3 und 4). Sie hatte
eine unregelmäßig-rundliche Form von ca. knapp 1 m Durchmesser und schnitt
sich bis annähernd o,5 m tief in die alte Oberfläche ein. Bemerkenswert
ist, daß diese Grube ebenfalls von dem Podsolierungsprozeß erfaßt worden
war und somit ihre Ränder nur sehr undeutlich von dem umgebenden Boden,
vor allem von dem fBhs-Horizont, abzugrenzen waren.

Sie barg Holzkohlestücke von z.T. einigen Zentimetern Dicke und um die
3,5 kg Keramikscherben (Inv.-Nr. 11: A:57).

2.2.4. Der Hügel

Die Eingriffe, welche bis zum Beginn der Ausgrabungen an dem Bauwerk vorgenommen worden waren, hatten - schematisch betrachtet - nur noch einen
Hügelfußring mit trapezförmigem Querschnitt in vorwiegend unzerstörtem
Zustande hinterlassen (Abb.5). Die genaueren Ausmaße dieses Befundes sind
der Abbildung zu entnehmen.

Der Hügel besaß zuunterst einen elliptischen, ziemlich genau ost-westorientierten Sandkern, dessen Achsen etwa 15 und 9 Meter lang waren (Abb.
6, 7 und 8). Seine randlichen Begrenzungen waren im Osten und Süden (Flächen Q8, Q21, Q2, Q4, Q7, Q22 und Q1; vgl. Abb.1) leidlich faßbar, hingegen hatten Störungen die nordwestlichen und zentralen, vor allem aber den
gesamten oberen Bereich des Sandkörpers vernichtet, so daß über die ursprüngliche Höhe keine genauen Aussagen gemacht werden können; das Aufgehende war z.T. bis 6o cm Mächtigkeit erhalten und mag, dem Anstieg seiner
Randbereiche nach zu urteilen, knapp einen Meter betragen haben. Dieser
Kernhügel saß dem fossilen Boden unmittelbar auf; er bestand aus beigefarbenem Sand, welcher durch humose Flocken z.T. leicht meliert erschien.
Seiner Herkunft nach dürfte es sich dabei um lockeres Oberbodenmaterial
mit Bleichsand- und Humusanteilen gehandelt haben (Anm.4). Die Oberfläche
dieses Sandkernes trug weder einen fAh-Horizont noch sonstige Anzeichen
einer Bodenbildung.

Über den zentralen Sand und auf den "Gewachsenen Boden" neben ihm legte
sich kugelschalenförmig eine zweite Hügelschicht (Abb.8). Ihr lotrecht
bis zu 6o cm dicker basaler Teil war nach oben hin hügeloberflächen-parallel begrenzt und wies eine auffällige Strukturierung auf (Abb.8, 9 u.1o):
Im Profil waren wenige Dezimeter lange, dünnere Humusbänder unregelmäßig
neben- und übereinander angeordnet und durch dazwischenliegende, einige
Zentimeter dicke Bleichsandlagen voneinander getrennt; die Plana zeigten
diese Gebilde als rundlich-quadratische Verfärbungen. Es ist dies die typische Struktur, in der uns aufeinanderliegende Heideplaggen entgegentreten.

Während das Gros dieser Sodengefüge in den Profilen wie ziseliert wirkte (Abb.1o), traten sie in den südlichen Hügelbereichen mit bis annähernd
6 cm dicken und ausgesprochen dunklen Humusanteilen sehr prägnant in Erscheinung (Abb.9). Da die Deutung dieses Phänomens eine vorwiegend bodenkundliche ist, sei sie hier vorweggenommen:

1.: Die Möglichkeit, daß unterschiedlich große Kippwinkel der Plaggen
im vertikalen Anschnitt verschiedene Mächtigkeiten des fAh hervorgerufen
haben könnten, dürfte ausscheiden: Der Effekt würde sich erst bei extrem
differierenden Neigungswinkeln auswirken und auch entsprechend große Unterschiede in der Gesamtkörperbreite der Soden zur Folge haben. Letzteres
schien im allgemeinen nicht der Fall zu sein, zudem konnte mit Hilfe

rechtwinkelig angrenzender Profilschnitte diese Hypothese kontrolliert und falsifiziert werden.

2.: Auch die an schwärzlichem Humus reichen Plaggen gingen zum Hügelrand- und -oberflächenbereich hin relativ abrupt in den folgenden strukturlosen Sand (= verwitterter Plaggen; s.u.) über. Daher erscheint auch die Annahme, es handle sich um verschiedene Verwitterungsstadien, nicht opportun.

3.: Möglicherweise ist der beschriebene Kontrast durch unterschiedliche Lokalitäten der "Plaggenmatts" (Gebiete des Plaggenhiebs) bedingt: Vermutlich stammte der Soden mit den markanten organischen Bestandteilen aus Feuchtheidegebieten mit Glockenheide-(Erica-)Bewuchs, während die Hauptmasse von Trockenheideflächen (mit Calluna-Besenheide) entnommen sein dürfte (vgl. PERTSCH 1970: 46-48, 134-136, 165-168; SCHEFFER/SCHACHTSCHABEL 1979: 336 f.).

Oberhalb des soeben beschriebenen E-(Plaggen-)Horizontes (Anm.5) der zweiten Hügelschüttung folgte mehr oder minder übergangslos beige-gelber struktureloser Sand. Da das Aufgehende des Tumulus weitgehend gekappt war, fand sich jener nurmehr in den äußeren Hügelgrenzbereichen (Abb.7). Analog den von K. GRIPP (1942a; 1942b; vgl. WEGEWITZ 1949: 152) ermittelten Untersuchungsergebnissen bezüglich des Grabhügels von Harrislee (Kr. Schleswig-Flensburg; Schleswig-Holstein) haben wir in diesem Sand nicht etwa einen geologischen Substratwechsel - einen weiteren Hügelauftrag - sondern das Produkt der von oben/außen nach innen fortschreitenden Verwitterung des Plaggens zu sehen. Dies wird schon dadurch zwingend, daß sich die grenznahen Humusbänder der Soden z.T. in den strukturlosen Sand als millimeterdünne rostfarbene Eisenoxydlinien horizontal weiterverfolgen ließen. Der davon betroffene einzelne Plaggen war mithin schon partiell vergangen.

Beschriebene Horizont, der, soweit die Störungen dies erkennen ließen, bis ca. 50 Zentimeter Ausdehnung hatte, trug seinerseits einen Podsol, dessen Ausgangsgestein er gewissermaßen bildete (Anm.6). Aufgrund der eingangs erwähnten Abtragung waren die Horizonte des Podsolsolums (Bhs und Ae) nur noch in den Verflußschichten und den äußersten Hügelrandbereichen faßbar: Die diffus abgegrenzte und kaum verfestigte Orterde lag dabei in der Peripheriezone des Bauwerkes, während dessen Fließerde fast ausnahmslos aus Bleichsand bestand.

Der nördliche Hügelabschluß (Q15, 14, 23, 5, 11 und 16; vgl. Abb. 1 u. 3) dokumentierte sich approximativ in Form eines aus Erratischen Blöcken gebildeten Kreisbogens. Während die größeren, häufig relativ zu ihrer Längsachse verkippten dieser Findlinge (gr. Länge etwa zwischen 0,7 und 1 m) größtenteils bis zu 20 cm in den fossilen Boden eingetieft waren, lagen die kleineren (etwa ab 40 cm Achsenlänge) diesem zumeist auf. Hin und wieder waren zwischen diesen Randsteinen kleinere, faust- bis kopfgroße Gerölle eingekeilt. Interessanterweise fand sich im Nordprofil von Q12 in der nämlichen Entfernung vom Hügelzentrum (ca. 12 m) unterhalb eines bis an die alte Oberfläche herabreichenden Störungsgrabens eine wannenförmige Lage plattig gebrochener Pegmatite (Abb.11).

Hügelwärts an die Kranzsteine schloß sich ein dichtes Pflaster aus einer bis mehreren Lagen faust- bis überkopfgroßer Gerölle an, welches zum Kurganzentrum hin langsam anstieg (Abb.12). Es nahm ungefähr 30 - 40 cm oberhalb der Hügelsohle am Steinring seinen Anfang, dünnte nahe der Moorwiesen-Oberfläche im Bereich zunehmender Störungen allmählich aus und endete nach anderthalb Metern an jener (Abb.7).

Der Hügelverfluß lag außerhalb - z.T. auch in den wenigen verbliebenen Zentimetern oberhalb - der Randsteine. Er war als solcher klar zu identifizieren vor allem aufgrund bodenkundlicher Anomalien (Abb.7): Die Orterde fiel z.T. dicht außerhalb des Findlingsringes - wohl einem älteren Oberflächenstadium parallel folgend - steil ab, während sich die restliche Fließerde als bis zu 60 cm mächtiger und etwa 3 m langer Bleichsandkeil flach auslaufend darüberlegte. Ihre genaue äußere Begrenzung war allerdings nicht faßbar, da in diesen Bereichen das hangende Moor mit seinen rostroten Huminsäureinfiltrationen für eine Überprägung der Unterschiede zwischen Verfluß und "Gewachsenem Boden" (Anm.7) gesorgt hatte; es liegt außerdem in der Natur der Sache, daß derartige Übergänge in des Wortes ureigenster Bedeutung "fließend" sind! In das Solifluktionssediment waren, isoliert und in unterschiedlichen Höhen liegend, Steine eingelagert, welche ansonsten generell mit denen der beschriebenen Pflasterung identisch waren. Diese Hangfußakkumulation erhielt das Kennungssymbol "M".

Während die noch intakten Teile des zentralen Sandkernes (Y) keinerlei Funde erbrachten, lagen in der hangenden Hügelschicht und im Verfluß (E, CHgl', Bhs und Ae-Horizonte des Hügels und der Fließerde M) unregelmäßig verteilt häufiger Flintartefakte - hin und wieder waren diese krakeliert -, seltener Keramikfragmente und gebrannter Feuerstein ohne Spuren artifizieller Prägung.

Hervorgehoben sei der Fund eines Flintdolches mit abgesetztem Griff (Inv.-Nr. 11:A:20), welcher annähernd horizontal, mit seiner Schneide nach oben bzw. unten weisend im Plaggenhorizont von Q6 ruhte (Abb. 3 u. 14a).

Die Keramikscherben waren denen aus der unter dem Hügel befindlichen Eintiefung (Inv.-Nr. 11:A:57) in ihrer Machart (Farbe, Magerung, Härte etc.) vergleichbar und ein Bruchstück (Inv.-Nr. 11:A:130) aus dem CHgl-Horizont von Q16 ließ sich paßgenau einer Wandungsscherbe aus der etwa 8 m entfernten Grube anfügen.

Unmittelbar unterhalb des Störungsmantels, der aufgrund der Planierungen die Moorweiden-Oberfläche bildete, trat in Q12 etwa 1,5 m vom Hügelrande entfernt das Fragment einer zerdrückten Gefäßwandung zutage (Inv.-Nr. 11:A:33; Abb. 3 u. 13). Es bestand aus 18 ockerfarbenen Scherben, welche, z.T. noch mit ihren Bruchrändern aneinanderliegend, in einem rötlich-braun marmorierten Bereich innerhalb des CHgl eingebettet waren. Es dürfte sich dabei um die unteren Teile einer Grube gehandelt haben. Sie erbrachte außerdem kleinste Partikel von Leichenbrand und Holzkohle sowie ein Getreidekorn (?).

2.2.5. Das Moor (Abb. 5 u. 7)

Aufgrund der Moorabsenkung und Hügeleinebnung wurden die bis zu 60 cm starken Torflagen ausschließlich außerhalb des eigentlichen Grabmals und auf dessen Verfluß liegend angetroffen; in den 20iger Jahren dieses Jahrhunderts lasteten jene noch mit 1 m Mächtigkeit auf dem Hügel-(Verfluß-)Fuß (JACOB-FRIESEN 1924: 32; WEBER 1924: 41; Ortsakten).

Das Liegende wurde durch eine 10 - 15 cm starke schwarzbraune, schmierige Schicht organogenen Materials gebildet, welche sich etwa 1 - 1,5 m auf das Kolluvium (= M) hinaufzog. Bei ihr handelte es sich vermutlich um Subhydrischen Humus (F), welcher schon von C.A. WEBER (vgl. 1924: bes.47) als Torfmudde angesprochen worden war.

Im Hangenden folgte der Schwarztorf, während der Jüngere Bleichmoostorf nur in Form der bereits Weber aufgefallenen Fetzen und Schollen in jenen eingebettet vorlag (vgl. Beitrag MICHL/NOWATZYK/PANTZER/ZIMMERMANN in diesem Bande).

2.2.6. Die Störungen

Bereits erwähnt wurde, daß der Mittelteil des Hügels seiner Steine wegen vor längerer Zeit aufgebrochen worden war. Die Spuren dieses Eingriffes und der späteren Viehtränke dokumentierten sich als großer zentraler, z.T. mehrphasig verfüllter Trichter, welcher breitflächig durch die Kurgansohle in den fossilen Boden vorgestoßen war (Abb. 5 u.6). Entsprechend befund- und fundarm wiesen sich diese Bereiche aus.

Mit Ausnahme des Nordteils markierte ein in der Aufsicht kreisförmiger, oben etwa 2 m breiter und zumeist ebenfalls bis in den "Gewachsenen Boden" hinabreichender, verfüllter Graben die Peripherie des Hügels (Abb. 6 u.7).

Die Einebnungs- und landwirtschaftlichen Nutzungsmaßnahmen hatten außerdem die wiesenoberflächen-nahen Teile in eine etwa 5 - 1o cm starke Störungsdecke umgewandelt.

2.2.7. Die Kleinfunde

Während der Ausgrabung wurden über 2oo Kleinfunde, zumeist Flintartefakte, Keramikscherben, gebrannter Feuerstein - mit Ausnahme eines Abschlages aus dem Hügel, ohne Artefaktcharakter - und Holzkohlepartikel aufgenommen; das Gros der Artefakte stammte aus der Plaggenschicht des Hügels (E, CHgl, Bhs u. Ae d. Hügels) bzw. aus dessen Verfluß (M).

Unter den gut 13o artifiziellen Feuersteinstücken überwogen bei weitem die undifferenzierten Abschläge (ca. 115); erwähnt seien weiterhin: Nuklei (aus M u. Hgl; Anm.8), atypische Gerätebruchstücke (aus Hgl), ein Bohrerfragment (aus Hgl), sowie diverse Schaber- und Kratzerformen (aus fB, Hgl, M u. St).

Wir wollen lediglich die historisch diagnostischen Artefakte bzw. Artefaktkomplexe näher vorstellen, d.h. jene Flintgeräte und Keramikfragmente, welche befundtechnisch, technologisch, ergologisch oder chronologisch von besonderem Interesse sein dürften. Die Beschreibung sei folgendermaßen formatiert:

Fund- bzw. Befundtyp (Inv.-Nr.): Herkunftsfläche / Einmessung (Nordwert: Ostwert:Nivellement) / Herkunftsschicht (Anm.8); Material; Maße (Länge: Breite:Dicke:Gewicht /b. Flint/).
Detailbeschreibung und Bemerkungen.

Flintdolch (11:A:2o): Q6 / 18,76:47,65:-o,48 / Hgl; hellgrauer Flint; 75:26:1o mm:18 g.
Asymmetrischer Gesamteindruck durch Bruch an einer Schulter, sehr unterschiedlich bearbeitet: Griff nachlässig retuschiert, Kanten leicht konvergierend, Querschnitt dick-oval; Blatt trotz überwiegender gestufter Negativterminationen sorgfältig retuschiert, Querschnitt flach-bikonvex, Kanten mit abschließender Sekundärbearbeitung (möglicherweise in Nachschärfungsabsicht), Spitze gebrochen und neu retuschiert. Sensu Lomborg Typ VI mit verdicktem Griff (Subtyp VIA; vgl. KÜHN 1979: 45 f.; LOMBORG

1973: 61-63). LOMBORG (1973: 27 f.; vgl. 1959: 16o ff., 179 f.) spricht die formidentischen Artefakte unter 13o mm Länge als Pingsteine (Feuerschläger) Typ A an, sieht aber die Schwierigkeit dieser Unterscheidung. Unser Stück zeigt allerdings weder im Schneiden- noch im Griffbereich die typischen Kantentrümmerungen, welche beim Schlagen auf Pyrit entstehen; zudem weist es in der Griffpartie Schäftungspolituren auf, also gerade in dem Teil, der bei den entsprechenden Artefakten zum Feuerschlagen benutzt worden sein soll. Der Hammaher Dolch dürfte seine Endform diversen Nachschärfungsreduktionen verdanken (Abb.14a).

Dolch- oder Feuerschlägerrohling (11:A:23): Q7 / Streufund; gelb-brauner Flint; 52:21:17 mm:2o g.
Mediales Fragment, Bearbeitung flächendeckend, auf einer Fläche sorgfältig ausgeführt, Reste der Rinde z.T. belassen, Retuschierung der Gegenfläche verlief weniger erfolgreich und resultierte in mehreren großen Negativen mit Scharniertermination, welche Weiterbearbeitung wohl erschwerten (Abb. 14b).

Vermutl. Grube (11:A:33): Q12 / 1o,42:63,4o:o,41 (Mitte) / Gr in Hgl.
18 gelbbraune, z.T. noch im Verbund gelegene Wandungsscherben, relativ grob gemagert und brüchig, der Keramik von 11:A:57 nicht unähnlich, jedoch einheitlicher gefärbt und offenbar um Nuancen feiner gemagert und härter; Holzkohle- und Leichenbrandfragmente, Getreidekorn (?) (Abb.13).

Grube (11:A:57): Q8 / 11,2o:57,2o:-o,24 (Mitte) / Gr in fB.
Inhalt: Holzkohlestücke und etwa 3,5 kg Keramik; Scherben heterogen, von gelbbraun bis grauschwarz gefärbt, grob gemagert, sehr brüchig, zumeist unverziert, wenige Bruchstücke mit Dekor (Linien in Einstich- und Furchenstichtechnik, ausgeführt mit spitzem Verzierungsgerät und mit Doppelspitze; vgl. FANSA 1979: 183-185); ein furchenstich-dekorierter Henkel; ein doppelkonisches unverziertes Gefäß mit leicht konkavem Oberteil z.T. rekonstruierbar; nach Randausformung, Dekor bzw. -losigkeit und Wanddicke Scherben von insgesamt mindestens drei Tonbehältern (Abb. 4 u. 15).

Vermutl. Nachschärfungsabschlag von geschliffenem Flintbeil (11:A:1o4): Q12 / 1o,42:64,95:-o,o3 / Hgl; brauner Flint; 36:26:7 mm:4 g.
Stark getrümerte Schlagfläche; zwei Facetten auf Dorsalfläche: die eine rezent beschädigt, die andere, größere, mit unregelmäßigen kurzen Ritzungen und deutlichem Glanz (Anm.9); aufgrund dieser relativ heterogenen und spärlichen Schliffspuren sowie der verhältnismäßig dicken Basis dürfte der Abschlag vom nur noch schwach bearbeiteten Medialteil eines geschliffenen Beiles bei einem Nachformungs-Vorgang abgetrennt worden sein (Abb.14c).

Feuerschläger (11:A:115): Q13 / 5,71:56,5o:o,3o / Hgl; grauer Flint; 47:13:1o mm:8 g.
Vollständig beidflächig, unregelmäßig bearbeitetes, länglich-schmales (Anm.1o) Stück, häufige Stufen- und Scharnierbrüche, starke Kantentrümmerungen (Abb. 14d).

Feuerschläger (11:A:124): Q2 / 6,19:54,53:-o,16 / fB; hell bis dunkelgrauer Flint; 46:26:1o mm:14 g.
Länglich-schmal, nachlässig bifaciell retuschiert, aufgrund von Frostsprüngen und Kantenbearbeitung von leicht eingeschnürter Form, starke Kantentrümmerungen.

Keramikfragment (11:A:13o): Q16 / 18,46:6o,5o:-o,o4 / Hgl.
Wandscherbe, paßgenau zu einem Keramikbruchstück aus 11:A:57 (Grube unter
    Hügel).

Erwähnt seien außerdem folgende Lesefunde, welche im Laufe dieses Jahrhunderts von unserem Hügel aufgesammelt und später dem ehemaligen Urgeschichtsmuseum Stade eingeliefert worden waren; die Inv.-Nrn. bezieht sich auf den Gesamtkatalog für das Archiv des Stader Geschichts- und Heimatvereins (= ehem. Katalog des Urgeschichtsmuseums Stade (Anm.11).

Flintdolch (4119): Lesefund; grauer Flint; 11o:27:8 mm:28 g.
Ebenmäßige weidenblattartige Form, Quer- und Längsschnitt flach-bikonvex,
    leichte Glanzpatinierung; Griff mit schwach abgerundetem Basisende,
    kaum abgesetzt, geringfügig dicker und weniger flächig retuschiert als
    Blattbereich; Blattspitze mit kleinem Bruch, keine Kantennachbearbeitung.
    Sensu LOMBORG Typ I, Subtyp B (vgl. KÜHN 1979: 41 f.; LOMBORG 1973: 32-
    44) (Abb. 14e).

Flintdolch/Pingstein (4723): Lesefund; grauer Flint; 73:14-26:11 mm:28 g.
Annähernd rechteckiges Stück mit dick-ovalem Querschnitt, erheblicher Formverlust aufgrund ausgeprägter Oberflächen- und Kantenbeschädigung
    (Abb.14f).

Dolchrohling (4724): Lesefund; graubrauner Flint; 68:23-55:12 mm:48 g.
Scheibe mit erster formgebender Retuschierung, Griff- und Blattbereich
    bereits deutlich getrennt, Dorsalfläche stärker bearbeitet; unvollständiger Zustand wahrscheinlich durch glatten, quer zur Längsachse verlaufenden Bruch am Proximalende bedingt; zwei Patinaarten lassen vermuten,
    daß der Rohling aus der Scheibe eines patinierten Gerölls geschlagen
    wurde und nach mißglücktem Herstellungsvorgang sich auf der Oberfläche
    einschließlich der Negativbereiche eine weitere, lagerungsbedingte Patina ausbildete. Vermutlich handelt es sich um das Rohlingsfragment
    eines Dolches vom Typ VI mit dünnem Griff (Variante VIB; vergl. KÜHN
    1979: 45 f.; LOMBORG 1973: 61-63) (Abb. 14g).

Keramikfragmente (4725): Lesefunde.
Sehr grob gemagerte, relativ glatte, graubraune Scherben, darunter ein
    Randfragment; ähnliche Wandscherben, jedoch außen grob geschlickert;
    ein innen ähnliches Gefäß- oder Lehmbewurf-Bruchstück, außen rot (verziegelt?), stark erodiert. Gesamteindruck der Keramik völlig abweichend
    von 11:A:33 u. 57 (Abb.16).

Weitere Lesefunde aus dem Hügelbereich sind Tonscherben und Feuersteinartefakte sowie -Pseudoartefakte (4122, 47o7, 4724).

2.3. Auswertung: Die Vorgeschichte des Fundplatzes

2.3.1. Die neolithische Grube

Betrachten wir zunächst die chronologisch-kulturellen Aspekte der unter
dem Hügel gelegenen Grube (11:A:57).

Das einzige annähernd rekonstruierbare Gefäß, das Dekor einiger Scherben
sowie die gesamte Machart weist die Keramik unzweifelhaft dem Neolithikum
zu. Nach der Form des doppelkonischen Behälters und der sorgfältig ausgeführten Ein- und Furchenstichreihen (Abb.15) - etwa auf dem Henkelfragment - dürfte die Eingrabung in der Hoch- bis Spätphase der Trichterbecher-

kultur von deren Kulturträgern (angelegt und) verfüllt worden sein; wir meinen damit die unter Walternienburger Einfluß stehende Zeitstufe D, evtl. auch E, sensu F. LAUX (1979: 75 Abb. 1o, 77-8o; KÖRNER/LAUX 198o: 13o, 136).

Da der Befund größere Mengen von Holzkohle barg, die mit seiner Entstehung in ursächlichem Zusammenhange stehen dürften, konnte er mit Hilfe der C-14-Methode absolut datiert werden: Die untersuchte Probe (Hv 13525) wies ein konventionelles Radiokarbonalter von 2435 ± 6o Jahren v.Chr. auf, was einem kalibrierten Datum von ca. 3ooo v.u.Z. entspricht (vgl. GEYH 1983: 28 Fig.7) (Anm.12).

Für eine funktionale Interpretation der Grube lassen sich keine gut begründeten Argumente favorisieren. Wir möchten sie daher zusammen mit den anderen Funden aus dem fossilen Boden ganz allgemein als neolithische Siedlungszeiger werten. Ob etwa ein profaner oder religiöser Zusammenhang zwischen beschriebenem Befund und der Errichtung des gut 1oo m entfernten Megalithgrabes besteht, muß naturgemäß offenbleiben - denkbar wäre es immerhin!

Erwähnt sei noch, daß der aus dem Fundortskontext stammende Altfund eines lanzettförmigen Flintdolches (4119; Abb.14e) in den jüngeren Horizont der Becherkulturen bzw. der Nordischen Spätneolithischen Kultur datiert (vgl. KÜHN 1979: bes.48, 51; vgl. LOMBORG 1973: bes.81-86) (Anm.13).

2.3.2. Der bronzezeitliche Grabhügel

2.3.2.1. Anlage und Konstruktion

Trotz der umfangreichen Zerstörungen, welche nicht nur die Zentralbestattung des Hügels vernichtet hatten, und trotz des stichprobenartigen Grabungsverfahrens, ließen sich vergleichsweise recht detaillierte Aussagen über die Errichtung des Grabmonuments treffen.

Vorausgeschickt sei, daß nach mündlichen Mitteilungen Beteiligter das Hügelinnere eine reiche Ausbeute an faust- bis kopfgroßen Steinen erbrachte. Zusammengenommen mit bekannten prähistorischen Fakten und dem archäologischen Umfeld des Fundplatzes dürfte daher die Ansprache des Bauwerkes als bronzezeitlicher Grabhügel zwingend sein.

Diese angenommene Zentralbestattung war dann offenbar in einem ersten Arbeitsgang mit einer Aufschüttung aus lockerem Oberbodenmaterial verblendet worden. Das Ergebnis war gewissermaßen das Segment eines Sandellipsoiden von etwa 15 und 9 m Achsenlänge und einer (rekonstruierten) Höhe von ca. 1 m. Bemerkenswert ist dabei die ostwestliche Längsachsenlage: Sie entspricht der Hauptorientierung (ca. 55%; Anm.14) der Bestattungen in der Älteren Bronzezeit (i.w.S. = PI bis PIII) sowohl des Nordischen Kreises als auch der Ilmenau-Gruppe der Hügelgräberkultur (Kultur der Lüneburger Bronzezeit). Aufgrund der fehlenden Bodenbildung und der vermutlich geringen Höhe dürfte es sich bei diesem zentralen Hügelsand kaum um einen Langhügel handeln, welcher als Kristallisationspunkt einer späteren Hügelerweiterung im Rahmen einer Nachbestattung diente (vgl. auch LAUX 1971: 1oo). Vielmehr müssen wir davon ausgehen, daß der Sandkern lediglich die erste Bauphase einer einmaligen Hügelerrichtung darstellt - vielleicht um den Arbeitsaufwand der Materialbeschaffung für die folgende, bei weitem mühevollere Plaggenbauweise einzuschränken.

Der Hügel wurde dann - evtl. nach der Einfriedung durch den Steinkranz (s.u.) - mit Heideplaggen auf die gewünschte Form und Höhe (vermutl. auf über 3 m; s. Beitrag MICHL in diesem Bande) gebracht.

Aufschlußreich ist das Vorhandensein identischer Keramik in der jungsteinzeitlichen Grube, im fossilen Boden als auch im Baumaterial des Tumulus: Die Neolithiker hatten augenscheinlich lediglich das Gros ihrer Gefäßteile vergraben und die in der Umgebung zu Boden gefallenen Bruchstücke unbeachtet liegengelassen. Diese gelangten dann z.T. in den Aufwurf des Hügels, ein Indiz dafür, daß die Plaggen zu seiner Errichtung in unmittelbarer Nähe geschlagen worden sein dürften. Die Grundfläche des Bauwerkes - insbesondere auch die Bereiche im Oberteil der neusteinzeitlichen Keramikgrube - trugen zumeist noch ihren fAh-Horizont. Jene diente also offenkundig nicht zur Gewinnung des Baustoffes. Unmittelbar außerhalb der durch den Kranzsteinring markierten Kurganperipherie hingegen fehlte die humose Auflage. Die spätere Hügelfußbegrenzung wird also - etwa durch die Randsteineinfassung - festgelegt worden sein, ehe man in unmittelbarem räumlichen Anschluß mit dem Plaggenhieb begann. Unterstützt wird diese Annahme der benachbarten Herkunft des Baumaterials durch die von Verfassern vorgenommene Fraktionsanalyse, welche eine identische Korngrößen-Zusammensetzung des Hügelaufwurfes und des anstehenden, pleistozänen Geschiebesandes ergab (Anm.15). Der Effekt dieser vermuteten Vorgehensweise war nicht nur eine Arbeitserleichterung, sondern außerdem eine stärkere Prononcierung des Hügels gegenüber seiner vom Bewuchs befreiten näheren Umgebung (Anm.16).

Obwohl diesbezüglich keine scharfen Grenzen erkennbar waren, bestand tendenziell der Nordteil des Tumulus eher aus den fein-gebänderten Besenheide-Plaggen, während die Südhälfte vornehmlich die prägnanteren Strukturen von Glockenheide-Soden aufwies. Dies scheint dafür zu sprechen, daß die Arbeit in mehreren, zumindest jedoch in zwei Kolonnen oder auch Arbeitsphasen vonstatten ging, wovon die eine(n) die nahegelegenen Feuchtsenken, die andere(n) die trockenen Bereiche der Umgebung abplaggte(n).

Der Hügel war mit Sicherheit rundherum von einem Ring großer Randsteine umgeben. Dieser war nur noch im Nord- und Nordwestteil erhalten, wo die Sohle des Grabmales dem fossilen Relief folgend weiter unter die planierte Moorwiesen-Oberfläche abtauchte und die kleineren und verkippten größeren Kranzsteine sich dadurch dem Zugriff entzogen. Der übrige Teil der Peripherie dokumentierte sich als ringförmiger Störungsgraben - ein Relikt neuzeitlicher Steinräuber (Abb.6 u.7). Generalisieren wir die erhaltenen Befunde, ergibt sich folgendes Bild: Soweit beschaffbar, wurden größere Erratische Blöcke bis zu 1 m Achsenlänge locker gestreut verbaut und deren Zwischenräume mit kleineren, leichter verfügbaren, etwa o,4 - o,7 m langen Steinen ausgefüttert. Wohl um die daraus entstehenden Höhenunterschiede optisch zu kaschieren und um den längeren Platten eine höhere Stabilität zu gewähren, wurden letztere der Oberfläche einfach aufgelegt, erstere hingegen um einige Dezimeter in den Boden eingetieft. Wo erforderlich, gaben dazwischen eingekeilte Gerölle und Fundamentwannen aus plattig gebrochenen Steinen, wie in Q12 (Abb.11), zusätzlich Halt.

Die Hügeloberfläche wurde dann zuletzt mit einer vollständigen Steinpflasterung bedeckt - eine zwar relativ seltene, jedoch nicht außergewöhnliche "Endmaniküre" an Nordischen und Lüneburger Grabmalen (vgl. z.B. LAUX 1971: 127 f., Karte 29) - oder mit einem Steinkragen, d.h. mit einer Hügelfußummantelung (vgl. KÜHN 1979: 19), versehen. Vermutlich um eine ebenmäßig kugelkappenförmige Überfläche zu erhalten, wurde deren ursprüngliche, durch den Plaggenaufbau bedingte unregelmäßig gestufte Form bei

Bedarf mit mehreren Steinlagen übereinander beschichtet.

Betrachten wir einmal den zum Bau eines derartigen Monumentes notwendigen Arbeitsaufwand: Die genaue Vermessung von über 13o Plaggenkörpern auf 1o,5 qm Profilwänden ergab eine durchschnittliche Kantenlänge von gut 3o cm (Anm.17), wobei etwa 6o Soden einen Kubikmeter Baumaterial bildeten (Anm.18). Bei einem rekonstruierten Gesamt-Hügelvolumen von knapp 8oo cbm abzüglich der etwa 6o cbm des Sandkernes hätte der Plaggenhieb knapp 5ooo qm der näheren Umgebung von ihrem Oberboden und Bewuchs entblößt - das entspricht ungefähr der Fläche eines Fußballfeldes! Stellt man lediglich 2 bis 3 Minuten für Abstich, Transport und Niederlegung eines Plaggens in Rechnung, so wären 1o Personen der betroffenen "lineage" oder Dorfgemeinschaft bei einem 1o-stündigen Arbeitstag ca. 2 bis 3 Wochen beschäftigt gewesen. Hinzu kommen noch die Errichtung des Grabmantels aus Sand sowie die Beschaffung und Verbauung der Kranz- und Pflastersteine. Der sich ergebende Gesamtaufwand dürfte dabei mit etwa einem Monat nicht zu hoch angesetzt sein. Diese Betrachtungen werfen natürlich wieder die bislang ungeklärte Frage nach dem sozialen Status der in den größeren bronzezeitlichen Kurganen bestatteten Personen auf...

Eindeutige Nachbestattungen konnten nicht nachgewiesen werden. Allerdings läßt sich die vermutliche Grube 11:A:33 mit Gefäß-, Knochen- und Holzkohlefragmenten so noch am widerspruchfreiesten deuten; die Keramik kann dabei ihrer Machart nach jungbronze- bis kaiserzeitlich sein. Ob evtl. auch die Tonscherben-Altfunde (4122 u. 4725) Relikte von späteren Urnenbeisetzungen sind, wagen wir nicht zu entscheiden.

2.3.2.2. Zeitliche und kulturelle Einordnung

Eine systematische Zusammenfassung der chronologischen Hinweise ergibt folgendes Netz:

- *Moorgenetisch-stratigraphischer Ansatz:* Die Übermoorung des Tumulus dürfte in den ersten Jahrhunderten nach der Zeitenwende stattgefunden haben (vgl. WEBER 1924: 47-49, 52; LEUSCHNER/DELORME in diesem Band). Er ist damit gewissermaßen gegenüber jüngeren Epochen mit Hügelgrabsitte chronologisch "abgeschirmt".

- *Befundtypographisch-komparativer Ansatz:* Bezüglich fast sämtlicher feststellbarer Baumerkmale paßt sich der Hügel in den bekannten älterbronzezeitlichen (PI - PIII) Bestattungsritus ein. JACOB-FRIESEN (1924: 32) glaubt ihn aufgrund seiner Größe in die Periode I oder II datieren zu können.

- *Pedogenetisch-stratigraphischer Ansatz:* Aufgrund der unter den 4 untersuchten Tumuli befindlichen und durch deren Errichtung "eingefrorenen" pedogenetischen Zustände dürfte unser Hügel der jüngste sein: Unter seiner Sohle war der Podsolierungsprozeß am weitesten fortgeschritten (Anm.19).

- *Fundtypographisch-komparativ-stratigraphischer Ansatz* (Anm.2o): Die in den Baustoff gelangten neolithischen Artefakte - vor allem die Keramik und der Flintbeilabschlag (11:A:1o4) - bieten einen Terminus ante quem non an. Dieser wird noch durch die bronzezeitlichen Flintgeräte - durch den Dolch 11:A:2o, evtl. auch durch den Pingstein 11:A:115 und den Lesefund eines Dolchrohlings (4724) - weiter heraufgezogen: Feuersteindolche des Typs VI sind durch Vergesellschaftungen mit Bronzen in Dänemark und Schleswig-Holstein auf die Frühe (PI) und Ältere Bronzezeit (i.e.S. = PII) datiert (KÜHN 1979: 49-51; LOMBORG 1959: 156-158, 171 f.; - 1973: 68-76, 8o,

158).

- *Physikalisch-stratigraphischer Ansatz:* Mit Hilfe eines C-14-Datums (Anm.12) konnte ein absoluter Terminus ante quem non für die Erbauung gewonnen werden: Ein Holzkohlestückchen (Hv 13524) aus der Plaggenschicht erbrachte ein Radiokarbonalter von 1105 v.Chr.$\pm$ 200 Jahren, was einem kalibrierten Datum von etwa 1350 v. Chr. entspricht (vgl. GEYH 1983: 27 Fig.6).

- Die meisten der genannten methodischen Ansätze schwingen mit bei der Feststellung, daß sich das Bauwerk relativ zu einer trichterbecherzeitlichen Grube in Superposition befand.

Vor allem unter Berücksichtigung des überraschend jungen C-14-Datums (mit seinem allerdings aufgrund der geringen Proben-Kohlenstoffmenge relativ langen Mutungsintervall) läßt sich die Erbauung des Kurgans zusammenfassend am Ende der Periode II oder in der Periode III sensu O. MONTELIUS annehmen.

Von den kleineren Lüneburger Hügeln hebt sich unser Tumulus in Durchmesser und Höhe deutlich ab, gemessen an den "Nordischen Riesen" Schleswig-Holsteins und Dänemarks weist er hingegen Durchschnittsmaße auf (vgl. BRØNDSTED 1962: 32; LAUX 1971: 127; WEGEWITZ 1949: 139 f.). Dies überrascht aber insofern nicht, als die kulturelle Zugehörigkeit großer Teile der Stader Geest zum Nordeuropäischen Kreis der Bronzezeit in der Archäologie seit langem bekannt ist (loc. cit.).

2.3.3. Bemerkungen zur Umweltrekonstruktion aus archäologischer und bodenkundlicher Sicht

Die unter dem Megalithgrabhügel von Hammah diagnostizierte Basenarme Braunerde zeigt bereits die beginnende Bodenversauerung und Einzelkornbleichung an (vgl. Beitrag NOWATZYK in diesem Bande). Der übliche Mischwald dürfte also bereits zur Zeit der Errichtung der Grabkammer den Rodungen der Neolithiker zumindest partiell in der Umgebung gewichen sein. Das Kehdinger Moor lag noch nördlich der untersuchten Region.

Die bronzezeitlichen Kurgane sind, den Bodentypen unter ihren Sohlen und den verbauten Plaggen nach zu urteilen, in einer weitgehend versteppten Landschaft angelegt worden, und zwar auf deren etwas trockneren Sandkuppen. Diese dürften in erster Linie Pflanzen der Calluneto-Genistetum-Gesellschaft getragen haben, also Besenheide- und Ginsterbewuchs, vielleicht auch locker eingestreut rohhumusliefernde Nadelhölzer oder sogar Eichen (vgl. LEUSCHNER/DELORME in diesem Bande). Die feuchteren Senken zwischen ihnen wurden vermutlich von Ericetum-tetralicis-Sozietäten (Glockenheide-Anmoor) eingenommen.

Wenn wir unsere Befunde richtig gedeutet haben, ist außerdem damit zu rechnen, daß nach dem Bau eines Grabhügels in bestimmten Zeitabständen Teile der Umgebung abgeplaggt waren und lediglich hell leuchtende Sandflächen zeigten, welche erst wieder vom Bewuchs zurückerobert werden mußten.

Die sich auf die Verflußschichten der Hügel hinaufziehenden Subhydrischen Humusablagerungen (Torfmudde) mögen für ein stärkeres Naßfallen der Senken sprechen - möglicherweise zur Zeit des "Klimasturzes" vom Subboreal zum Subatlantikum, also etwa am Ende der Bronzezeit. Die feuchtigkeitsliebende Sumpfheide (Erica) dürfte dann gegenüber ihrer Verwandten, der

Besenheide, größere Anteile des Bewuchses gestellt haben.

Erst in nachchristlicher Zeit wurde dann die Landschaft durch den Ausbruch in das Kehdinger Moor einbezogen.

3. Zusammenfassung

Nach einer Phase nicht näher zu spezifizierender neolithischer Aktivitäten wurde auf dem Fundplatz im Rahmen einer bronzezeitlichen Bestattung am Ende der Periode II oder in PIII ein Grabhügel angelegt. Das zu seiner Erbauung vermutlich aus der umgebenden Heidelandschaft entnommene Material bestand aus einer niedrigen Sandummantelung des Grabes und einer aufliegenden kugelkappenförmigen Plaggenhülle von 24 m Durchmesser und wahrscheinlich über 3 m Höhe. Der Fuß des zum Nordischen Kreis gehörenden Grabmonumentes war mit größeren Kranzsteinen umgeben und seine Oberfläche mit einer Kappe oder einem Kragen aus kleineren Pflastersteinen versehen.

Das Hügelgräberfeld, zu dem unser Tumulus gehört, wurde dann in nachchristlicher Zeit von Ausbruchsmassen des Kehdinger Moores umflossen und schließlich überwachsen, um dann erst am Ende des 19. Jahrhunderts wieder ans Tageslicht zu gelangen.

Anmerkungen

1) Obwohl ein "Quadrant" streng genommen den Sektor eines Viertelkreises bezeichnet, haben wir die Abkürzung "Q" als Synonym für "Schnitt" für die Flächen Nr. 5 bis 23 beibehalten! Die Nummern der Aufschlüsse entsprechen der chronologischen Reihenfolge ihrer Anlage.

2) Herrn A. Gründel, Dipl.-Verww./Polizei, sei an dieser Stelle für seinen selbstlosen Einsatz vor Ort und seine Mitarbeit bei der Auswertung besonders gedankt. Außerdem sind wir folgenden Grabungshelfern verpflichtet: Frau B. Brautlecht-Peacey, Frau B. Dobiess, Frau G. Gerstenberger, Frau H. Grahl, Frau A. Hickmann, Frau G. Neumann, Frau C. Rothe, Frau A. Schlesinger, Frau H. Staack, Frau M. Tippmann, Frau P. Tutlies, Herrn S. Burmeister, Herrn U. Drenkhahn, Herrn K. Hickmann, Herrn O. Langejürgen und Herrn Dr.-Ing. Lindenmaier. Die Abbildungen 15b, c und d erstellte freundlicherweise Frau M. Witek, Hamburg.

3) Das dritte von Frerichs erhobene definitorische Merkmal einer Befundaussage, ihre Eignung zur Überprüfung a r c h ä o l o g i s c h e r Hypothesen, soll hier unbeachtet bleiben. Mit Rücksicht auf die landschaftsgenetischen, d.h. nicht eigentlich archäologischen, Aspekte des Projektes, in dessen Rahmen die Grabungen erfolgten, wollen wir auch Daten zur Verfügung stellen, welche nicht unmittelbar zur Erstellung siedlungsgeschichtlicher, d.h. archäologischer, Aussagen führen; es gilt dies insbesondere für bodenkundliche Phänomene. Da diese Abhandlung vorwiegend prähistorisch orientiert ist, werden aber im anschließenden Auswertungsteil zwangsläufig nur jene Beobachtungsaussagen verwandt, welche auch genannte dritte Eigenschaft besitzen.

4) Für die Unterstützung der bodenkundlichen Ansprachen im Gelände möchten wir Herrn Dr. D. Götz, Ordinariat für Bodenkunde der Universität Hamburg, unseren Dank aussprechen.

5) Soweit sinnvoll möglich, halten wir uns an die Horizont- und Schichtsymbole, welche in der Kartieranleitung ARBEITSGEMEINSCHAFT BODENKUNDE 1981: 28-31) empfohlen werden. Der zentrale Hügelsand erhalte danach die Bezeichnung "Y".

6) Der verwitterte Plaggen wurde von uns daher mit dem Symbol "CHgl" versehen.

7) Der Begriff "Gewachsener Boden" stellt in der Archäologie eine Art "wissenschaftlichen Trivialterminus" dar: Er impliziert zumeist, daß aufgrund eines natürlich akkumulierten Substrats die von ihm bedeckten, liegenden Bereiche keine archäologisch relevanten, d.h. artifiziellen, Befunde mehr tragen würden. Die Absurdität dieser Annahme wird allerdings evident, wenn man sich die Entstehung von ("gewachsenen") Auenböden vor Augen führt! "Gewachsener Boden" wird von uns synonym zu "fossiler Boden" benutzt.

8) fB = fossiler Boden; Gr = Grube; Hgl = Plaggenschicht des Hügels (s.o.); M = Hügelverfluß; St = Störung.

9) Sämtliche Steingeräte wurden mit einem Stereomikroskop bei 1o- bis 9ofachen Vergrößerungen untersucht.

1o) H. PAULSEN (1976: 1o9) bezeichnet diesen Typ treffend als "fingerförmigen Feuerschlagstein".

11) Den Hinweis für die Existenz dieser Lesefunde verdanken wir Herrn H. Meier, Marne, Kr. Dithmarschen, ehem. Hammah, der als Schüler den Flintdolch (4119) fand und ablieferte. Dem Stader Geschichts- und Heimatverein sowie insbesondere Herrn Dr. G. Mettjes, Stade, seien für den Zugang zu diesen Funden zwecks wissenschaftlicher Bearbeitung gedankt.

12) Prof.Dr. M.A. Geyh, Hannover, ließ dankenswerterweise die C-14-Analysen im Nieders. Landesamt f. Bodenforschung durchführen.

13) Das Konzept einer eigenständigen Nordischen Spätneolithischen Kultur zwischen den ausklingenden Einzelgrabkulturen und dem beginnenden Sögel-Wohlde-Horizont findet bislang nur in Südskandinavien und Schleswig-Holstein Anwendung. In den südlicheren Gebieten - von der Rhein- bis zur Odermündung - endet die Jungsteinzeit nach gängiger Annahme mit den Glockenbecher- oder glockenbecherkulturell beeinflußten Einzelgrabkulturen, wobei der Stellenwert bestimmter archäologischer Phänomene (z.B. Riesenbecher, Wickelschnurstempel- und Stacheldraht-Dekor) noch in der Diskussion steht (zusammenfassend: MICHL 1981: bes. 72-79, 89). Da die Stader Geest i.e.S. - im Gegensatz zum übrigen, umliegenden Niedersachsen - in der folgenden Bronzezeit kulturelle Ausläufer des Nordischen Kreises trägt, bliebe zu untersuchen, ob hier nicht vergleichbare Verhältnisse für das Endneolithikum ebenfalls Gültigkeit haben (vgl. KÜHN 1979: 56 f.).

14) Diese Angabe verdanken wir Herrn U. Zimmermann. Sie basiert auf seiner Sichtung von knapp 17oo Geschlossenen Grabfunden mit beobachteter Achsenorientierung im Gebiet von Nord-Niedersachsen bis Schweden.

15) Zu ähnlichen Ergebnissen waren bereits H. SCHIRNIG und B. HEINEMANN bei ihren Untersuchungen von Grabhügeln der Ilmenau-Gruppe bei Oldenstadt, Kr. Uelzen, gekommen (SCHIRNIG/HEINEMANN 197o: 23).

16) Erwähnter Effekt läßt sich heute noch an einigen Tumuli des Hügelgräberfeldes von Zeven-Badenstedt, Kr. Rotenburg/Wümme gut beobachten: Bei diesen ließ der Kreisarchäologe Dr. W.-D. Tempel im Rahmen der

Pflegemaßnahmen den bewachsenen Hügelverfluß abgraben und wieder auf die Grabbauten aufbringen.

17) Mit Hilfe eines Rechners wurden über 1oo.ooo in ihren Positionen zufallsbedingte "Profilschnitte" durch einen der Einfachheit halber als Quadrat angenommenen Plaggen simuliert. Dabei ergab sich, daß die in den Anschnitten sichtbaren Sodenlängen im statistischen Mittel verglichen mit der wahren Länge zu klein ausfallen und nur etwa 87% von ihr ausmachen. Die unter Berücksichtigung dieser Analyse korrigierten Plaggen von Hammah wiesen eine durchschnittliche "wahre" Länge von ca. 33 cm auf.

18) Wenn etwa 6o Plaggen von 33 cm Kantenlänge einen Kubikmeter Hügelaufwurf bildeten, so ergäbe dies eine mittlere Sodendicke von etwa 15 cm. Dieses etwas unhandlich anmutende Maß mag durch mehrere Faktoren bedingt sein:
   - 1: Die Grabhügelerbauer stachen eher kleinflächigere, dafür aber dickere Plaggen,
   - 2: beim Aufwurf gelangte auch eine größere Menge lockeren Oberbodenmaterials in den Hügel - vielleicht beabsichtigt, um entstehende Hohlräume auszufüllen -, und
   - 3: in den von uns untersuchten 1o,5 qm Profilwand waren z.T. die Plaggenstrukturen bereits vergangen, was eine geringere Dichte vortäuschte.

   Den Befunden nach zu urteilen, scheinen alle drei genannten Gründe maßgeblich beteiligt gewesen zu sein. Zumindest die letzten beiden Gesichtspunkte sprechen dafür, daß die im Text angestellten Aufwandsberechnungen eher als Minimum zu werten sind!

19) Daß die unterschiedlichen Bodentypen unter den verschiedenen Hügeln nicht durch den Faktor "Raum" sondern durch den Faktor "Zeit" zu erklären sind, ergibt sich schon durch die Tatsache, daß der fossile Boden unmittelbar neben sämtlichen Grabmalen gleichermaßen durchpodsoliert war.

2o) "Stratigraphie" wird hier i.w.S. verwandt. D.h., daß die Beschreibung der Schichtinhalte mit eingeschlossen ist.

4. Literaturverzeichnis

ARBEITSGEMEINSCHAFT BODENKUNDE: Kartierungsanleitung: Anleitung und Richt-
1981   linien zur Herstellung der Bodenkarte 1:25ooo. Hrsg. von der Bundesanstalt für Bodenforschung und den Geologischen Landesämtern in der Bundesrepublik Deutschland. Hannover.

BRØNDSTED, J.: Nordische Vorzeit 2: Bronzezeit in Dänemark. Neumünster.
1962

FANSA, M.: Möglichkeiten der Dokumentation und Auswertung von Keramik aus
1979   Großsteingräbern mit Hilfe der elektronischen Datenverarbeitung. In: Schirnig 1979: 179-191.

FRERICHS, K.: Begriffsbildung und Begriffsanwendung in der Vor- und Frühge-
1981   schichte: Zur logischen Analyse archäologischer Aussagen. - Arbeiten zur Urgeschichte des Menschen 5. Frankfurt a.M., Bern.

GEYH, M.A.: Physikalische und chemische Datierungsmethoden in der Quartär-
1983   Forschung: Praktische Aspekte zur Entnahme, Auswahl und Behandlung von Proben sowie zur Beurteilung und Interpretation geochronologischer Ergebnisse. - Clausthaler Tektonische Hefte 19. Clausthal-Zellerfeld.

GRIPP, K.: Der Aufbau des bronzezeitlichen Grabhügels von Harrislee. In:
1942a   Nachrichtenblatt für Deutsche Vorzeit 18, 1942: 9o-95.

DERS.: Die Ursachen der Erhaltung bronzezeitlicher bekleideter Leichen in Baumsärgen. In: Forschungen und Fortschritte 18:
1942b   1942: 7o-72.

JACOB-FRIESEN, K.H.: Die Steinkammern im Moore von Hammah (Kreis Stade).
1924   In: Prähistorische Zeitschrift 15, 1924: 28-4o.

KÖRNER, G., LAUX, F.: Ein Königreich an der Luhe. Lüneburg.
198o

KÜHN, H.J.: Das Spätneolithikum in Schleswig-Holstein. - Offa-Bücher 4o.
1979   Neumünster.

LAUX, F.: Die Bronzezeit in der Lüneburger Heide.- Veröffentlichungen
1971   der urgeschichtlichen Sammlungen des Landesmuseums zu Hannover 18. Hildesheim.

DERS.: Die Großsteingräber im nordöstlichen Niedersachsen. In: Schirnig
1979   1979: 59-82.

LOMBORG, E.: Fladehuggede flintredskaber i gravfund fra aeldre bronzealder.
1959   In: Aarbøger 1959 (196o): 146-183.

DERS.: Die Flintdolche Dänemarks: Studien über Chronologie und Kulturbeziehungen des südskandinavischen Spätneolithikums.
1973   Nordiske Fortidsminder B/1. København.

MICHL, R.B.: Die methodischen Grundlagen und Ergebnisse der Chronologie
1981   der nordeuropäischen Einzelgrabkulturen. - Ungedruckte wissenschaftliche Hausarbeit zur Erlangung des akademischen Grades eines Magister Artium der Universität Hamburg.

PAULSEN, H.: Die vorgeschichtlichen Feuerzeuge in Schleswig-Holstein, In:
1976   Die Heimat 83, 1976: 1o8-113.

PERTSCH, R.: Landschaftsentwicklung und Bodenbildung auf der Stader Geest.-
197o   Forschungen zur deutschen Landeskunde 2oo. Bonn-Bad Godesberg.

SCHEFFER, F., SCHACHTSCHABEL, P.: Lehrbuch der Bodenkunde. Stuttgart.
1979

SCHIRNIG, H. (Hrsg): Großsteingräber in Niedersachsen. - Veröffentlichungen der urgeschichtlichen Sammlungen des Landesmuseums zu Hannover 24. Hildesheim.
1979

SCHIRNIG, H., HEINEMANN, B.: Hügelgräber der älteren Bronzezeit in Oldenstadt, Kreis Uelzen: Ein Beispiel archäologisch-bodenkundlicher Zusammenarbeit. In: Neue Ausgrabungen und Forschungen in Niedersachsen 6, 197o: 6-25.
197o

WEBER, C.A.: Das Moor des Steinkammergrabes von Hammah. In: Prähistorische
1924   Zeitschrift 15, 1924: 4o-52.

WEGEWITZ, W.: Die Gräber der Stein- und Bronzezeit im Gebiet der Niederelbe (die Kreise Stade und Harburg).- Veröffentlichungen der
1949

urgeschichtlichen Sammlungen des Landesmuseums zu Hannover 11. Hildesheim.

Anschrift der Verfasser:

Rainer B. Michl   M.A.   Gabriele Nowatzyk   M.A.
Universität Hamburg
Archäologisches Institut
Arbeitsbereich I
Johnsallee 35
D-2ooo Hamburg 13

5
11
23
20/41
10
16
6
14
15
20
1
Mp
22
8
I
II
3
12
21
7
4
2
N
13
17
18
19
0/40
9
0/60
0/70

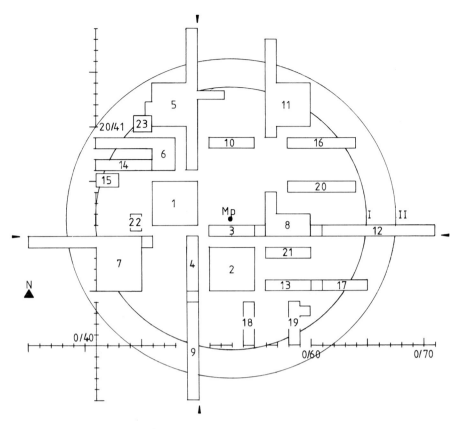

Abb.1: Hgl. Nr. 2 - Schnittlegung
Mp: rekonstruierter Mittelpunkt; I: idealisierte ursprüngliche Hügelperipherie; II: idealisierte Verflußperipherie; Pfeile: Lage des Hauptprofilkreuzes

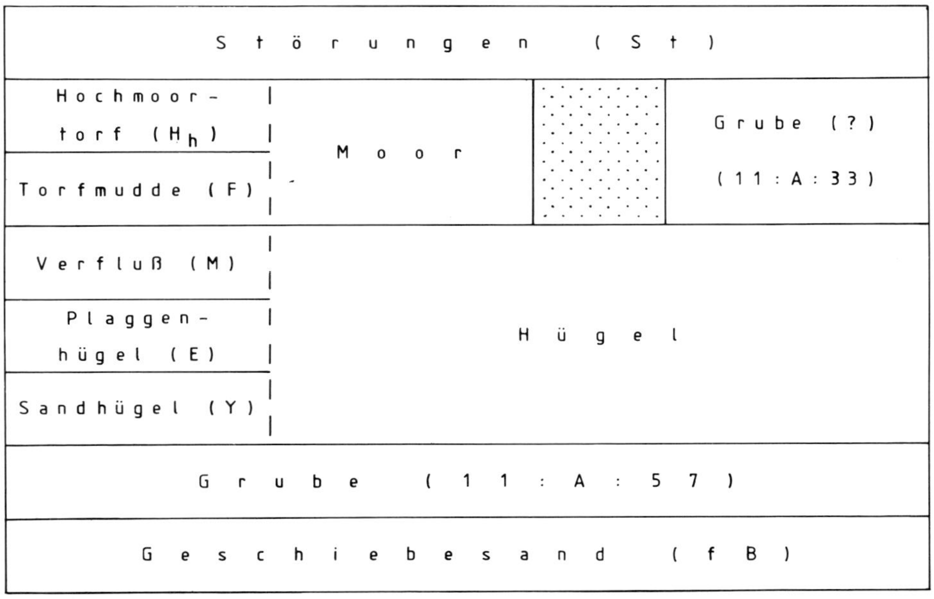

Störungen (St)
Hochmoor-torf (H_h)
Torfmudde (F)
Moor
Grube (?)
(11:A:33)
Verfluß (M)
Plaggen-hügel (E)
Sandhügel (Y)
Hügel
Grube (11:A:57)
Geschiebesand (fB)

Abb.2: Hgl. Nr. 2 - Stratigraphieschema
Das stratigraphische Verhältnis der vermutlichen (Nachbestattungs-) Grube zu den Torfen ist unklar

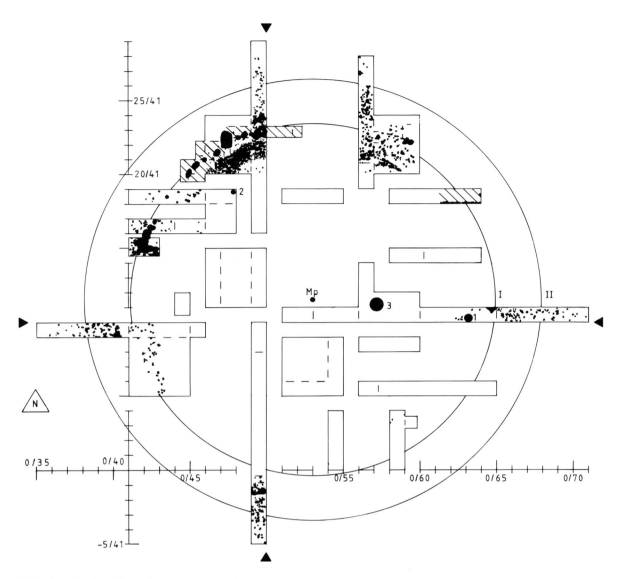

Abb.3: Hgl. Nr. 2 - Gesamtplan
Mp, I und II: s. Abb.1; 1: vermutliche (Nachbestattungs-)Grube;
2: Flintdolch (11:A:2o); 3: Trichterbecherkulturgrube (11:A:57);
gerissene Linien: Grenzen unterschiedlicher Plana-Niveaus; schwarze
Strukturen: Steine; Schraffur: Bereiche nicht näher dokumentierter
Steinanhäufungen

Abb.4: Hgl. Nr. 2 - Trichterbecherkultur-Grube. Blick in nördlicher Richtung

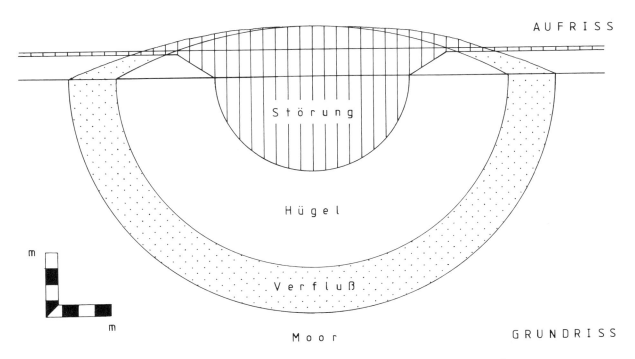

Abb.5: Hgl. Nr. 2 - Schematischer Auf- und Grundriß

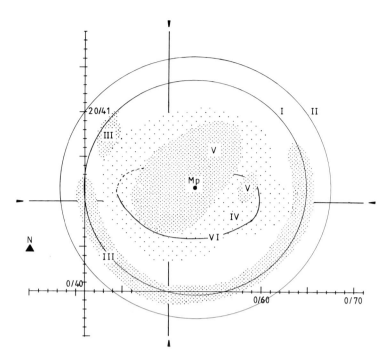

Abb.6: Hgl. Nr. 2 - Zentraler Sandkern und Störungen
Mp, I und II: s. Abb.1; III: Steinraubgraben; IV: Störungseinfall zwischen Wiesenoberfläche und fossilem Boden (Hügelreste darunter erhalten); V: Störungsdurchbruch in fossilen Boden; VI: Peripherie des zentralen Hügelsandes

Abb.8: Hgl. Nr. 2 - Ostprofil von Q21
Plaggenschichtung auf fossilem Boden (Ostprofil) bzw. auf zentralem Hügelsand (Nord- und Südprofil); die oberen Bereiche aller drei Profile zeigen den Störungseinfall

Abb.9: Hgl. Nr. 2 - Südprofil von Q2
Glockenheideplaggen auf fossilem Boden, z.T. mit Störungen durchsetzt

Abb.1o: Hgl. Nr. 2 - Westprofil von Q6
Besenheideplaggen, obere Bereiche gestört

Abb.11: Hgl. Nr. 2 - Ausschnitt des Nordprofils von Q12
Hügelrandbereich mit Kranzsteinverkeilung aus plattig gebrochenen Pegmatiten, darüber Steinraubgraben

Abb.13: Hgl. Nr. 2 - vermutliche (Nachbestattungs-)Grube. Blick in südlicher Richtung

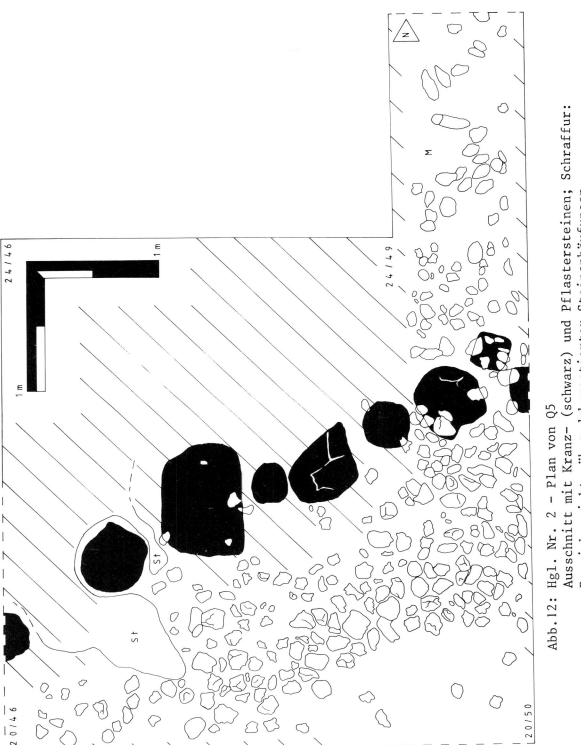

Abb.12: Hgl. Nr. 2 - Plan von Q5
Ausschnitt mit Kranz- (schwarz) und Pflastersteinen; Schraffur:
Bereiche nicht näher dokumentierter Steinanhäufungen

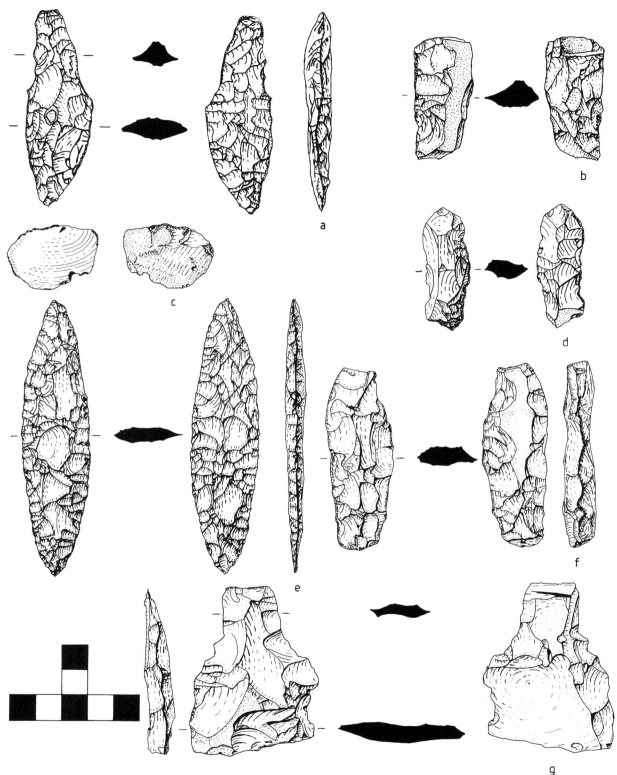

Abb.14: Hgl. Nr. 2 - Flintartefakte
a: Dolch Typ VI (11:A:2o); b: Dolch- oder Feuerschlägerrohling (11:A:23); c: Nachschärfungsabschlag von neolithischem Beil (11:A:1o4); d: Fingerförmiger Feuerschläger (11:A:115); e: Dolch Typ I (4119); f: Dolchfragment (4723); g: Rohlingsfragment von Dolch Typ VI (4724)

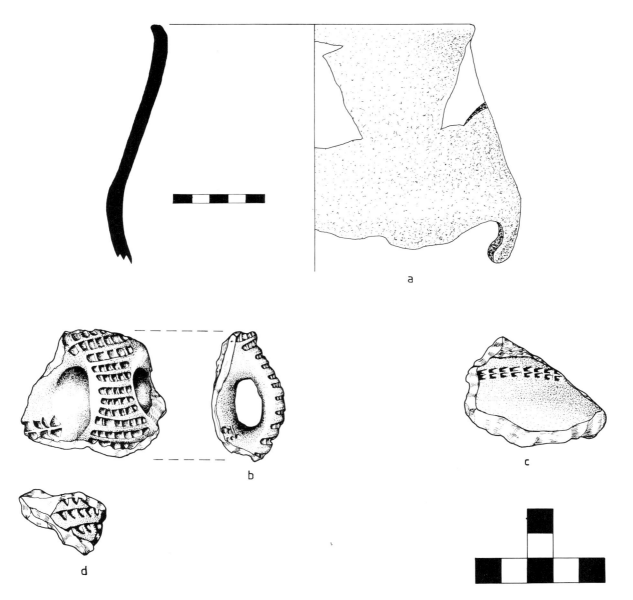

Abb.15: Hgl. Nr. 2 - Keramik der Trichterbecherkultur
  a: doppelkonisches Gefäß; b: furchenstichverzierter Henkel;
  c: Scherbe mit Furchenstichdekor in Doppelspitzenausführung;
  d: Scherbe mit Einstichreihen

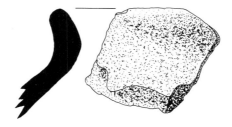

Abb.16: Hgl. Nr. 2 - Randscherben-Lesefund (4725)

130

GRABHÜGEL 5 VON HAMMAH, LANDKREIS STADE -
Ein Rekonstruktionsversuch

Ulrich Zimmermann

Im Zusammenhang mit den Grabhügeluntersuchungen von 1983 in Hammah, Kr.Stade, scheint ein weiterer Hügel erwähnenswert, der - ebenfalls zu der Hügelkette gehörend - am südlichen Hang des Altmoränenzuges von Groß-Sterneberg etwa 250 m südöstlich von Hügel 2 gelegen hat (vgl. Beitrag MICHL, NOWATZYK, PANTZER, ZIMMERMANN, Abb.2, Hügel 5). Auch dieser Hügel wies übermoorte Randbereiche auf, so daß nur eine zentrale Kuppe oberflächlich sichtbar war. Eine Untersuchung wurde notwendig, als Lehrer WILHELMI aus Groß-Sterneberg im November 1948 großflächige Beschädigungen der Hügelkuppe an den Stader Geschichts- und Heimatverein meldete.

Zu Beginn der Grabung noch im November desselben Jahres (Anm.1) waren bereits etwa dreiviertel der oberflächlich sichtbaren Hügelschüttungsmasse abgetragen worden, so daß eine Profilaufnahme lediglich an einem dezentralen Hügelrest im Nordosten erfolgen konnte. Hier wurde ein NW/SO-gerichteter Profilschnitt von gut 16 m Länge und etwa 0,5 m Breite bis auf den C-Horizont des gewachsenen Bodens abgetieft. Der Zentralbereich des rudimentären Hügels wurde dann flächig (etwa 6,5 x 7,0 m) freigelegt. Ein weiterer Schnitt (3 x 1 m) am westlichen Hügelrand diente der Erfassung eines äußeren Steinkranzes.

Rezente Störungen

Zusätzlich zu der erwähnten Abtragung der Hügelkuppe wies der Hügel drei kleinere, randlich gelegene Störungsbereiche auf, die als Folge von Steinsondierungen zu sehen sind. Im Zentrum wurde im Verlaufe der Grabung ein Störungstrichter beobachtet, der bis in den C-Horizont hinabreichte und durch den eine mögliche Zentralbestattung vollständig zerstört worden ist. Eine gesägte Holzbohle im tiefstgelegenen Bereich unterstreicht nachdrücklich den rezenten Charakter dieser Störung.

Hügelaufbau und Steineinbauten

Die Unterlagen der Grabungsdokumentation von 1948 ermöglichen sowohl die eindeutige Ansprache des fossilen Bodentyps unter dem Hügel als auch die Rekonstruktion und zeitliche Reihenfolge der einzelnen Hügelbau-Phasen.

Danach befand sich unter dem Hügel ein fossiler, mittelgründiger Podsol mit einem 3 - 5 cm mächtigen fAh-Horizont, einem hellgrauen fAe- (10 - 15 cm) und einem dunkelbraunen fBhBs-Horizont (5 - 8 cm). Darunter wurde gelbbrauner Sand als Übergangsbereich fBhs-C-Horizont beobachtet. Der fAh war im südwestlichen und mittleren Teil des dezentralen Profils durchgängig, ansonsten nur partiell vorhanden. Für den Bau des Hügels ist die damalige Erdoberfläche also offensichtlich nicht abgetragen, wahrscheinlich aber sind kleinere Unebenheiten planiert worden. Das fossile, leicht wellige Bodenrelief des glazial überprägten Untergrundes ist dahingehend genutzt worden, als für den Standort des Hügels eine natürliche Bodenerhebung von 0,5 - 0,6 m Höhe gewählt wurde (s. Abb.2: Profilschema) (Anm.2).

Im Schüttungsmaterial des Hügels konnten während der Grabung drei Schichten bzw. Bodenstrukturen voneinander differenziert werden:

Schicht A: oberhalb des fAh im dezentralen NW/SO-Profil deutlich erkennbar als in der Mitte etwa 25 cm mächtiges Band aus feinem weißgrauen Sand; etwa 2 m außerhalb des inneren Steinkranzes auslaufend.

Schicht B: profilmittig bis ３o cm mächtige Plaggenschicht, seitlich ausdünnend. Offenbar Schicht A komplett, aber - wie diese - nicht die gesamte Hügelgrundfläche bedeckend.

Bodenstruktur C: profilmittig 6o - 7o cm mächtig; ebenfalls aus hellem weißgrauen Sand (heller als Schicht A), aber mit deutlich ausgeprägter Bänderung aus dunkelgraubraunem Sand. Randlich ragt C über den äußeren Steinkranz hinaus, im oberen Bereich zeigt sie rezente Podsol-Bodenbildung.

Im dezentralen Profilschnitt betrug die Gesamthöhe des Hügels noch etwa 1,25 m, so daß für den Hügelmittelpunkt eine ehemalige Höhe von 1,5 - 1,6 m angenommen werden darf.

Durch die zentrale Grabungsfläche konnte ein innerer, annähernd kreisrunder Steinkranz von 6 m Durchmesser vollständig freigelegt werden (s. Abb.1 und 3). Die etwa 7o Gerölle scheinen sehr sorgfältig nach Größe (2o - 4o cm Durchmesser) und passender Form ausgesucht und sind unmittelbar auf den fossilen Ah z.T. in doppelter Lage aufgesetzt worden. Es ist dadurch eine kompakte, fast ununterbrochene und leicht zur Mitte hin geneigte Umgrenzung des Hügelzentrums entstanden. Nur im Norden wies der Kranz eine kleine Lücke von o,4 m Breite auf. Etwa 2 m östlich dieser Lücke befand sich eine kurze, nordöstlich gerichtete Steinreihe aus 4 kleineren Geröllen.

Von den beiden Steinhäufungen innerhalb dieses Steinkranzes ist zumindest die südlich gelegene durch die zentrale Trichterung vollkommen zerstört worden. Etwa auf dem Niveau der fossilen Oberfläche hatte diese rundovale Störungsfläche noch eine Ausdehnung von 3 m in ostwestlicher und 2,5 m in nordsüdlicher Richtung, so daß bei einem rekonstruierten Böschungswinkel des Trichters von mindestens 3o Grad die etwas nördlich des Zentrums gelegenen 16 Gerölle als in gestörter Lage befindlich angesehen werden müssen. Die Steine (Durchmesser 1o - 25 cm) lagen auf dem fBhs bzw. darüber, so daß - außer einer vagen NW/SO-Ausrichtung - eine Regelmäßigkeit der horizontalen und vertikalen Lage nicht erkennbar ist.

Im Norden des Steinkranzinneren befand sich eine möglicherweise ungestörte, mehrschichtige Steinhäufung von etwa 2,5 m Länge (WNW/OSO) und 1 m Breite. Für die beiden Schmalenden wird eine Höhe von o,4 m angegeben. Die Form dieser Steinlage, deren untere Schicht auf der fossilen Erdoberfläche auflag, ist als leicht bogenförmig, nach Nord konkav zum o,5 - o,7 m entfernten inneren Steinkranz orientiert zu bezeichnen. Die Nordkante scheint mehrlagig, fast senkrecht, die Südkante dagegen relativ flach auslaufend aufgebaut (Abb.4). Außer einigen Holzkohlestückchen von 5 - 1o mm Durchmesser fehlen weitere Funde oder Befunde, die den sicheren Nachweis einer Grabanlage hätten erbringen können.

Ein äußerer Steinkranz hatte einen Durchmesser von 13 m und war aus etwa o,6 m hohen und 5o kg schweren, nebeneinander gesetzten Steinen aufgebaut worden. Im untersuchten Teilstück dieses Kranzes waren die Großsteine etwa 15 cm in den Untergrund eingegraben und die Zwischenräume mit kleineren Geröllen sorgfältigst abgedichtet worden. Große Teile dieses äußeren Steinkranzes waren durch Raubgrabungen und Steinsondierungen bereits zerstört; auf eine ehemals nicht unerhebliche Zahl von größeren Steinen kann daher geschlossen werden. Der Ausgräber vermutet im Norden des Kranzes eine größere Lücke. Sie wäre dann in Linie mit derjenigen im Norden des inneren Steinkranzes zu sehen. Abgedeckt war der äußere Steinkranz ausschließlich von Bodenstruktur C.

Ergebnisse

Der randlich übermoorte, rezent gekappte und im Zentralbereich getrichterte Grabhügel 5 von Hammah, Kr. Stade, wies bei der Untersuchung im Jahre 1948 zwei Steinkränze von 6 bzw. 13 m Durchmesser auf. Unter Einbeziehung randlicher Erosionslagen betrug der Hügeldurchmesser etwa 15 m, die rekonstruierte Hügelhöhe etwa 1,5 m. Aufgebaut war der Hügel auf einer o,5 - o,6 m hohen, natürlichen Geländeerhebung. Eine mögliche Zentralbestattung ist rezent zerstört worden; die nördlich gelegene Steinanlage, die durch die Trichterung möglicherweise noch oberflächlich touchiert worden ist, kann nach Aufbau und Form als Grab interpretiert werden, obwohl ein endgültiger Nachweis hierfür fehlt. Auch über den Grabbautyp können aufgrund fehlender Befunde nur interpretative Aussagen getroffen werden. Möglicherweise handelt es sich um ein beigabenloses Körpergrab ohne Bodenpflaster und ohne Abdeckung, aber mit einem Steinrahmen, der im Norden vom inneren Steinkranz gebildet wird. Der im Norden senkrechte Aufbau der Anlage und deren leichte Bogenform kommen dieser Interpretation entgegen, wobei dann der Raum zwischen Steinkranz und Steinanlage als eigentlicher Grabraum und die ehemalige Erdoberfläche als Grabsohle anzusprechen wären. In etwa vergleichbare Grabanlagen liegen vor aus Bergen, Kr. Celle, "Im Wolfsgrund", Hügel 2, Grab 2 (W. DÜRRE 1972: 182-186) und aus Oldenstadt, Kr. Uelzen, Hügel 31, Grab 2 (H. SCHIRNIG, B. HEINEMANN 197o: 6-26; Taf.2, Abb.2). Letztgenanntes Grab ist zusätzlich mit einer Steinpflasterung abgedeckt gewesen.

Überschüttet wurde der Zentralbereich des Hügels und der innere Steinkranz, dessen Funktion wohl nicht im Zusammenhang mit der Statik des Hügels zu sehen ist, zunächst mit weißgrauem Sand (Schicht A). Erst darüber sind in dicht-kompakter Lage Plaggen gesetzt worden, die selbst auch eindeutige Podsolierungserscheinungen aufweisen. Es ist daher anzunehmen, daß sie aus der unmittelbaren Umgebung des Hügels stammen (vgl. hierzu Beitrag U. ZIMMERMANN, Hügel 1a). Während des weiteren Hügelbaues sind die Großsteine des äußeren Steinkranzes in die damalige Erdoberfläche eingelassen worden und die Zwischenräume mit kleinen Geröllen ausgefüllt worden. Auf diese Weise wurden - sicherlich mit Absicht - eine größere Standfestigkeit der einzelnen Steine gegenüber seitlichem Druck erreicht und randliche Erosionsvorgänge verhindert oder zumindest hinausgezögert. Es darf davon ausgegangen werden, daß dieser Steinkranz den ehemaligen Hügelumfang markiert, daß er den Hügel gewissermaßen von außen in Form gehalten hat.

Hügelaufbau sowie Form und Habitus der Steinbauten ermöglichen eine Datierung in die ältere Bronzezeit; eine weitergehende, zeitliche Präzisierung würde allerdings eine eindeutige Überforderung der recht spärlichen Befundlage darstellen. Indizien, die eine Mehrphasigkeit belegen könnten, ergeben sich aus dem beschriebenen Aufbau des Hügels nicht. Wohl aber sind gewisse Parallelismen zum Bau des Hügels 2 von Hammah (vgl. Beitrag R.B. MICHL, G. NOWATZYK) zu beobachten, dessen Zentrum ebenfalls einen Sandkern mit Plaggenabdeckung aufwies. Oberhalb der Plaggenabdeckung wird für Hügel 2 ein Bereich mit verwitterten Plaggen nachgewiesen. Sie zeigten sich dort als eine braungraue, unregelmäßig gewölbte und unterschiedlich lange Bänderung im ansonsten helleren Sandmaterial. Dieses Phänomen ist auch am NW/SO-Profil von Hügel 5 zu beobachten, so daß es sich bei der mit Bodenstruktur C bezeichneten Hügelauftragung (s.oben) nicht um ein drittes, sich von Schicht B ursprünglich unterscheidendes Hügelstratum handeln dürfte. Vielmehr scheint der Hügel über dem zentralen Sandkern einheitlich aus Plaggenmaterial aufgebaut gewesen zu sein. Nach dem Hügelbau sind die Plaggen dann im oberen Bereich durch Sickerwasser verwittert, so daß nur eine schwach erkennbare Bänderung als Humusanreicherung sichtbar geblieben ist.

Beide Hügel zeigen einen kompakten, sorgfältig aufgebauten, randlichen Steinkranz, beide Hügel – wie auch Hügel 1b – sind auf mittelgründig ausgeprägten Podsolen errichtet worden. Da die Podsolierung innerhalb der Bodengenese Norddeutschlands einen vorläufigen und irreversiblen Endzustand darstellt (vgl. Beitrag G. NOWATZYK; F. SCHEFFER/P. SCHACHTSCHABEL 1979(1o): 336 f.), der nur durch eine Veränderung der hydromorphen Verhältnisse – in diesem Fall durch Vernässung – aufgehoben werden kann, ist Hügel 5 mit aller gebotenen Vorsicht mit in ein relativchronologisches Schema der Grabhügelgruppe von Hammah einzuhängen. Zumindest dann, wenn mögliche Unterschiede des fossilen Bodenreliefs und -substrats, die den Zeitpunkt der Podsolierung beeinflussen, außer acht gelassen werden, was m.E. aufgrund der räumlichen Nähe der Hügel zueinander zulässig ist, kann Hügel 5 nicht älter sein als Hügel 1a und natürlich auch nicht älter als das Megalithgrab. Hügel 5 müßte vielmehr einige Jahrhunderte jünger sein als Hügel 1a; denn nach F. SCHEFFER/P. SCHACHTSCHABEL (1979(1o): 336) benötigen die in humiden Klimagebieten auftretenden, mächtigen Podsole mit einem Ae von 15 - 2o cm meist ein Jahrtausend und mehr zur vollen Entwicklung.

Die mächtige Ausprägung der Ae-Horizonte unter Hügel 2 und Hügel 5, sowie deren vergleichbarer Aufbau lassen eher einen annähernd gleichen Zeitpunkt des Baues und eine gemeinsame Tradition vermuten.

Anmerkungen

1) Die Untersuchung wurde geleitet von Herrn Dr. H. Behrens, dem an dieser Stelle für die freundliche Überlassung der Publikationsrechte gedankt sei. Die Originale der Grabungsunterlagen befinden sich im Institut für Denkmalpflege, Hannover.

2) Für die Anfertigung der beiden Reinzeichnungen bedankt sich Verf. bei Frau Maria Witek, Universität Hamburg, Archäologisches Institut.

Literatur

DÜRRE, W.: Rettungsgrabung eines älterbronzezeitlichen Grabhügels auf
1972   dem NATO-Schießplatz Bergen-Hohne. In: NNU 41: 182-185.

SCHEFFER, F., SCHACHTSCHABEL, P.: Lehrbuch der Bodenkunde. Stuttgart.
1979   1o. Aufl.

SCHIRNIG, H., HEINEMANN, B.: Hügelgräber der älteren Bronzezeit in Olden-
197o   stadt, Kr. Uelzen. In: Neue Ausgrabungen und Forschungen in
             Niedersachsen 6: 6-26.

Anschrift des Verfassers:

Ulrich Zimmermann
Universität Hamburg
Archäologisches Institut
Arbeitsbereich I
Johnsallee 35
D-2ooo Hamburg 13

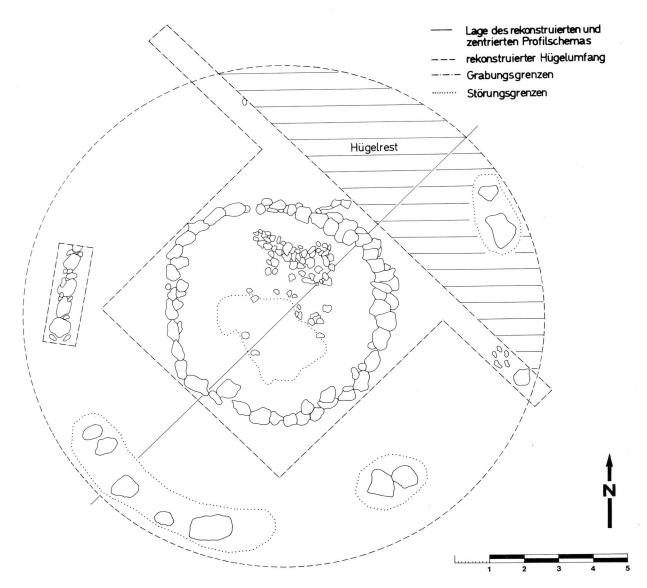

Abb. 1: Hammah, Ldkr. Stade, Hügel 5; Grundplan

EIN VERSUCH ZUR METHODE DER REKONSTRUKTION VON GRABHÜGELN

MÖGLICHKEITEN DER EINFLUSSGRÖSSENRECHNUNG FÜR DIE INTERPRETATION PRÄHISTORISCHER GRABHÜGEL
Ein methodologischer Exkurs am Beispiel des Hügels 2 von Hammah
(Gem. Hammah, Samtgem. Himmelpforten, Landkreis Stade)

Rainer B. Michl

Der Einsatz der Einflußgrößenrechnung oder Regressionsanalyse als statistische Methode in der Archäologie ist an und für sich durchaus nicht neu (vgl. z.B. ORTON 1980: 116-124). Da ihre Anwendung für die Interpretation von prähistorischen Grabhügeln dem Verfasser bislang allerdings nicht bekannt geworden ist, sei an dieser Stelle ein methodologischer Exkurs zu diesem Thema gestattet:

Die Einflußgrößenrechnung geht davon aus, daß bei Variablen, die miteinander kovariieren, d.h., die hinreichend hoch miteinander korreliert sind, eine unbekannte Größe mittels einer mathematischen Funktion(skurve) - des sog. Regressionspolynoms - aus den bekannten, weil meßbaren, Variablen - den sog. Einflußgrößen - innerhalb eines statistischen Rahmens genau rekonstruiert werden kann.

Mögliche Ziele für die Grabhügelinterpretation sind:

- 1: Die Rekonstruktion des ursprünglichen Oberflächenprofil-Verlaufes - mithin auch der ursprünglichen Höhe - aufgrund meßbarer Oberflächenpunkte. Diese können z.B. die Auflagepunkte von Steinen einer nur rudimentär erhaltenen Oberflächenpflasterung sein oder auch einfach nur aus den Grabungsprofilen ermittelte, willkürlich ausgewählte Oberflächenpunkte des Grabhügelaufwurfs, wobei im letzteren Falle allerdings der Hügelverfluß nach der Errichtung in die Rechnung eingehen kann.

- 2: Die Bildung einer Basis für die Rekonstruktion der Bauweise oder gar der Grabbauriten aufgrund der räumlichen Artefaktstreuungen innerhalb der Hügelaufschüttung. Bildet z.B. die Streuung von Flintartefakten oder (etwa neolithischen) Keramikfragmenten innerhalb eines aus Plaggen aufgeschichteten Tumulus einen annähernd hügeloberflächenparallelen bzw. kugelkappenförmigen Verlauf, so mögen die Erbauer etwa während einer bestimmten Bauphase beim Beschaffen des Materials eine ältere Kulturschicht angeschnitten haben, deren Teile dann mit den Soden in den Auffwurf gelangten. Oder: Der noch unfertige Hügel wurde in einem bestimmten Errichtungsstadium intentionell mit Artefakten bestreut. Jedenfalls würde angenommene Verteilung ein schalenförmiges Hochziehen des Kurgans anzeigen.

Es bleibe nicht unerwähnt, daß der Einsatz der hier vorgeschlagenen Methode nicht Selbstzweck sein soll, sondern - zumindest bei der Oberflächen- und Höhenermittlung - natürlich nur sinnvoll ist, wo ein lediglich fragmentarisch erhaltener Hügel rekonstruiert werden kann und soll. Die "geköpften" Tumuli von Hammah können hier als Paradigma dienen.

Die methodische Vorgehensweise ist vergleichsweise einfach: Voraussetzungen bilden allerdings, wie aus dem folgenden hervorgeht, die Rekonstruierbarkeit der Hügelmittelpunkts-Lage im Horizontalvermessungssystem und des -radius. Beides läßt sich mit Hilfe von Polarkoordinatenpapier, welches mit dem Verlauf des Hügelfußes oder eines z.T. erhaltenen Kranzsteinringes zur Deckung gebracht werden kann, relativ leicht ermitteln. Der Tumulus wird dabei idealisiert als Kugelkappe, also mit kreisförmiger Grundfläche, angenommen. Dies bildet eine wichtige Prämisse für die Anwendbarkeit beschriebener Methode; für Langhügel muß das in diesem Abschnitt beschriebene Verfahren entsprechend modifiziert werden!

Mit Hilfe der Horizontalvermessungsangaben - bei einem windrosen-orientierten System etwa des Nord- und Ostwertes - des Mittelpunktes und der Oberflächenpunkte - hier der Pflastersteine - wird die direkte Entfernung jeder dieser Steinloci vom rekonstruierten Hügelzentrum unter Anwendung des Pythagoräischen Lehrsatzes berechnet. Anschließend wird jeder Punkt in einem Scatterdiagramm abgebildet, bei dem die Abszisse die Entfernung vom Mittelpunkt und die Ordinate die Höhendimension relativ zum Grabungsnivellierpunkt darstellen. Gedanklich veranschaulicht wird hierbei der Hügel vom Rand zum Mittelpunkt hin aufgeschnitten und mitsamt seinem Inhalt fächerförmig in eine Ebene geklappt (Abb.1).

Die jetzt folgende Regressionsberechnung sucht nach einer den Punkten im Scatterdiagramm bestangepaßten Funktionskurve, welche die Höhe (Y-Wert) in Abhängigkeit von der Mittelpunktsentfernung (X-Wert) kalkuliert. Das dazu geeignetste mathematische Modell bildet die Kreisfunktion, präziser: jener ihrer Teilbereiche, welcher einen nach unten-links offenen Viertelkreis wiedergibt:

$$f(X) = Y = \cos((\pi/2) \cdot X/\text{Hügelradius}) \cdot \text{Hügelradius}.$$

Oder allgemeiner:

$$f(X) = Y = A_o + A_1 \cdot \cos((\pi/2) \cdot X/\text{Hügelradius}) \cdot \text{Hügelradius}.$$

Dabei stellt - vereinfacht ausgedrückt - Ao die durchschnittliche Höhendifferenz zwischen Grabungsnull und der fossilen Oberfläche unter dem Hügel dar, A1 die Abweichung des Polynoms vom idealen Viertelkreis, also gewissermaßen die Abflachung des Kreises.

Die Größenordnung der Beiwerte Ao und A1 lassen sich aufgrund von Erfahrungswerten anhand neolithischer und bronzezeitlicher nord- und mitteleuropäischer Rundhügel einschränken:

$$-2m < A_o < +2m.$$

Ao stellt, wie bereits erwähnt, die Differenz zwischen Nivellierpunktshöhe und alter Oberfläche dar und nimmt negative Werte an, wenn die Hügelsohle tiefer liegt als Grabungsnull. Ao läßt sich prinzipiell approximativ den Grabungsdokumentationen direkt entnehmen; allerdings leidet die Genauigkeit, wenn die fossile Oberfläche starke Unebenheiten aufweist, d.h. Schwankungen von mehreren Dezimetern, und/oder der Kurgan Hanglage besitzt, da es in diesen Fällen Schwierigkeiten bereiten wird, einen relativ genauen Mittelwert zu erhalten.

$$0 < A_1 \leq 1.$$

Bei A1 = 1 beschreibt das Polynom einen genauen Viertelkreis, bei A1 = 0 wäre der Hügel gewissermaßen zu einer abszissen-parallelen Geraden zusammengestaucht.

Nach dem Gaußschen Prinzip der kleinsten Summe der Fehlerquadrate zwischen der mathematischen Höhe f(X) und dem jeweils real gemessenen Höhenwert im Punkt X lassen sich dann mit Hilfe verschiedener Techniken die Koeffizienten Ao und A1, mithin die Gesamtfunktion, berechnen (Abb.2).

Die streng mathematische Lösung ist ausgesprochen kompliziert (vgl. z.B. SEIB 1984: 43f.). Der vom Verfasser eingeschlagene pragmatische Weg ist für Nichtmathematiker leicht nachvollziehbar, allerdings ohne Rechnereinsatz auch zeitaufwendiger und bei größerer Datenbasis sogar unpraktikabel: Nach dem "trial-and-error-Prinzip" werden die Beiwerte innerhalb o.g. Intervalle in o,1er-Schritten verändert und die bestangepaßte Transformationsgleichung herausgesiebt (Anm.1).

In vielen Fällen dürfte natürlich der gangbarste Weg darin bestehen, den Hügelaufriß den Punkten im Scatterdiagramm nach Augenschein zeichnerisch anzupassen. Dagegen ist prinzipiell nichts einzuwenden, zumal auch die Regressionsanalyse lediglich zu einer mathematischen Approximation führt. Letztere hat aber den Vorteil, präziser, weniger subjektiv und damit nachvollziehbarer zu sein; außerdem führt sie in den weitaus meisten Fällen zu genau einer einzigen Lösung.

Betrachten wir nun unser Beispiel: Da der Diskussionsfortgang anhand eines Grabungsprofiles am anschaulichsten ist, nehmen wir dafür den Vorwurf der kleinen Zahl in Kauf; es soll hier vornehmlich um methodische Belange gehen, die präzise Höhenrekonstruktion des Hügels 2 von Hammah sehen wir zunächst als zweitrangig an.

Ein Blick auf den nördlichen Hügelrandbereich (Abb.3) zeigt sofort die Probleme, welche es zu lösen gilt, soll der ursprüngliche Oberflächenverlauf anhand der Steinpflasterung ermittelt werden:

- 1: Die Auswahl der für das Verfahren geeigneten Steine.

- 2: Die Auswahl der für das Verfahren geeigneten Konturpunkte.

Ad 1: 1. Zunächst sind nach der Befundlage jene Steine auszusondern, welche durch Herabrollen in den Hügelverfluß gelangt sind. Für die Objekte außerhalb des Kurganrandes, welcher etwa durch den Kranzsteinring markiert ist, läßt sich dies verhältnismäßig einfach vornehmen (Steine Nr. 1, 2, 3 und der offenbar verrollte Kranzstein 4 in Abb.3). Schwieriger ist die Unterscheidung zwischen in-situ-Pflasterung und auf ihr liegendem Versturz diesseits des Kranzes. Isolation und lockere Höhenstreuung contra kompaktem Verlauf können hier Hilfestellung leisten. Eine derartige Trennung deutet unser Profil allerdings nicht an!

2. Die Kranzsteine selber sind mit ihrer Basis insofern von Wichtigkeit, als sie gewissermaßen das Auftreffen der Hügelkurve auf den fossilen Boden fixieren. Sind sie augenscheinlich verrollt (Nr.4), verkippt (7) oder in die alte Oberfläche eingegraben (7), scheiden sie bzw. ihre eingetieften Auflagepunkte aus.

3. Identische Überlegungen gelten für die Verkeilsteine des Kranzes (Nr.5, evtl. 3 und 6).

4. Bei mehrschichtigen Steinmänteln - wie hier - würde die Einbeziehung sämtlicher verbleibender Steine die Kurve zu stark herabziehen - in unserem Beispiel auf ca. 1,1 m. Nur jene Punkte, welche den eigentlichen Oberflächenverlauf markieren (dunkle Steine in Abb.3) dürfen berücksichtigt werden.

Ad 2: Ein kognitiver Ansatz zur Lösung der Frage nach den auszuwählenden Konturpunkten läßt sich kaum umgehen: Anhand des Befundes ist nämlich zu entscheiden, ob die Hügelerbauer einen mehr oder minder glatten Flächenverlauf nach der Pflasterung intendierten oder nicht. Im ersteren Falle wären die Steinoberflächen von Belang, in letzterem Falle etwa die Auflagepunkte. Skeptischen oder unentschlossenen Gemütern sei die Wahl der entsprechenden Mittelwerte empfohlen. Jedenfalls sind die Unterkanten auf der fossilen Oberfläche aufliegender Kranzsteine obligatorisch (s.o.).

Entschließen wir uns in unserem Beispiel für die Auflagen der dunkel dargestellten Steine, führt uns die diskutierte Methode zu einer rekonstruierten Hügelhöhe von ca. 3,4 m (Abb.4).

Wir besitzen nun in Form der Ortsakten und Publikationen (JACOB-FRIESEN 1924: 32; WEBER 1924: 41f.) ein gewisses, wenngleich grobes Korrektiv unserer Berechnungen. Danach war der z.T. schon abgegrabene Tumulus Anfang des Jahrhunderts noch ca. 2 m hoch (WEBER 1924: 41f., etwas unklar). Unsere Wiederherstellung der Hügelhöhe wird unter Berücksichtigung des mächtigen Verflußvolumens in der Größenordnung von 150-200 cbm leidlich bestätigt.

Wie aus obiger Diskussion hervorgeht, birgt die vorgeschlagene Anwendung der Regressionsanalyse durchaus noch ihre Probleme. Ihr Wert kann sich erst bei weiteren Einsätzen und durch weitere Auseinandersetzungen herausstellen. Dazu anzuregen war das Hauptziel dieses Essays.

Anmerkung

1) Dies bedeutet - vereinfacht ausgedrückt - eine Genauigkeit im Bereich von einem Dezimeter. Beim Durchtesten der Koeffizienten in 0,01er-Schritten würde das Ergebnis in den Bereich der Scheingenauigkeit fallen und der Zeitaufwand um das 100-fache ansteigen. Verf. benötigt unter Verwendung eines Personalcomputers mit 32/16-Bit-Prozessor bei o.g. Vorgehensweise (Dezimetergenauigkeit) ca. 25 sec/Oberflächenpunkt entsprechend einer Stunde Rechenzeit bei ca. 140 Punkten.

Literatur

JACOB-FRIESEN, K.H.: Die Steinkammern im Moore von Hammah (Kreis Stade).
1924   In: Prähistorische Zeitschrift 15, 1924: 28-40.

ORTON, C.:   Mathematics in Archaeology. London.
1980

SEIB, H.G.:   Mathematik, Teil 2: Einflußgrößenrechnung. In: Apple User
1984   Group Europe: User Magazine 7, 1984: 43-46.

WEBER, C.A.   Das Moor des Steinkammergrabes von Hammah. In: Prähistorische
1924   Zeitschrift 15, 1924: 40-52.

Anschrift des Verfassers:

  Rainer B. Michl M.A.
  Universität Hamburg
  Archäologisches Institut
  Arbeitsbereich I
  Johnsallee 35
  D-2000 Hamburg 13

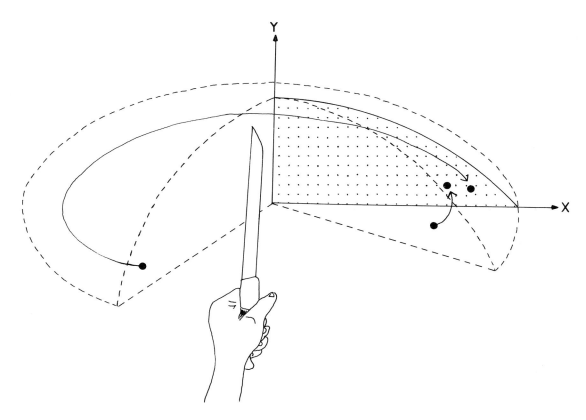

Abb. 1: Veranschaulichung der Entstehung des Scatterdiagramms

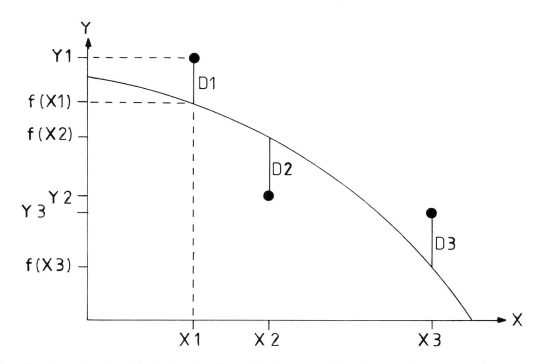

Abb. 2: Das Gaußsche Prinzip der kleinsten Abweichquadrate: Bei bestangepaßter Kurve bildet die Summe der quadrierten Differenzen (D1, D2 ...) zwischen Kurvenpunkten (f(X1), f(X2)...) und gemessenen Werten (Y1, Y2...) ein Minimum. Die Quadrierung gewichtet den Fehler um so stärker, je größer dieser ist.

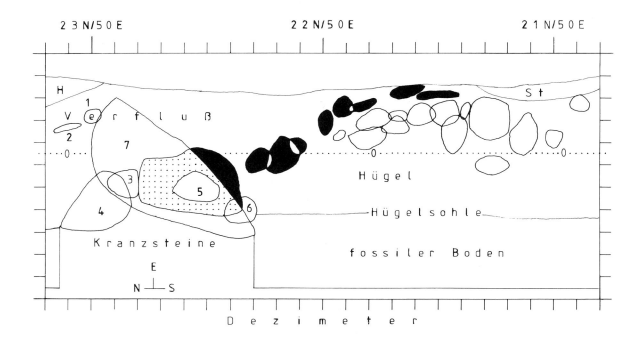

Abb. 3: Hammah, Hügel Nr. 2: Profilausschnitt aus dem nördlichen Hügelrandbereich. H = Torf; St = Störung; ...O... = Nivelier-Bezugsebene

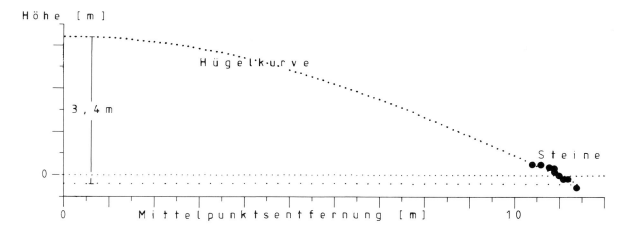

Abb. 4: Hammah, Hügel Nr. 2: Regressionskurve

NATURWISSENSCHAFTLICHE UNTERSUCHUNGEN

ANTHROPOLOGISCHE UNTERSUCHUNG DER LEICHENBRÄNDE AUS DEM BRONZEZEITLICHEN HÜGELGRAB 1B BEI HAMMAH, LANDKREIS STADE

Günter Bräuer

Insgesamt liegen folgende Leichenbrandreste zur Untersuchung vor:

Bestattung 3: Die Brandreste aus dieser Urne sind relativ umfangreich. Der Inhalt wurde bei der Entleerung in 6 Schichten von durchschnittlich 2 cm Dicke entnommen. Die Entnahme erfolgte durch E. Pantzer.

Bestattung 4: In dieser Urne befanden sich relativ wenige Brandreste. Bei der Entnahme (durch E. Pantzer) wurden vier Bereiche (A-D) unterschieden. Die Bereiche A und B sind durch eine Steinauflage bedingte Teile innerhalb der oberen Schicht, deren Dicke ca. 3 cm beträgt. Das darunter liegende Material wurde in zwei Schichten von je 2 cm Dicke herausgenommen.

Streufund/ Bestattungen 5 u. 6: Hierbei handelt es sich um Brandreste, die über einen Bereich von etwa einem Meter verstreut lagen (vgl. Beitrag PANTZER, Hügel 1b, Abb.). Innerhalb des gesamten Streubereichs wurden bei der Bergung 18 Teilbereiche (= Fundnummern) unterschieden. An zwei Stellen fanden sich konzentriertere Ansammlungen der Brandreste (Bestattungen 5 u. 6).

Die anthropologische Untersuchung erfolgte nach den einschlägigen Methoden, wie sie u.a. bei RÖSING (1977), HERRMANN (1980), WAHL (1982, 1983) und BRÄUER (1979) angegeben sind (Anm.1). Ziel der hier vorgenommenen Untersuchung bestand in der Feststellung der Individuenzahl sowie des Alters und Geschlechts.

Bestattung 3

Der aus dieser Urne vorliegende Leichenbrand hat ein Gewicht von ca. 1170 g. Die Knochen sind vollkommen verbrannt und die Fragmente fest und hart. Sie besitzen im allgemeinen eine grau-braune Farbe. Das Material ist sehr stark fragmentiert und enthält nur wenige größere Einzelstücke.

Geschlechtsdiagnose und Individuenzahl

Es dürfte sich wahrscheinlich um einen Mann handeln. Möglicherweise sind darüber hinaus noch Reste einer Frau vorhanden. Da die Annahme zweier Individuen nicht auf dem Vorhandensein überzähliger Knochenmerkmale beruht, sondern nur auf Unterschieden in der Robustizität, über deren Variabilität in der Population aber keine Aussagen möglich sind, kann nicht ausgeschlossen werden, daß es sich auch nur um die Reste eines, eher etwas grazileren Mannes handelt.

Die Diagnose stützt sich besonders auf folgende Merkmale:

- Schädelfragmente dünnwandig (ca. 3-4 mm): eher Frau;
- *Margo supraorbitalis* leicht gerundet: eher Mann;
- *Processus zygomaticus ossis frontalis* kräftig entwickelt: Mann;
- Fragment des *Os zygomaticum* relativ grazil: eher Frau;
- *Processus condylaris (mandibulae)* relativ grazil: eher Frau;

- *Caput radii* relativ robust: eher Mann;
- Diaphysenfragment der *Tibia* recht robust: eher Mann;
- Diaphysenfragment des *Radius* (?) grazil: eher Frau;
- *Fibula*fragment kräftiger: eher Mann;
- *Dens axis* relativ grazil: eher Frau.

Die Schädel- und Längsknochenfragmente waren über alle Schichten der Urne verteilt, wobei sich das meiste Material in den unteren Horizonten 4 und 5 befand. Es liegen keine begründeten Hinweise darauf vor, daß die Reste des Mannes getrennt von denen der möglicherweise vorhandenen Frau in die Urne eingebracht worden sind.

Altersdiagnose

Aus fast allen Lagen liegen relativ dünnwandige Calottenfragmente vor, die, sofern ein zweites Individuum vorhanden ist, zu diesem weiblichen gehören dürften. Ein vorhandener Abschnitt der Coronalnaht zeigt endocranial einen vollständigen Nahtverschluß, während die übrigen Calottenfragmente mit vorhandenen Nahtabschnitten noch keine Obliteration erkennen lassen. Es ist jedoch möglich, daß beim Verbrennungsvorgang leicht obliterierte Nahtbereiche wieder entlang der Naht aufgebrochen sind. Die vorhandenen Zahnfragmente - bestehend aus Wurzeln der Molaren und Frontzähne - zeigen einen voll entwickelten Zustand. Hinweise auf ein subadultes Alter finden sich im gesamten Material nicht. Die vorhandenen Wirbelkörperfragmente besitzen keine spondylotischen Veränderungen, so daß ein jüngeres adultes Alter angenommen werden kann. Faßt man alle Indizien zusammen, so dürfte es sich entweder um einen adulten Mann und Reste einer adult/maturen Frau handeln oder - im Falle nur eines Individuums - um einen adulten Mann.

Bestattung 4

Der Umfang der vorliegenden Brandreste ist relativ gering (ca. 2oo g). Sie bestehen zum allergrößten Teil aus Fragmenten des Postcranialskelettes, insbesondere der Längsknochen. Auch hier sind die Knochen vollkommen verbrannt und stark fragmentiert. Die Farbe ist grau-braun. Die Diagnosen müssen sich hierbei ausschließlich auf Wanddicken und Robustizität beschränken, da keine aussagefähigen deskriptiven Merkmale vorhanden sind. Von daher ist die Diagnosesicherheit wesentlich beeinträchtigt.

Geschlechtsdiagnose und Individuenzahl

Die Reste dürften von einem eher männlichen Individuum stammen. Darüber hinaus finden sich auch einige tierische Knochenfragmente darunter, bei denen es sich wahrscheinlich um Rippen vom Rothirsch handeln dürfte (H. REICHSTEIN, pers. Mitt.). Die tierischen Fragmente befanden sich im Bereich A und sind ebenfalls vollkommen verbrannt.

Folgende Merkmale liegen der Diagnose der menschlichen Brandreste zugrunde:

- 2 Diaphysenfragmente der *Tibia* robust: eher Mann;
- Diaphysenfragment des *Femur* mit prominenter *Linea aspera*: eher Mann;
- *Radius*fragment kräftig: eher Mann.

Altersdiagnose

Nach der Robustizität der Fragmente zu urteilen, dürfte es sich wahrscheinlich um ein erwachsenes Individuum handeln. Eine weitere Eingrenzung des Sterbealters ist nicht möglich.

Streufund/Bestattungen 5 und 6

Das Material des Streufundes wiegt insgesamt ca. 7oo g. Wie die Reste aus den Urnen sind auch diese vollkommen verbrannt und besitzen dieselbe graubraune Färbung. Auch der hohe Fragmentierungsgrad ist sehr ähnlich. Bei den insgesamt weit verstreut gelegenen und vermutlich unvollständigen Resten ist es noch schwieriger, die Zahl der vorhandenen Individuen festzustellen. Es wurden zunächst die Bestattungen 5 (Fund-Nrn.: 1,7,8,9,14,15, 16,18) und 6 (Fund-Nrn.: 3,4,1o,12,13) getrennt betrachtet und dann miteinander verglichen sowie auch mit den Resten der übrigen Fundnummern: 2,6, 11 und 17.

Bestattung 5 (s. Abb.

Geschlechtsdiagnose und Individuenzahl

Die unter den oben genannten Fundnummern vorliegenden Reste deuten auf eine Frau sowie Reste eines Kindes hin. Diese Diagnose beruht jedoch nahezu ausschließlich auf Größen- und Robustizitätsunterschieden. Von den besonders aussagefähigen deskriptiven Merkmalen, die einen hohen Geschlechtsdimorphismus aufweisen, sind keine Überreste erhalten. Dies mindert die Diagnosesicherheit erheblich.

Die wichtigsten Merkmale sind:

Fund-Nr. 16: - *Dens axis* grazil (Transversaldurchmesser 8,5 mm) eher Frau
- *Radius*fragment grazil: Jugendlicher oder Frau
- verschiedene Diaphysenfragmente sehr dünn: Kind;
- Parietalfragmente dünn (Wanddicken 2,1 - 2,9 mm): Kind oder Jugendlicher;

Fund-Nr. 14: - Calottenfragmente, Wanddicken 2,9 - 3,5 mm: eher Frau;
- Diaphysenfragmente der Längsknochen, Wanddicken relativ dünn: eher Frau;

Fund-Nr. 7: - Schädelwandfragmente sehr dünn (1,8 mm): Kind;

Fund-Nr. 15: - *Radius*fragment grazil: eher Frau;
- weitere Längsknochenfragmente grazil: eher Frau;

Fund-Nr. 9: - Diaphysenfragment, wahrscheinlich der *Tibia*, relativ kräftig: Geschlecht fraglich;
- Wandfragmente von Längsknochen relativ dünn: Kind;
- Calottenfragmente sehr dünn: Kind.

Die Reste aus Bestattung 5 lassen es äußerst unwahrscheinlich erscheinen, daß sie alle zu einem erwachsenen weiblichen Individuum gehören. Mit hoher Wahrscheinlichkeit sind Teile der Reste kindlich.

Altersdiagnose

Die wahrscheinlich zu dem weiblichen Individuum gehörenden Schädelreste lassen noch keine Nahtobliteration erkennen, so daß ein adultes Alter angenommen werden kann.

Bestattung 6 (s. Abb.

Geschlechtsdiagnose und Individuenzahl

Die hier vorliegenden Reste weisen auf ein männliches Individuum sowie auf ein Kind hin. Bei den Überresten des Kindes mag es sich aber durchaus um dasselbe wie in Bestattung 5 handeln. Auch deutet einiges darauf hin, daß bei den beiden Erwachsenen der Bestattungen 5 und 6 Vermischungen von Brandresten stattgefunden haben.

Die Diagnose stützt sich auch hier nur auf allgemeine Größen- und Robustizitätsmerkmale:

Fund-Nr. 13: - Calottenfragmente recht dickwandig (5-6 mm), die mit großer Wahrscheinlichkeit nicht zu dem Individuum aus Bestattung 5 gehören: eher Mann;
- Diaphysenfragment der *Tibia* kräftig: eher Mann;
- *Radius*fragment grazil: Geschlecht fraglich;
- Diaphysenfragmente der Längsknochen klein und dünn: Kind;

Fund-Nr. 12: - Humerusfragment, geringe Dimensionen: eher Kind;
- andere Schaftfragmente dünnwandig: eher Kind;

Fund-Nr. lo: - Calottenfragment dickwandig: eher Mann;
- Längsknochenfragment (*Tibia* ?) kräftig: eher Mann.

Altersdiagnose

Die vorhandenen Schädelnahtfragmente des wahrscheinlich männlichen Individuums zeigen noch keine Obliteration, so daß ein adultes Alter am wahrscheinlichsten ist. Zahnwurzelreste lassen eine vollständige Entwicklung der Zähne erkennen.

Weitere Reste

Zwischen den Bestattungen 5 und 6 liegt die Fund-Nr. 17. Es sind hier relativ robuste Diaphysenfragmente von *Femur/Tibia* vorhanden, die eher auf das männliche Geschlecht hindeuten.

Das Material von Fund-Nr. 6 enthält Schädelfragmente, die wahrscheinlich auch zu dem männlichen Individuum gehören, sowie daneben ein sehr dünnwandiges Stück (vgl. Fund-Nr. 16), das wohl von einem Kind stammen dürfte.

Gesamtdiagnose des Streufundes

Faßt man die Einzeldiagnosen der Reste aus den 18 Fundnummern zusammen, so besteht wenig Zweifel, daß hier Reste erwachsener und kindlicher Knochen vorliegen. Es ist ferner wahrscheinlich, daß die Reste aus Bestattung 5 eher zu einer Frau, die aus Bestattung 6 eher zu einem Mann gehören. Ob die kindlichen Überreste ein oder mehrere Individuen repräsentieren, kann nicht festgestellt werden.

Anmerkung

1) Für Hinweise bei der Untersuchung der Brandreste möchte ich Herrn H.J. Frisch, Herrn Dr. H. Reichstein und Herrn Dr. F.W. Rösing danken sowie Herrn G. Boenisch, M.A., für die Hilfe bei den technischen Vorarbeiten.

Literatur

BRÄUER, G.: Anthropologische Untersuchungen an den Leichenbränden des
1979   bronzezeitlichen Urnenfriedhofs Bad Oldesloe-Poggensee,
            Kreis Stormarn. Offa 36, 45-52.

HERRMANN, B.: Kleine Geschichte der Leichenbranduntersuchung. Fornvännen
1980   75, 20-29.

RÖSING, F.W.: Methoden und Aussagemöglichkeiten der anthropologischen
1977   Leichenbrandbearbeitung. Archäologie und Naturwissenschaften 1, 53-80.

WAHL, J.: Leichenbranduntersuchungen. Prähist. Zeitschrift 57, 1-125.
1982

WAHL, J.: Zur metrischen Altersbestimmung von kindlichen und jugend-
1983   lichen Leichenbränden. Homo 34, 48-54.

Anschrift des Verfassers:

Prof.Dr. Günter Bräuer

Institut für Humanbiologie
der Universität Hamburg

Allende-Platz 2
2000 Hamburg 13

PALYNOLOGISCHE BEITRÄGE ZU DEN GRABUNGEN BEI HAMMAH, GROSS STERNEBERG UND SCHWINGE 1983 - 1984

Fritz-Rudolf Averdieck

Einführung

Das Moor bei Hammah, in dem die Hügelgräber liegen, gehört zum südöstlichen Randbereich des Kehdinger Moores. Mit einer Länge von 22 km und einer Breite bis zu 5 km besitzt das Kehdinger Moor eine Fläche von mehr als 5o qkm und ist damit das größte Moor des Elbe-Urstromtales. Es füllt in nordwestlicher Erstreckung von Stade bis Oederquart das Sietland zwischen Niederelbe und Oste aus und ruht daher auf bis über 2o m mächtigen Kleiablagerungen der beiden hier parallel zueinander verlaufenden Flüsse. Über dem anfänglichen Niedermoor, überwiegend von Schilf und Seggen bestimmt, baute sich während des Subboreals und in der Folgezeit ein Hochmoor auf, das mit Ausnahme nur schmaler Randsäume die gesamte Fläche einnahm. Bei Hammah und Groß Sterneberg, im südöstlichen Randgebiet, trägt das Kehdinger Moor den Charakter eines Geestrandmoores. Hier ist das Hochmoor über Niedermoore, z.T. Bruchwald, transgrediert, die auf Sandboden stockten.

Der Hochmoortorf gliedert sich in Nordwestdeutschland allgemein deutlich in den älteren, stark zersetzten, Schwarztorf und den jüngeren, schwach zersetzten, Weißtorf. Infolge des späten Eintritts in das Hochmoorstadium ist der Schwarztorf im Kehdinger Moor geringmächtig entwickelt (bis zu o,8 m) und fehlt in flacheren Partien oft gänzlich. Besonders in den randlichen Moorbereichen liegt der Weißtorf unmittelbar auf den basalen Niedermoortorfen. Der Weißtorf ist infolge Entwässerung allgemein um mehr als die Hälfte seiner ursprünglichen Mächtigkeit von 4 bis 5 m und mehr gesackt, im Randgebiet infolge Abtorfung zusätzlich dezimiert oder völlig verschwunden. Während noch um die Jahrhundertwende von weiten Flächen wüchsiger Sphagneten die Rede war (WEBER 19oo) und vor 5o Jahren noch eine ganze Anzahl von Moorseen (Kolke) auszumachen waren (SCHUBERT 1933), ist das Moor heute gänzlich unter Kultur genommen worden, allermeist in landwirtschaftliche, zu geringem Teil in industrielle (Torfgewinnung, Schlammdeponie).

Die Nähe der Städte und Dörfer hat schon in früher Zeit zu randlicher Abtorfung geführt. Weitere Abtorfungen im Zuge der Erschließung und Kolonisation haben zum Ende des vorigen Jahrhunderts hin den Moorkörper zerschnitten. Diese Abtorfungen waren Ursache vorgeschichtlicher Funde und moorgeologischer Aufschlüsse, die in der Folgezeit wiederholt Anlaß zu intensiver wissenschaftlicher Bearbeitung und zu berühmt gewordenen Theorien gaben. Während die Geologie auf SCHUCHT (19o5, 19o6) zurückgeht, waren es WEBER (19oo, 1924, 193o), SCHUBERT (1933) und SCHNEEKLOTH (1968), die sich aufgrund ihrer Forschungen am Kehdinger Moor mit Moorwachstums- und Datierungsproblemen auseinandersetzten. Eine Reihe dieser Probleme hat bis heute ihre Aktualität nicht verloren, wie z.B. der Nachweis der postglazialen Transgressionen und deren Auswirkungen auf die Vermoorung und Moorentwicklung, vor allem aber die hochmoorspezifischen Fragen des Grenzhorizonts und des Moorausbruchs.

Mit "Grenzhorizont" wurde der sich am Aufschluß meist ins Auge springende Kontakt zwischen Schwarz- und Weißtorf (heute allgemein Schwarz-

Weißtorfkontakt = SWK nach AVERDIECK 1957) bezeichnet. Nach den zwei Silberkapseln und dem Gewand einer 1895 bei Obenaltendorf im nördlichen Moorteil gefundenen Moorleiche aus den ersten beiden Jahrhunderten n.Chr. berechnete WEBER (1900) das Alter dieses Kontaktes unter Einbeziehung der Torfwachstumsgeschwindigkeit auf etwa 800 v.Chr. Die Weber'sche Grenzhorizonttheorie und ihre Datierung sind zwar in ihrer verallgemeinernden Form nicht mehr haltbar, sie werfen aber bis heute viel diskutierte und keineswegs eindeutig geklärte Fragen auf (vgl. OVERBECK et al. 1957; SCHNEEKLOTH 1968).

Auch das zweitgenannte Problem, der Moorausbruch, geht auf WEBER zurück und ebenfalls in Verbindung mit archäologischen Funden. Eingebettet in Hochmoortorf lag bei Hammah ein Steinkammergrab mit bronzezeitlicher und latènezeitlicher Nachbestattung. Das Hochmoor konnte erst nach der Fertigstellung des Grabhügels und sicherlich auch der Nachbestattungen darüber gewachsen sein und war demnach jüngeren Datums. Aufgrund seiner Untersuchungen kam WEBER (1924) aber zu dem Resultat, daß der Torf im wesentlichen älter sei, woraus er die berühmt gewordene Vorstellung vom Ausbruch des dem Grab benachbarten Hochmoores entwickelte. Dieser Befund ist im norddeutschen Tiefland bis heute einzig dastehend. Auch SCHUBERT (1933) hat den moorüberwachsenen Grabhügel von Hammah in seine Untersuchungen einbezogen. Die Grabungskampagnen 1983/84 des Archäologischen Instituts der Universität Hamburg unter Prof.Dr. H. ZIEGERT an den Grabhügeln von Hammah brachten die günstige Gelegenheit, erneut das Augenmerk auf diese Erscheinung zu richten.

Die Hauptaufgaben bestanden allerdings in der Datierung der Vermoorung und in der Beantwortung von siedlungs- und umweltbotanischen Fragen. Darüber hinaus sollten Funde von dendrochronologisch datierten Eichenstämmen im Moor bei Hammah und in der angrenzenden Gemarkung Groß Sterneberg auf ihre Verknüpfungsmöglichkeit mit dem Pollendiagramm überprüft werden (Anm.1).

Eine am Schluß angeführte Untersuchung an mittelalterlichen Wegespuren bei Schwinge steht nur in örtlicher Beziehung zu den Grabungen im Moorgebiet. In ihr ist nicht mehr als der Versuch einer Auswertung zu sehen (Anm.2).

Methoden

Die Profile und Einzelproben wurden sämtlich per Hand an gegrabenen Aufschlüssen entnommen. Dabei wurde die Torfart im Gelände bestimmt, im Zweifelsfall eine Berichtigung bei der Aufbereitung oder anhand der Pollenanalysen vorgenommen. Genauere Makroanalysen, insbesondere die Bestimmung der Sphagnum-Arten, mußten zurückgestellt werden, wie auch eine Reihe von 14C-Datierungen. Die Ergebnisse beider sollen im Zusammenhang nachgeliefert werden.

Die Aufbereitung für die Pollenanalyse geschah an bergfrischem Material mittels Kalilauge und Acetolyse nach FAEGRI & IVERSEN (1950) und ERDTMANN (1954). Schluff- und sandreiche Proben erfuhren anschließend eine Behandlung mit verdünnter kalter Flußsäure.

Die Pollendiagramme

Die Pollenauszählung strebte mindestens 5oo Baumpollen an, eine Menge, die nur gelegentlich bei geringer Pollendichte unterschritten wurde. Wegen der oft übermäßig hohen Betula- und Alnus-Beteiligung haben wir darauf geachtet, daß die Summe der restlichen Baumpollen mindestens loo betrug.

Die Zählergebnisse wurden nach unserem EDV-Programm (WILLKOMM und AVERDIECK 1986) in Pollendiagramme umgesetzt, der besseren Vergleichbarkeit halber für sämtliche Profile in gleicher Weise. Aus Darstellungsgründen sind in die Diagramme nur die vegetations-, siedlungs- und moorgeschichtlich wichtigsten Taxa aufgenommen worden. Die restlichen, meist in geringer Anzahl vertretenen, sind bis auf wenige Ausnahmen in Summenkurven nach ökologischen Gesichtspunkten zusammengefaßt (Tab.1).

Für die Berechnung der prozentualen Anteile wurden zwei unterschiedliche Modi verwandt: Sämtliche Baumpollen (im folgenden: BP) unter Ausschluß von Alnus und Betula sind im linken Diagrammteil auf ihre gemeinsame Summe bezogen. Der Rest bezieht sich auf die gesamte BP-Summe. Hier sind von den BP Alnus und Betula gesondert und die übrigen als Summe dargestellt. Die anschließenden Nichtbaumpollen (im folgenden: NBP) einschließlich der zu den Sträuchern gerechneten Corylus und Sorbus sind also auf die gesamte BP-Summe bezogen, so daß sie in der gleichen Weise erscheinen, wie bei den zum Vergleich heranzuziehenden Untersuchungen der näheren und weiteren Umgebung. Die Pollenrubriken sind in der Reihenfolge angeordnet: Bäume, Sträucher, Zwergsträucher, Kulturpflanzen und Kulturbegleiter, sonstige Sippen, die wenigstens zeitweilig häufig sind, deren Standorte aber sehr unterschiedlich sein können. So ist Pteridium vor allem auf Waldlichtung zurückzuführen, die Wild-Gramineae z.T., und besonders in großer Abundanz, auf Schilf, die Cyperaceae überwiegend auf Feuchtstandorte. Alle sonstigen nicht sicher auf Moor-, Sumpf- und Wasserpflanzen zurückzuführenden Pollenfunde sind in der Summenkurve "sonstige mögliche Landpflanzen" zusammengefaßt. Da man bei vielen Gattungen und Familien, bis zu denen die Pollenbestimmung gelangt, Arten verschiedener ökologischer Ansprüche findet, ist angesichts der torfigen Probensubstanz mit Sicherheit ein großer, vermutlich der größte Teil der hierzu gerechneten Pollenarten als von Hygrophyten stammend anzusehen, zu einem gewissen Grade dürften ähnliche Überlegungen auch für die Summenkurve "sonstige mögliche Kulturanzeiger" angebracht sein.

Zu beachten ist bei den Diagrammen, daß wegen der Massenvorkommen die Maßstäbe für Calluna, Wild-Gramineae und Sphagnum halbiert sind.

Die Profile und Einzelproben

1. Die Grabhügel

Die Benennung der Entnahmestellen richtet sich nach den Hügelbezeichnungen der Grabung. Das Standardprofil wurde in größtmöglicher Nähe der Grabhügel an einer Stelle maximaler Torfmächtigkeit entnommen in der Hoffnung, daß an dieser Stelle die Hügelbedeckenden Torfschichten tiefer lägen und von jüngeren Schichten überlagert wären. Nach dem Standardprofil folgt die weitere Anordnung dem Alter der Grabhügel.

Bei der nachfolgenden Schichtenbeschreibung und Auswertung werden als

Abkürzungen verwandt:

Hmt.	= Hochmoortorf
H. 1-1o	= Humosität nach v. POST (vgl. OVERBECK 1975, 71 f.)
Erioph.	= Eriophorum - Blattscheidenfasern
Eric.	= Ericaceae - Reiser
rez.	= rezent
zers.	= zersetzt
verw.	= verwittert
u.O.	= unter Oberfläche

Standardprofil

o - 2o cm	Hmt, stark verw., sandig, stark rez. durchwurzelt.
- 5o	Hmt, mäßig und wechselhaft zers., H 5-8, reich an Erioph. und Eric.
- 8o	Hmt, schwach bis mäßig zers., H 4-5, einige Eric.
- 85	Hmt, blättrig, schwach zers.
- 95	Erioph. - Torf mit Eric.
- 13o	Hmt, stark zers., H 7-8, meist reichlich Erioph.
- 145	Übergangsmoortorf/Erlenbruchwaldtorf, wechselhaft zers., H 7-1o, etwas Erioph. und Eric., bei 13o cm blättrig, an der Basis feinsandig.

Die untere Torfschicht hier wie in den folgenden Profilen bereitet der Ansprache ohne eingehendere Makroanalyse Schwierigkeiten. Holzbeimengungen oder Zweigstücke vermitteln bei Begutachtung am Aufschluß den Eindruck von Bruchwaldtorf. Bei näherer Laborbetrachtung ergab sich mitunter aber mehr Ähnlichkeit mit stark zers. Hmt. Auch die Pollenanalysen fallen keineswegs immer eindeutig aus. Für Bruchwaldtorf sprechen in den meisten Fällen weder die BP noch die hohen Calluna-Werte. SCHUBERT (1933) hat aus dem Kehdinger Moor Erlen-Birken-Bruchwaldtorf mit sehr zahlreichen Ericaceae-Pollen angeführt. Äußerst geringe Sphagnum-Werte und hohe Gramineae- und Cyperaceae-Werte sowie gleichzeitig sehr wechselhafte Pollenkonservierung sind nicht gerade für Hmt charakteristisch. Ferner ist die Mannigfaltigkeit von NBP in derartigem Torf gegenüber dem Hmt auffallend höher. Da in den meisten Fällen zugleich auch Kulturanzeiger häufig sind, sind zusätzlich Siedlungseinflüsse einzukalkulieren. Wahrscheinlich liegen verschiedene Formen von Übergangsmoortorfen vor, die in Randlage eines wachsenden Moores rasch aufeinander folgten. Hohe Pollenwerte von Rhamnus frangula, Myrica, Betula und Comarum sowie manche in Tab. 1 aufgeführten, in geringen Pollenfrequenzen nachgewiesenen Arten sprechen für diese Auslegung.

Hammah 1

Profile vom Hügelfuß des neolithischen Grabhügels:

o - 7 cm	Wurzelfilz, nicht untersucht
- 12	Hmt, stark verw., stark sandig, stark rez. durchwurzelt, trocken, nicht untersucht
- 13	Hmt, dünne Sphagnum cuspidatum-Lage, schwach zers., blättrig

- 35   Hmt, schwach bis mäßig zers., stark verw. und rez. durchwurzelt, mit größeren Zweigen, basal Erioph., sandig, trocken
- 45   Hmt, stark zers., H 7-8, reichlich Eric.-Reiser, rez. durchwurzelt
- 63   Übergangsmoortorf, stark zers., H 9-1o, ziemlich bleichsandhaltig, gelegentlich in Lagen, subfossil durchwurzelt, Trockenrisse

Probe 93 cm wurde o,6 m westl. des Profils 1 aus dem basalen, stark humosen, feinkörnigen Bleichsand, vermutlich der alten Bodenoberfläche entnommen.

Hammah 2

Profil vom Hügelfuß des bronzezeitlichen Grabhügels:

o - 1o cm Wurzelfilz und verw. sandreicher Torf, nicht untersucht
- 25   Hmt, ziemlich verw., mäßig zers., trocken
- 35   Hmt/Übergangsmoortorf, stark zers., reichlich Eric., gepreßt, trocken
- 45   Übergangsmoortorf/Birkenbruchwaldtorf, stark zers., Rinde und Zweige (Betula)
- 55   Übergangsmoortorf, stark zers., feinsandig, ziemlich trocken

Aus dem Hügelaufbau stammen 6 Einzelproben:

Probe Nr. 5 Soden, 42 cm u.O., Feinsand, stark humos, vermutlich Ah-Horizont, Lebensspuren und schwach durchwurzelt.

Probe Nr. 6 Soden, 56 cm u.O., wie Nr. 5.

Probe Nr. 1 Soden, 57 cm u.O., Ae-Horizont, humos marmoriert, einzelne rez. Wurzeln.

Probe Nr. 2 Soden, 53 cm u.O., wie Nr. 1.

Probe Nr. 4 63 cm u.O., wie Nr. 5.

Probe Nr. 3 7o cm u.O., vermutlich alte Oberfläche, stark humoser Feinsand, zwischen Bleichsandschichten.

Die Pollenerhaltung sämtlicher Einzelproben schwankte zwischen gut und unbrauchbar. Indeterminierbar korrodierte Pollen machten bis 23% bezogen auf die BP-Summe aus.

Hammah 1 a

Profil vom Hügelfuß des bronzezeitlichen Grabhügels:

o - 2o cm Wurzelfilz und stark verw. sandiger Hmt mit Zweigen, trocken
- 46   Hmt, ziemlich stark zers., H 7-8, mit Erioph. und Eric., etwas feinsandig, ziemlich trocken
- 62   Übergangsmoortorf, stark zers., unten bleichsandig
- 65   Feinsand, bleichkörnig, mit Torflinsen

70   Übergangstorf, stark zers., mit sandgefüllten Lebensspuren, in humosem Sand übergehend

Einzelprobe "Torfband zwischen Phase I und II" zwischen den Hügeln 1a u. 1b Vermutlich alter Bodenhorizont, 72-76 cm u.O., ehemaliger Oh (?), Feinsand, anmoorig, schmierig, schwarzbraun, fossil und rez. durchwurzelt.

Hammah 1b

Profil vom Hügelfuß des bronzezeitlichen Grabhügels:

o - 19 cm Wurzelfilz und stark sandiger verw. Torf, nicht untersucht

- 26   Hmt, stark verw., rez. durchwurzelt, stark feinsandig, trocken
- 27   Hmt, schwach zers., schräg gelagerte dünne Schicht, blättrig, trocken
- 34   Hmt, stark verw., ziemlich sandig, trocken
- 59   Hmt, ziemlich stark zers., H 6-8, etwas Erioph.
- 71   Birkenbruchwald-/Übergangsmoortorf, in Streifen wechselhaft zers., blättrig, gelegentlich mit Reisern
- 86   Übergangsmoortorf, stark zers., unten stark feinsandig

Einzelproben aus Soden des Hügelaufbaus:

Probe 2:   74 cm u.O., kräftige Sode mit schmalem Bleichhorizont, Of/Oh-Horizont, stark bleichsandiger und sandstreifiger Torf/Rohhumus

Probe 1:   9o cm u.O., unterste Sode, Oh-Horizont, stark zers., sandiger Torf oder torfiger Sand.

Ergebnisse

Die Untersuchungsergebnisse sind in den Pollendiagrammen Abb. 2 - 5 veranschaulicht. Legt man ein ungestört verlaufenes Moorwachstum zugrunde, so müssen die Moorprofile der Grabhügel jüngere, spät- oder nachbronzezeitliche Perioden widerspiegeln. Dabei stellt die Zeitlücke zwischen der Hügelerrichtung und der Moorüberwachsung eine unbekannte Größe dar. Eine Lücke kann, von den Nachbestattungen abgesehen, schon deshalb vorausgesetzt werden, weil man die Hügel kaum in eine beginnende Vermoorung hineingebaut haben wird. Dagegen sprechen auch die Schichten des Hügelaufbaues einschließlich der Unterlage. Andererseits kann die Lücke nicht weit in spätere Kulturperioden gereicht haben, da Hochmoortorfe ziemlich langsam wachsen. Immerhin ist anzunehmen, daß die Hügel nahe an den Hochmoorrand gesetzt wurden und, nach der Torfartenabfolge zu urteilen, vom transgredierenden Moor überwandert worden sind. Die Datierung des Vermoorungsbeginns mit Hilfe der Pollenanalyse kann sich naturgemäß nur in einer größeren Zeitspanne bewegen. Von Vorteil ist der Umstand, daß sich Pollenspektren aus Soden des Hügelaufbaues oder, allerdings weniger eindeutig, des restlichen alten Bodens unter dem Hügel zum Vergleich heranziehen lassen. Ungünstig ist ganz allgemein die Flachgründigkeit des zur Verfügung stehenden Moorrestes, von dem man nur sicher weiß, daß ein Teil der jüngsten Torfschicht der Torfgewinnung oder der Moorkultivierung zum Opfer gefallen ist. Allein die Entwässerung hat mit der Austrocknung zahlreiche Störfaktoren wie Trockenrisse, Durchwurzelung und andere Bio-Aktivitäten begünstigt, während durch den Luftzutritt zugleich Substanzverluste und Pollenkorrosion gefördert wurden. Bis zum liegenden Sand war dies besonders am Profil 1 deutlich zu sehen. Es ist in vielen Fällen also mit Störungen mancher Art, die von Verzerrung bis zur Umlagerung reichen, besonders aber mit Infiltration jüngeren Materials zu rechnen. Leider sind solche Störungen im Pollenbild meist schwer erkennbar, so daß die Frage ob Verfälschung oder örtliche Variante für gewöhnlich offen bleiben muß. Im Moorrandgebiet treten lokale Einflüsse erfahrungsgemäß stärker in Erscheinung als im Zentralteil, einerseits wegen des Beieinanders unterschiedlicher Biotope, andererseits wegen der Wandlung des Moortyps mit dem Wechsel des Grundwassereinflusses, z.B. beim Übergang vom Lagg zum Hochmoor.

Der Hauptwert der Analysen von Schichten des Hügelaufbaus liegt in der Herkunftsbestimmung des Baumaterials, daneben in der schon erwähnten Konnektierung mit den umgebenden Moorschichten. Für eine zeitliche Trennung aufeinander folgender Bauphasen reichen die vegetationsgeschichtlichen Veränderungen innerhalb der relativ kurzen Zeit nicht aus. Gewöhnlich genügen schon die verschiedenen Herkünfte des Bodenmaterials, um die geringen zeitlich bedingten Unterschiede zu übertönen.

Die Pollendiagramme sind zur leichteren Orientierung in vegetationsgeschichtliche Zonen gegliedert. Regional für Nordwestdeutschland hat sich das Zonensystem von OVERBECK und SCHNEIDER (1938) in den Neufassungen von SCHMITZ (1961) und OVERBECK (1975) bewährt. Dem Beispiel von BEHRE (1976) folgend, werden hier angesichts der Siedlungssituation zur Zonenabgrenzung nur die Gehölzpollen herangezogen. Weitere Untergliederungen (Kleinbuchstaben) haben örtlichen Charakter.

Die Diagramme weisen einige sehr markante Kurvenschwankungen auf, anhand derer sich die Profile leicht parallelisieren lassen. Überraschenderweise scheint das Standardprofil (Abb. 1) trotz seiner meist mehr als doppelten Länge keinen nennenswert längeren Zeitabschnitt zu umfassen. So kommt auch in keinem Profil die spätwärmezeitliche Zone IX mehr richtig zum Ausdruck. Ob die basalen Torfproben mit höheren Corylus- und Tilia-Werten noch eine Andeutung davon darstellen, ist angesichts der bodennahen Lage (Vermischung) und der schlechten Pollenerhaltung (selektive Anreicherung) zweifelhaft. Der Quercus-beherrschte untere Profilabschnitt zählt in jedem Falle zur Zone X, von OVERBECK (1975) als "ältester Abschnitt der Nachwärmezeit, Eichenzeit" bezeichnet. Sie umfaßt den größten Teil des letzten Jahrtausends v.Chr.

Die Zone XI (Mittlerer Abschnitt der Nachwärmezeit, Buchenzeit) beginnt spätestens mit dem Steilanstieg von Fagus, dem Carpinus meist nur zögernd und mit weit niedrigeren Werten folgt. Sehr auffällig ist der Abfall der Quercus-Kurve. Gleichzeitige Anzeichen für verstärkte Kulturmaßnahmen finden sich in einigen Profilen (1b,1), in anderen aber nicht, auch nicht im Standardprofil.

Für die Abgrenzung einer jüngsten Zone XII (Jüngerer Abschnitt der Nachwärmezeit, Zeit stärkster Zurückdrängung, Nutzung und Umgestaltung der Wälder), die örtlich verschieden zwischen 800 und 1200 n.Chr. zu liegen kommen soll, lassen sich praktisch nur die alleobersten Spektren heranziehen. Außer dem "Sekundären Pinus-Anstieg" erscheint vor allem der Carpinussturz eine gute Marke zu sein, die vermutlich aber einige Jahrhunderte später anzusetzen ist (AVERDIECK 1957). Die hohen Getreidewerte und die ersten Fagopyrum-Funde setzen nirgendwo vor ihr ein.

Die auf die Gesamtbaumpollen bezogenen BP-Rubriken zeigen zwar einen ausgeprägten Wechsel zwischen unterer Alnus- und Betula-Dominanz und oberer Dominanz oder wenigstens Gleichziehung der Summe der übrigen BP, aber die Ursachen können unterschiedlicher Natur sein. Sicher spielen bei den starken Kurvenschwankungen lokal begrenzte moorfazielle Faktoren eine große Rolle, insbesondere bei den Sprüngen der Betula- und Alnus-Kurven. Letztere sind in den Diagrammen offenbar synchron, wie angesichts der Kleinräumigkeit des Grabungsgebiets auch zu erwarten, kommen aber im Standardprofil nur sehr abgeschwächt zum Ausdruck. Ähnlich zu beurteilen ist die Myrica-Häufigkeit in fast allen obersten Spektren und, etwas weniger deutlich, im tieferen Teil der meisten Profile. Weitere Beispiele dieser Art lassen sich leicht aus den Diagrammen herauslesen.

Andere auffallende Vorkommen sind wohl faziell enger lokal begrenzt, wie die hohen Comarum-Werte in den unteren Abschnitten der Profile 2 und 1a und die gelegentlich hohen Werte von Pteridium an der Basis von Profil 1a sowie in den Sodenspektren der Grabhügel 2 und 1b. Die NBP dokumentieren in höherem Maße als die BP die jeweilige Pflanzengesellschaft, aus der die Ablagerung hervorgegangen ist.

Aus der Gesamtübersicht der Profile und Einzelproben gewinnt man den Eindruck, daß die Zeitspanne zwischen Hügelaufbau und Vermoorungsbeginn nicht sehr groß gewesen ist oder, besser gesagt, daß sich die Vegetationsverhältnisse einschließlich der menschlich bedingten in der näheren Umgebung nicht schlagartig verändert haben. Unterschiede zwischen Hügelproben und basalen Torfproben finden sich bei den maßgeblichen BP wie bei den Kulturanzeigern. Dennoch lassen sich beide Spektrengruppen zwanglos dem Ende der Zone IX oder dem Übergang IX/X zuordnen, insbesondere bei Berücksichtigung der verschiedenen Substrate. Zu jener Zeit herrschte hier weitgehend der Eichenwald, aber die Buche war im Begriff, sich durchzusetzen. Unter den Kulturanzeigern spielen Getreide eine geringe Rolle, vor allem wegen des noch fehlenden Roggens, die Unkräuter eine große. Da auch Pteridium stark vertreten ist, wäre aufgegebenes Ackerland ebenso in Erwägung zu ziehen wie Ausweitung der Siedlungsfläche durch Rodung (vgl. BEHRE 1981). Jedenfalls sind pollenanalytische Siedlungsanzeichen sowohl in den Hügelproben als auch in den aufwachsenden Moorschichten reichlich.

Innerhalb der Zonen lassen sich in den Diagrammen übereinstimmend Kulturanzeigerschwankungen feststellen. Hiernach ist in den Diagrammen die schon erwähnte schon erwähnte lokale Stratigraphie eingetragen. Die Charakteristika lauten, angefangen an der Basis, folgendermaßen:

Quercus-Zeit

    a   basales Maximum bei wenig Getreidepollen
    b   kurzes Minimum (nicht immer auszumachen)
    c   Maximum bei wenig Getreidepollen

Fagus-Anstieg

    d   kurzes Minimum

Fagus-Zeit

    e   Maximum mit Getreide, Secale-Erscheinen
    f   Minimum, sehr unterschiedlich in den Hügel-Profilen
    g   neuzeitliches Maximum inklusive Getreide (vor allem Secale) und Fagopyrum.

Für eine weitergehende Untergliederung dieser Schwankungen und eine genauere Konnektierung sind unsere kurzen Profile sicherlich nicht geeignet. Moorrandeffekte und die schon genannten Störmöglichkeiten reichen zur Erklärung der hier auftretenden Abweichungen völlig aus. Aus diesem Grunde sind Konnektiermöglichkeiten mit Ergebnissen aus weiterer Entfernung, sofern sie über die nordwestdeutsche Zonierung hinausführen sollen, stark eingeschränkt. In den Grundzügen aber stimmen unsere Diagramme mit denen von SCHUBERT (1933) aus dem Kehdinger Moor gut überein.

2. Groß Sterneberg

Von den im Moor liegenden Eichenstämmen ergab eine Reihe dendrochronologische Daten für den Wachstumsbeginn und das Absterben (vgl. Beitrag LEUSCHNER und DELORME in diesem Band). Die im gleichen Zuge entnommenen Torfprofile erhielten hierdurch eine vorzügliche Chance, zu sehr genau datierten Horizonten zu kommen. Da die Stämme allgemein gut erhalten waren und im Moor völlig flach lagen, kann nach den Überlegungen von HAYEN (1960) mit dem Umsturz schon längere Zeit abgestorbener Bäume (nach Verlust der Krone) gerechnet werden. Wie die dendrochronologischen Daten zeigen, sind die Bäume ziemlich gleichzeitig abgestorben. Als Grund dürfte die Vermoorung ziemlich sicher sein. Man kann annehmen, daß auch das Umstürzen der Bäume nach Abfaulen der Stammbasis anläßlich von Unwettern einigermaßen gleichzeitig erfolgte. Die allgemein gute Konservierung setzt eine genügend dicke Torfschicht voraus, in welche die Stämme stürzen konnten, ferner aber auch ein rasches Torfwachstum, da der nach obenzuliegen kommende Stammteil sonst verfault wäre.

Bei der Profilentnahme war eine Beschränkung auf wenige günstige Objekte nötig, wobei wir aber wegen der noch fehlenden Jahrringauswertung mit der Beurteilung weitgehend im dunkeln tappten. Da das Moor heute sehr flachgründig ist, schauten manche Stämme über die Mooroberfläche empor, während sie mit der Unterseite dem Sande unter dem Torf auflagen. Sofern eine Probennahme in solchen Fällen sinnvoll erschien, war nur ein Profil neben dem Stamm zu entnehmen, z.B. 19 (21). Häufig lag die Stammoberseite in der Grasnarbe, während sich unterhalb der Unterseite eine geringmächtige Torfschicht, meist als Bruchwaldtorf zu bezeichnen, befand. Hier waren nur Entnahmen neben und unter den Stämmen möglich, z.B. 11 (67). Sofern deutliche Stratifizierung des Torfes vorlag, konnte von der Liegendprobe abgesehen werden, z.B. Hammah 40. Über- und unterlagernde Torfe waren als Idealfall bei 8 (56) und 12 (68) zu nehmen. Bei Stamm 8 (56) wurde aus methodologischen Gründen außer dem Stammprofil auch ein Profil neben dem Stamm entnommen, beim Stamm 12 (68) ein Teilprofil. Bedauerlicherweise haben von den genannten Stämmen nur 11 (67), 12 (68), 19 (21) und Hammah 40 dendrochronologische Daten ergeben, und gerade Stamm 8 (56) mit dem bestuntersuchten Profil war nicht datierbar.

Die Profile

Groß Sterneberg 8 (56), 8A (56A)

Dieser Stamm lag besonders günstig in etwas tieferem Moor und hatte relativ viel Torf über und unter sich.

 0 - 12 cm   Hmt, stark verw. und rez. durchwurzelt, sandig, trocken
  - 43   Hmt, wechselnd, aber überwiegend schwach zers., H 2-3/4-5.

- 53   Hmt, schwach zers., H 2-3, blättrig
- 58   Übergangstorf, stärker zers., blättrig
- 80   Bruchwaldtorf, bröckelig, locker, reichlich Äaste und Zweige
- 85   Ried-/Bruchwaldtorf, Zweige und Rhizome, sandig.

Unmittelbar neben diesem durchlaufenden Profil liegt im A-Profil der Stamm zwischen 31 und 69 cm.

Das Diagramm (Abb.6,7)verdeutlicht die petrographischen Befunde: Über einer indifferenten Niedermoortorfbildung, in der das normale BP-Spektrum der Geest dominiert, bildet sich ein Erlenbruchwald, der bald über ein Birkenbruchwaldstadium vom Hochmoor abgelöst wurde.

Die ganze Moorentwicklung scheint rasch verlaufen zu sein zur Zeit der beginnenden Fagus-Dominanz oder kurz davor. Die Kulturanzeichen sind durchgehend gering. Im Bruchwaldtorf treten sie faziesbedingt noch geringer in Erscheinung. Es liegt daher kein realer Unterschied vor. Die plötzlichen Wandlungen in den obersten Proben sind auf die Moorkultivierung (Reste des abgetragenen Oberflächentorfes) oder auf mehr oder weniger rezente Infiltration zurückzuführen.

Bemerkenswert ist beim Vergleich, daß bei Profil 8 A (56 A) trotz der unmittelbaren Nachbarschaft der Übergangstorf mit dem herausfallenden Betula-Maximum eben über dem Baumstamm einsetzt, also in 35 cm Tiefe gegenüber 60 cm im Profil ohne Stamm. Da Zeitgleichheit der Bildung vorausgesetzt werden kann, ist mit einem Sackungseffekt zu rechnen, der im Baumstammprofil durch das Holz verhindert wurde.

Groß Sterneberg 11 (67)

Der durch einen Graben angeschnittene Stamm lag an der Oberfläche frei, da der Torf darüber abgegraben worden war. Unter dem Stamm befanden sich noch 11 cm Torf. Die Schichtfolge neben dem Stamm lautete:

- 0 - 30 cm Torf, stark verw., vermutlich aufgeworfen, Sand, Tiergänge
- - 43   Hmt, meist schwach zers. mit dunklen Lagen
- - 65   Hmt, stark zers., blättrig, fossil durchwurzelt
- - 74   Bruchwaldtorf, Wechsellagerung von Holzlagen und blättrigen Übergangstorfen
- - 84   Torf, stark zers., blättrig, basal in Sand übergehend.

Die Probenfolge im Diagramm (Abb.8) enthält zwei Proben von unmittelbar neben dem Stamm, wovon die obere (55 cm) aus stark zers. Hmt mit Ericaceae-Reisern und subrezenten Wurzeln besteht, die untere aus schwächer zersetztem Hmt, der an der unteren Stammhälfte anhaftete. Die Proben unter dem Stamm gehören dem basalen, stark zersetzten und nicht näher definierbaren Torf an, der Holz, Holzkohle und relativ viel Sand enthält. Die unterste Probe entstammt der Torfbasis.

Die Pollenspektren der verschiedenen Torfschichten differieren beträchtlich. Für die Schicht unter dem Stamm lassen auch die Pollen keine eindeutige Torfartendiagnose zu. Falls es sich um Bruchwaldtorf handeln sollte, was zunächst angenommen wird, bleibt die Frage nach der Ausgangsgesellschaft problematisch. Die Eiche, die stark dominiert, ist normalerweise kein Bruchwaldtorfbildner, und Erle und Birke treten sehr zurück. Insofern gibt der vordere Diagrammteil mit der Bezugssumme ohne Alnus und Betula sicher eine nicht gerechtfertigte Verzerrung gegenüber den anderen Proben.

Groß Sterneberg 12 (68)

Auch dieser Stamm war im Graben angeschnitten. Im 85 cm mächtigen Profil war der schwache Stamm zwischen 57 und 77 cm Tiefe eingeschlossen.

- o - 22 cm   Hmt, reichlich Erioph., stark verw. und gestört (Tonscherben). starke rez. Birkenwurzeln, sandig
-    - 46   Hmt, überwiegend schwach zers., H 2-4, schwach blättrig
-    - 57   Übergangs-/Birkenbruchwaldtorf, ziemlich stark zers., blättrig, reichlich Zweige
-    - 77   Stamm
-    - 85   Bruchwaldtorf, stark zers., holzreich, gepreßt, ziemlich trocken, feinsandig.

Neben dem Stamm wurden die beiden Proben 12 B (68 B) entnommen:

    7o cm   Übergangs-/Bruchwaldtorf unter Erioph.-Lage, reichlich Zweige

    74 cm   Übergangs-/Bruchwaldtorf mit großen Ästen.

Das Diagramm beginnt mit absoluter Quercus-Dominanz unmittelbar über dem Sand. Im weiteren Verlauf tritt neben Alnus lokal Salix in den Vordergrund. Den Übergang zum Hochmoor vermittelte ein Birkenbruchwald. Die Spektren von 12 B (68 B) wurden teufengerecht in das Diagramm 12 (68) eingesetzt. Nach den Erfahrungen der Profile 8 (56)/8A (56A) ist die stratigraphische Folge damit nicht gewährleistet. Für die Richtigkeit der Plazierung mag jedoch sprechen, daß die auffallend hohe Salix-Präsenz im Stammprofil fehlt.

Groß Sterneberg 19 (21)

Da der Stamm auf dem Varsanduntergrund aufliegt und bis in die Grasnarbe hinaufreicht, war nur ein Profil neben dem Stamm zu bergen.

- o - 15 cm   Hmt, stark verw., stark rez. durchwurzelt, Erioph., sandig, trocken
-    - 3o   Hmt, mäßig bis stark zers., H 5-8, unten reichlich Erioph.
-    - 35   Übergangs-/Bruchwaldtorf, blättrig
-    - 4o   Bruchwaldtorf, mäßig zers., viele Zweige
-    - 5o   Ried-/Bruchwaldtorf, ziemlich schwach zers., sandstreifig.

Im Diagramm dominiert Alnus im unteren Teil eindeutig, doch erreicht auch Quercus kurz über der Basis ungewöhnlich hohe Werte. Mit dem Hmt gewinnt Betula erheblich an Einfluß. Die oberen Spektren des flachgründigen Profils sind erheblich jung beeinflußt.

Hammah 4o

Während die Oberseite des Stammes in die Grasnarbe reichte, lag seine Unterseite auf 25 cm mächtigem Torf. Das Profil wurde neben dem Stamm genommen.

- o - 15 cm Wurzelfilz oder verw. Torf mit Wurmspuren, trocken
-    - 25 Übergangs-/Birkenbruchwaldtorf, stark zers., holzreich, etw. sandig
-    - 45 Bruchwaldtorf, stark zers., mit Zweigen, Holz und Rinden
-    - 55 Übergangs-/Bruchwaldtorf, stark zers., Holzstücke, nach unten stark sandig werdend.

Das Diagramm weist im unteren Teil eine anhaltende Quercus-Dominanz auf. Etwa in Höhe der Stammunterseite kommt es zum Aufschwung von Fagus bei gleichzeitigem Übergang des Moores in ein Birkenbruchstadium. Die Hochmoorspektren scheinen diskordant darüber zu lagern und dürften alle Voraussetzungen für massive Verunreinigung bieten.

Ergebnisse

Die Stammprofile von Groß Sterneberg und Hammah zeigen übereinstimmend in den tiefsten Spektren ungewöhnlich hohe Quercus-Pollenwerte, die sich mit dem sterbenden Eichenwald am Orte erklären. Der Eichenwald wurde nicht von einem Hochmoor, sondern von Niedermoor, überwiegend Bruchwaldmoor, also infolge Mineralbodenwasserzunahme zum Erliegen gebracht. Das weitere Moorwachstum ging relativ rasch voran. Daher blieb die Stammerhaltung gewahrt. Die Torfarten zeigen demgemäß einen nassen Ursprung an. Die BP zeigen zwar dynamische Wechsel, doch hängt das hauptsächlich mit der Moorfazies zusammen. Bei den niedrigen Kulturanzeigerwerten gibt es kaum Wandlungen, die sich nicht mit der Moorentwicklung oder mit Störeinflüssen in Verbindung bringen lassen. Nach oben hin nimmt das Moor oligotrophe Züge an. Es geht über einen Birkenbruchwald in das Hochmoor über. Die ganze Entwicklung spielt sich kurz vor oder zu Beginn der Buchenherrschaft ab. Da die Eichen zwischen 4oo und 5oo n.Chr. abgestorben sind, kann sich der Beginn der Fagus-Gipfelstellung durchaus mit der in nahe gelegenen Mooren gefundenen parallelisieren lassen.

Im ca. 35 km westlich gelegenen Ahlenmoor liegen die Fagus-Gipfel nach BEHRE (1976) zwischen 5oo und 1ooo n.Chr. In den östlich von Hammah etwa gleich weit entfernten südholsteinisch-hamburgischen Mooren beginnt die Fagus-Dominanz ebenfalls gegen 5oo n.Chr. (AVERDIECK und MÜNNICH 1957). Die Einheitlichkeit des Fagus-Verhaltens in dem Niederelbe-Niederwesergebiet betonte schon SCHUBERT (1933).

Profil bei Grabhügel 1b, "Moorausbruch"

Die Grabhügelgruppe liegt in dem Moorteil bei Hammah, der durch WEBERS Moorausbruch in der Moorkunde Berühmtheit erlangt hat. Der Genius loci sorgte dafür, daß auch unseren Ausgräbern an einigen Stichwänden neben und an den Grabhügeln schwach zersetzte Torflinsen oder -schollen im zersetzten Torf auffielen. Wegen der Ähnlichkeit mit der Darstellung von WEBER (1924) vermuteten sie Zeugnisse des Moorausbruchs. Die nach den Grabungszeichnungen günstigsten Schnitte wurden von uns im November 1984 nochmals aufgegraben und begutachtet.

Profilstelle I

o - 2o cm		Sand und "Schwarztorf", Pflugboden
- 4o		"Schwarztorf", Hmt, stark zers., H 5-6, Erioph., schwach sandig, ziemlich trocken
- 47		"Weißtorfscholle", Hmt, schwach zers., H 2-3, sehr blättrig, etwas schräg, aber im ganzen horizontal gelagert
- 6o		"Schwarztorf", Hmt und Bruchwaldtorf, stark zers., H 8-9, nicht deutlich zu trennen, nicht durchteuft.

Profil II, 11o cm südlich Profil I

o - 18 cm		Sand, humos, Pflugboden
- 25		"Schwarztorf", Hmt, stark verw., rez. durchwurzelt, sandig, trocken, bröckelig
- 33		"Weißtorfscholle", Hmt, Cuspidata-Torf, schwach zers., H 2-3, sehr blättrig
- 5o		"Schwarztorf", Hmt, stark zers., H 8-9, fest
- 65		Bruchwaldtorf, stark zers., nicht durchteuft.

Wir begnügten uns zunächst mit der Analyse je einer Probe der typischen Schichten über-, inner- und unterhalb der "Weißtorfschollen". Letztere lagen bemerkenswert oberflächennah und erinnerten in Ausdehnung und innerer Struktur an Schlenkenfüllungen.

Das Analyseergebnis gibt das Diagramm Abb. 12 wieder. Es zeigt sich, daß zwischen oberem Schwarztorf und dem Weißtorf kein großer Altersunterschied besteht. Beide Schichten gehören in die jüngsten Zeitabschnitte, die im Moor angetroffen wurden. Nach den starken Kulturanzeichen (u.a. Fagopyrum) und den starken Pinus-Werten kommt nur ein fortgeschritten-neuzeitliches Alter in Frage.

Im Profil I befindet sich zu dem unterlagernden Schwarztorf, bei dem es sich übrigens eher um einen Übergangs-/Birkenbruchwaldtorf handelt als um eigentlichen Schwarztorf (stark zers. Hmt), sicher ein beträchtlicher Hiatus. Im Profil II ist ein Hiatus zwischen Weißtorf und liegendem Schwarztorf zwar möglich, doch dann gering. In beiden Schichten treten Kulturanzeichen und lokale Moorvegetation (Myrica, Erica) hervor.

Da in beiden Fällen mit den "Weißtorfschollen" ein typischer Vernässungstorf vorliegt (desgleichen bei einer geringmächtigen, auffallend schwach zersetzten Torfschicht in 26 cm Tiefe des Profils Grabhügel 1b), ist die Wahrscheinlichkeit, daß es sich um zugewachsene Wasserkuhlen handelt, seien es natürliche (vielleicht bei Profil II) oder künstliche (ziemlich sicher bei Profil I), größer als um Zeugnisse eines Moorausbruchs. Da auch sämtliche Untersuchungen an den Grabhügeln oder am Standardprofil keine Hinweise auf solche Erscheinung gaben, muß man annehmen, daß an unseren Grabungsstellen die Moorgeschichte anders verlaufen ist.

Interessanterweise führte SCHUBERT (1933: 123) anläßlich seiner Neuuntersuchung des Moorausbruchs von dritter Seite geäußerte Erwägungen an, daß es sich bei den Erscheinungen um ehemalige Torfstiche handeln könne.

SCHUBERT konnte diese Vermutungen jedoch nicht bestätigen und kam zu dem Resultat, daß sich die Torfschichten "in einzelnen Lagen, ohne ihre Reihenfolge untereinander wesentlich zu ändern", über das Grab geschoben hätten. Im ganzen scheinen die Begründungen SCHUBERTs für die Existenz eines Moorausbruchs nicht sehr überzeugend, und angesichts der Flachgründigkeit lägen wohl andere Erklärungsmöglichkeiten näher. Der stratigraphische Wert des "Grenzhorizonts" beziehungsweise der Torfzersetzung wurde damals zu hoch veranschlagt. SCHNEEKLOTH (1968) bewies die Ungleichzeitigkeit dieses Zersetzungskontaktes (SWK) in den verschiedenen Teilen des Kehdinger Moores. Offenbar machte sich in diesem Moorrandgebiet der Mineralbodenwasser-Einfluß bis weit in die Nachwärmezeit, die eigentliche Zeit des "Jüngeren Hochmoortorfes", hinein bemerkbar und täuschte "alten" Schwarztorf vor. Bei den Profilen SCHUBERTs lagen die Weißtorfschollen wie bei unseren stratigraphiegerecht oben. Anders aber in den Befunden von WEBER war ein Teil der Weißtorfschollen inmitten und bisweilen in den unteren Regionen des schwarzen Torfes, den er als "umgelagerten Älteren Bleichmoostorf" (WEBER 1924: 41) bezeichnete. Die umfangreichen und sorgfältigen moorbotanischen Aufnahmen WEBERs, der ein ausgezeichneter Beobachter war, lassen kaum einen anderen Schluß zu als den von ihm gezogenen, zumal er ihn durch Beobachtungen an anderen Orten stützen konnte.

Die wenigen Pollenanalysen, die WEBER in diesem Zusammenhang anführte, werfen aber Fragen auf. So erscheint die Sphagnum-cuspidatum-Torfscholle wie bei uns sehr jung, der Torf der Sphagnum-medium-Scholle hingegen keineswegs jünger als die der zuunterst lagernden Nieder- oder Übergangsmoortorfe. Leider kann man bei dieser Beurteilung im wesentlichen nur von den Fagus- und Carpinus-Pollenfunden ausgehen, da die Kräuterpollen damals kaum registriert wurden, damit auch nicht die Kulturanzeiger. Fagus-Pollen fand WEBER in dem die Weißtorfschollen einbettenden Schwarztorf nicht, merkwürdigerweise hingegen Carpinus. Bei allem Respekt vor dem Altmeister der Moorkunde sind bei diesem Befund Zweifel anzumelden.

In den Anfangszeiten der Pollenanalyse verfügte man kaum über Vergleichsmöglichkeiten, und es fehlten noch ausgefeilte Anreicherungsmethoden. Leicht denkbare Zufälligkeiten mußten daher eher zur Bestätigung der aus anderen Beobachtungen entwickelten Vorstellungen führen. Als Beispiel dieser Art ist das unter Sand liegende Torflager an der Sternwarte in Bergedorf anzuführen, das WEBER (1912), wohl unter dem Einfluß der geologischen Profilbeschreibung, für ein typisches Interglazial erklärte, obschon in seiner Bearbeitung Faguspollen nicht fehlten. Die Neuuntersuchung mit besseren Methoden erbrachte bis zu 13% Fagus und reichliche Kulturanzeiger, damit aber eindeutig holozäne Herkunft (AVERDIECK 1958). Es wäre demnach möglich, daß es sich bei den Sphagnum-medium-Schollen nicht um jüngeres, sondern um unter anderen Bedingungen gewachsenes Substrat handelte.

Da aber einerseits WEBER das Moor noch in einem besseren Zustand angetroffen hatte und andererseits die vom Moorausbruch betroffene Fläche nur 1,25 ha betroffen haben sollte, können die bisherigen kleinräumigen Neuuntersuchungen letztlich weder Gegenbeweis noch Stütze erbringen.

Grabung Schwinge 13

Aus den fossilen Wegespuren, sehr wahrscheinlich mittelalterlichen Fahrrinnen, gelangten die 3 Proben 48A, 49A und 5oA zur pollenanalytischen Untersuchung (vgl. Abb. 13).

Es handelte sich um braun-grauen, teils rostfarbenen Fein- bis Mittelsand
mit etwas beigemengtem Feinkies. Die Proben waren trocken, zerbröckelt
oder ganz zerfallen, so daß eine weitere Reinigung nur bei 48A und 5oA
durch Abspülen möglich war. Sämtliche Proben enthielten rezente Wurzeln.
Da unsererseits weitere Beobachtungen nicht mehr möglich waren, könne wir
nur aufgrund der geringen Tiefenlage vermuten, daß das Material im Bereich
weiterer Bioaktivität gelegen hat und damit jüngere Verunreinigungen wahrscheinlich sind. Die Pollenerhaltung schwankte zwischen mäßig und unbrauchbar, war also vorwiegend schlecht (die undefinierbar korrodierte Pollenmenge betrug zwischen 14 und 27%). Die Auswertung der Pollenspektren (Abb.
13) geschieht wegen der genannten Beeinträchtigungen mit Vorbehalt.

Die drei Spektren sind einander sehr ähnlich, so daß sich keine zeitliche Differenz herauslesen läßt. Der hohe NBP-Anteil spricht nicht gerade für bewaldete Umgebung. Da hier kein Moor vorliegt, kann man aus den
hohen Calluna-Werten auf Heideland schließen. Hier könnten auch die stark
dokumentierten Birken zu suchen sein. Andererseits dürfte die feuchte Niederung oder das Moor nicht weit abgelegen haben, wie sich aus den dominierenden Alnus-Pollen ergibt. Von den restlichen BP ist das Quercus:Fagus-
Verhältnis interessant. Da nach einigen NBP nur ein junges Alter in Frage
kommt, könnten wir uns in der Zeit nach der Fagus-Kulmination befinden.
Allerdings kann hier auch ein ganz lokaler Faktor, das Heideland, für dieses Verhältnis verantwortlich sein. Ackerland ist durch Getreide (mit Roggen) gut belegt. Wichtig sind die regelmäßigen Fagopyrum-Funde, die kaum
älter als das 14. Jahrhundert sein können. Ein weiterer Anhaltspunkt kann
aus den noch niedrigen Pinus-Frequenzen gewonnen werden. Offenbar fallen
die Spektren in die Zeit vor die Anlage von Nadelholzforsten, die ab Ende
des 18. Jahrhunderts in Betracht zu ziehen sind. Damit ist ein Rahmen für
die Datierung abgesteckt, der nach frühgeschichtlichen Maßstäben zwar sehr
weit ist, mit Mitteln der Pollenanalyse aber nicht weiter einzuengen ist.
Die zahlreichen NBP enthalten keine Art, die über die gemachten Folgerungen hinausführen könnte. Bei alledem sei nochmals darauf aufmerksam gemacht, daß wir es bei Wegespuren sicher mit nur teilweise autochthonem
Material zu tun haben. Räder, die ein Moor durchquerten, schleppten auch
ältere Pollen mit. Regen, Würmer und Trockenrisse sorgten für Infiltration jüngerer Pollen. Vielleicht aber kann die Gleichartigkeit der Pollenspektren der drei Fahrrinnen als Hinweis für geringe Verfälschung gewertet werden.

Anmerkung

1) Für die sorgfältigen Pollenanalysen ist Frau M. Neve, für die EDV-Verarbeitung der Ergebnisse Herrn Dipl.-Phys. R. Willkomm, beide Universität
   Kiel, sehr zu danken. Für die Ermöglichung der Untersuchungen und Hilfe
   im Gelände gebührt Herrn Prof.Dr. H. Ziegert und seinen Grabungsleitern
   Dank.

2) Die archäologischen Untersuchungen bei Schwinge werden zu einem späteren
   Zeitpunkt veröffentlicht.

Literatur

AVERDIECK, F.-R.: Zur Geschichte der Moore und Wälder Holsteins. Ein Beitrag zur Frage der Rekurrenzflächen.- Nova Acta Leopoldina N.F. 13o: 152 S.
1957

AVERDIECK, F.-R.: Pollenanalytische Untersuchungen zur Vegetationsgeschichte im Osten Hamburgs.- Mitt. Geograph. Ges. Hamburg 53: 161-176
1958

AVERDIECK, F.-R. u. MÜNNICH, K.O.: Palynologische Betrachtungen zur Siedlungsgeschichte im Norden Hamburgs unter Zuhilfenahme neuerer Datierungsmethoden.- Hammaburg 11: 9-22
1957

BEHRE, K.-E.: Pollenanalytische Untersuchungen zur Vegetations- und Siedlungsgeschichte bei Flögeln und im Ahlenmoor (Elb-Weser-Winkel). - Probleme der Küstenforschung im südl. Nordseegebiet 11: 1o1-118
1976

BEHRE, K.-E.: The interpretation of anthropogenic indicators in pollen diagrams. Pollen et Spores 23: 225-245
1981

ERDTMAN, G.: An introduction to pollen analysis.- N.ser.Plant Sc. Books 12: 239 S.
1954

FAEGRI, K. u. IVERSEN, J.: Text-book of modern pollen analysis. Copenhagen 168 S.
1950

HAYEN, H.: Erhaltungsformen der in den Mooren gefundenen Baumreste. Oldenburger Jb. 59, Teil 2: 21-49
1960

OVERBECK, F.: Botanisch-geologische Moorkunde unter besonderer Berücksichtigung der Moore Nordwestdeutschlands als Quellen zur Vegetations-, Klima- und Siedlungsgeschichte. Neumünster: 719 S.
1975

OVERBECK, F. u. SCHNEIDER, S.: Mooruntersuchungen bei Lüneburg und bei Bremen und die Reliktnatur von Betula nana L. in Nordwestdeutschland (Zur Geschichte der Moore, Marschen und Wälder Nordwestdeutschlands IV). Zeitschr. f. Botanik 33: 1-54
1938

OVERBECK, F., K.O. MÜNNICH, L. ALETSEE u. F.R. AVERDIECK: Das Alter des "Grenzhorizonts" norddeutscher Hochmoore nach Radiocarbon-Datierungen. Flora 145: 37-71
1957

SCHMITZ, H.: Pollenanalytische Untersuchungen in Hohen Viecheln am Schweriner See. In: SCHULDT, E., Hohen Viecheln, ein mittelsteinzeitlicher Wohnplatz in Mecklenburg. Deutsche Akad.d.Wiss. Berlin, Schr. Sekt. Vor- und Frühgeschichte 1o: 14-38
1961

SCHUCHT, F.: Das Kehdinger Moor. Jb.Kgl.preuß.geol. Landesanstalt 23: 629-638
19o5

SCHUCHT, F.: Erläuterungen zur geologischen Karte von Preußen und benachbarten Bundesstaaten. Blatt Hamelwörden: 38 S.
19o6

SCHUBERT, E.:   Zur Geschichte der Moore, Marschen und Wälder Nordwest-
1933   deutschlands II. Das Gebiet an der Oste und Niederelbe.
                Mitt. Provinzialstelle f. Naturdenkmalpflege Hannover 4:
                148 S.

SCHNEEKLOTH, H.: Altersunterschiede des Schwarz-/Weißtorfkontaktes im
1968   Kehdinger Moor. Geol. Jb. 85: 135-146

WEBER, C.A.:   Über die Moore, mit besonderer Berücksichtigung der zwi-
1900   schen Unterweser und Unterelbe liegenden. Jahresber.d.
                Männer vom Morgenstern 3.

WEBER, C.A.:   In: KOERT, W., Erläuterungen zur Geologischen Karte von
1912   Preußen 176, Blatt Bergedorf: 19-22

WEBER, C.A.:   Das Moor des Steinkammergrabes von Hammah. Prähist. Zeit-
1924   schr. 15: 40-52

WEBER, C.A.:   Grenzhorizont und älterer Sphagnum-Torf. Abh. Naturwiss.
1930   Verein Bremen 28, H.1: 57-65

WILLKOMM, R. u. AVERDIECK, F.-R.: Computerprogramm zur Bearbeitung poly-
1986   nologischer Daten am Beispiel von Profil Alt-Fresenburg.
                Berliner Geographische Studien (im Druck)

Anschrift des Verfassers

Dr. Fritz-Rudolf Averdieck
Institut für Ur- und Frühgeschichte
der Universität Kiel
Olshausenstraße 40
D-2300 Kiel

Tabelle 1

In den Summenkurven zusammengefaßte oder vereinzelt vorkommende nicht aufgeführte Pollenfunde.

1. Bäume, Sträucher und Zwergsträucher (nicht in Summenkurven enthalten)

Abies (vereinzelt in fast allen Profilen)
Andromeda
Cornus mas (Hammah St: 7o cm)
Crataegus
Genista-Typ
Juniperus (Ha 1: 13 cm; Ha 1b: 2o cm, 32 cm; Gr St 8: 1o cm, 4o cm, 45 cm, 55 cm, 75 cm; Ha 4o: o cm; Ha bei 1b: 36 cm)
Lonicera periclymenum (Schwinge: Pr.48)
Prunus
Rhamnus cathartica
Rubus
Sambucus
Sarothamnus-Typ
Taxus (Gr St 8: 82 cm; Gr St 12: 7o cm; Ha 4o: o cm; Ha bei 1b: 42 cm)
Vaccinium
Viscum (Gr St 8: 65 cm)

2. Sonstige mögliche Kulturanzeiger (inkl. Kulturpflanzen)

Alchemilla
Centaurea jacea
Cerastium-Typ
Chelidonium
Chenopodiaceae
Cruciferae
Echium
Galeopsis-Typ
Humulus/Cannabis
Lamium-Typ
Lathyrus
Linum usitatissimum (Ha 1: 53 cm)
Malvaceae
Melampyrum
Melandryum
Melilotus
Papaver rhoeas
Papilionaceae indet.
Plantago major
Plantago maritima
Polygonum aviculare
Polygonum convolvulus
Ranunculus acris-Typ
Ranunculus repens
Scleranthus
Spergula
Spergularia
Stachys-Typ
Stellaria
Trifolium arvense
Trifolium campestre
Trifolium indet.
Trifolium pratense
Trifolium repens
Urtica
Vicia cracca
Vicia sativa (Ha St: 5 cm; Ha 1a: 6o cm)
Viola tricolor

3. Sonstige mögliche Landpflanzen (z.T. auch als Kulturbegleiter, z.T. auch als von Naßstandorten stammend anzusehen)

Anemone-Typ
Campanulaceae
Compositae Tubuliflorae
Epilobium
Equisetum
Oxalis
Pedicularis
Polypodiaceae indet.
Ranunculaceae indet.
Rhinanthus-Typ

Euphorbia	Rosaceae indet.
Ficaria	Rubiaceae
Geranium	Sanguisorba minor (Ha 1a: 3o)
Hypericum	Sanguisorba officinalis
Knautia	Scrophularia nodosa
Liliaceae	Silene-Typ
Lycopodium clavatum	Stellaria holostea
Lysimachia vulgaris-Typ	Thalictrum
Mentha-Typ	Umbelliferae div. Typen
Mercurialis annua	Veronica-Typ
Osmunda (Ha 1a: 25 cm)	

4. Sonstige Sumpf- und Wasserpflanzen

Alisma	Potamogeton/Triglochin
Calla	Ranunculus cf. flammula
Callitriche	Ranunculus lingua
Caltha	Ranunculus cf. sceleratus
Chrysosplenium	Rumex hydrolapathum
Drosera	Sagittaria
Filipendula	Scheuchzeria
Lotus oliginosus	Solanum dulcamara
Lysimachia thyrsiflora	Sparganium/Typha angustifolia
Lythrum	Symphytum
Menyanthes	Thelypteris
Nymphaea (Ha 1a: 55 cm, 66 cm)	Typha latifolia
Ophioglossum	Utricularia (Ha 1a: 55 cm)
Polygonum hydropiper-Typ	Viola cf. palustris

5. In der Cyperaceae-Kurve sind geringe Vorkommen enthalten von:

Cladium (Gr St 8: 82 cm)   Rhynchospora

6. Innerhalb der Getreide-Kurve ist Secale nicht gesondert aufgeführt.

Secale beginnt regelmäßig zu werden in den Profilen

Hammah Standard	ab 25 cm, Einzelfunde bei 8o, 6o und 4o cm
Hammah 1	38 cm
Hammah 2	– Einzelfunde bei 33 und 2o cm
Hammah 1a	ab 12 cm
Hammah 1b	55 cm
Gr. Sterneberg 56	ab 25 cm
Gr. Sterneberg 56A	ab 3o cm
Gr. Sterneberg 11	keine sicheren Funde
Gr. Sterneberg 12	ab 35 cm
Gr. Sterneberg 19	2o cm
Hammah 4o	1o cm, Einzelfunde bei 25 und 3o cm
Hammah bei 1b	Secale fehlt nur in Profil I, 51 cm
Schwinge	Secale in sämtlichen Proben

Abbildungen 1 - 13:

Pollendiagramme und Einzelspektren. Die unterschiedliche Berechnungsweise innerhalb eines jeden Diagramms ist zu beachten.
Nähere Erläuterungen s. Text.

Diagr. 1 - 5:   Grabhügel Hammah
                  St = Standarddiagramm Hammah

Diagr. 6 - 11:   Mooreichen Groß Sterneberg und Hammah

Diagr. 12:   "Moorausbruch" bei Hammah

Diagr. 13:   Wegespur bei Schwinge

Legende der Diagramme:

Sphagnum-Torf, stark verwittert

"   "   , schwach zersetzt (H 2 - 3)

"   "   , mäßig zersetzt (H 3 - 6)

"   "   , stark zersetzt (H 7 - 9)

Eriophorum-Torf

Übergangsmoortorf s.l.

Bruchwaldtorf

Riedtorf

Moorerde, Humus

Sand

Baumstamm

weiß = 1o x überhöht

+   Fund außerhalb der Zählung

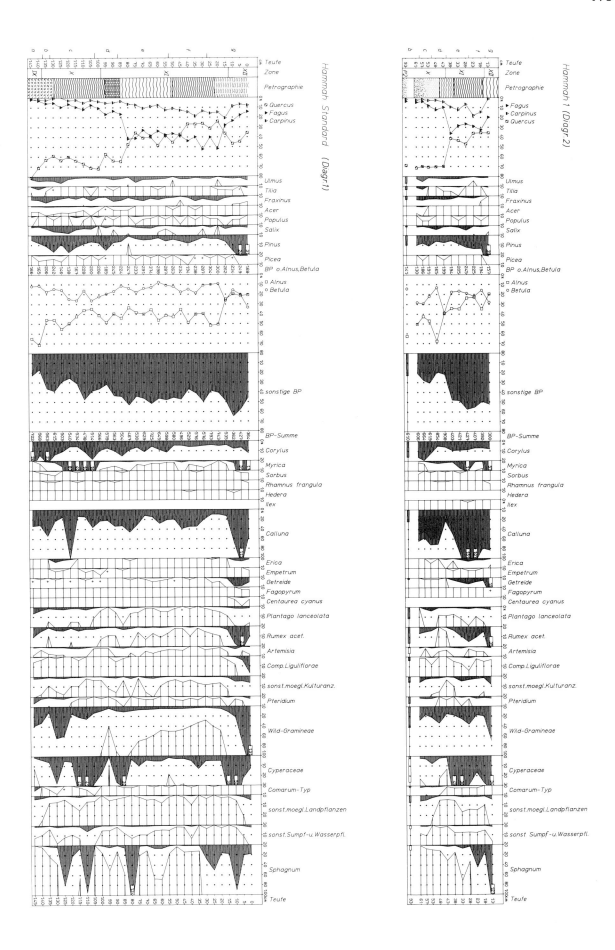

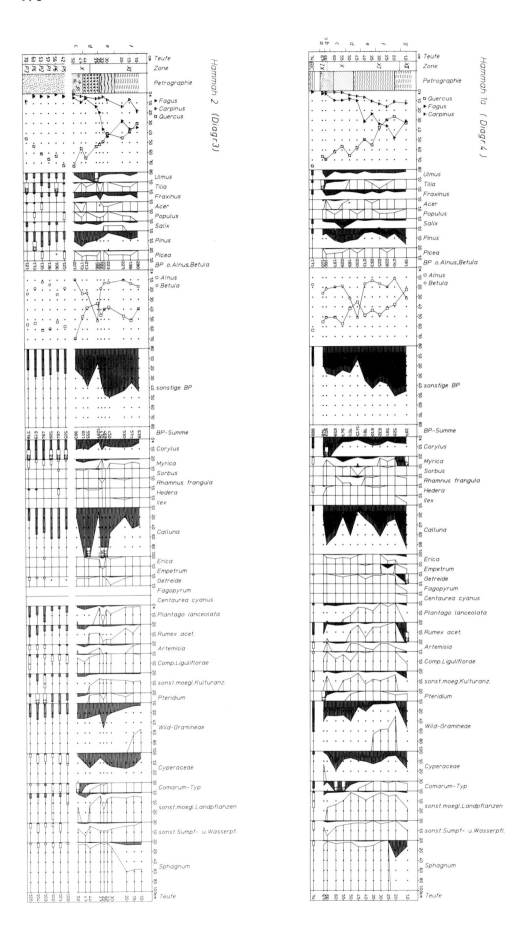

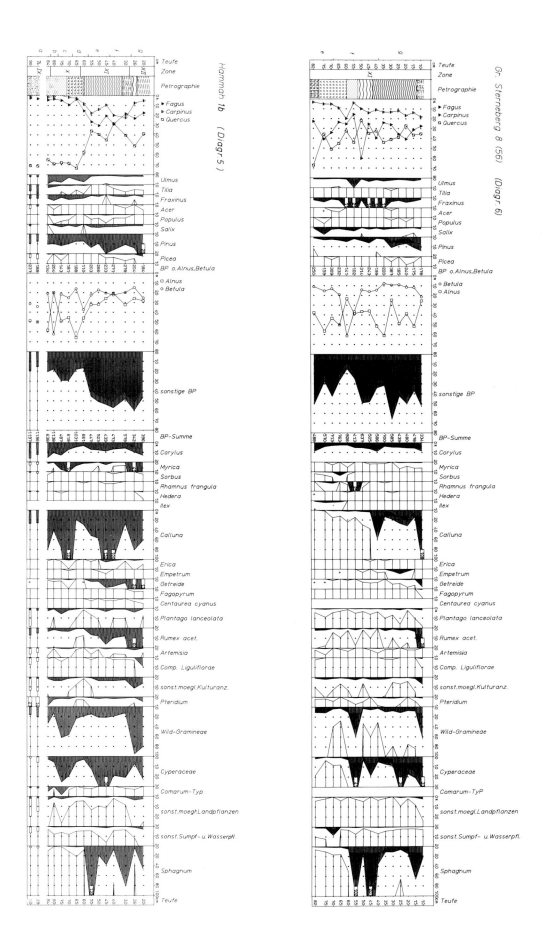

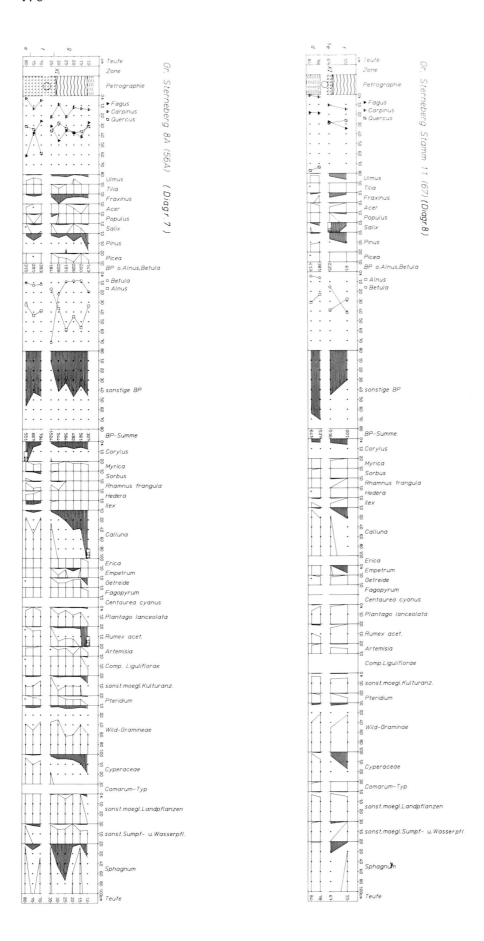

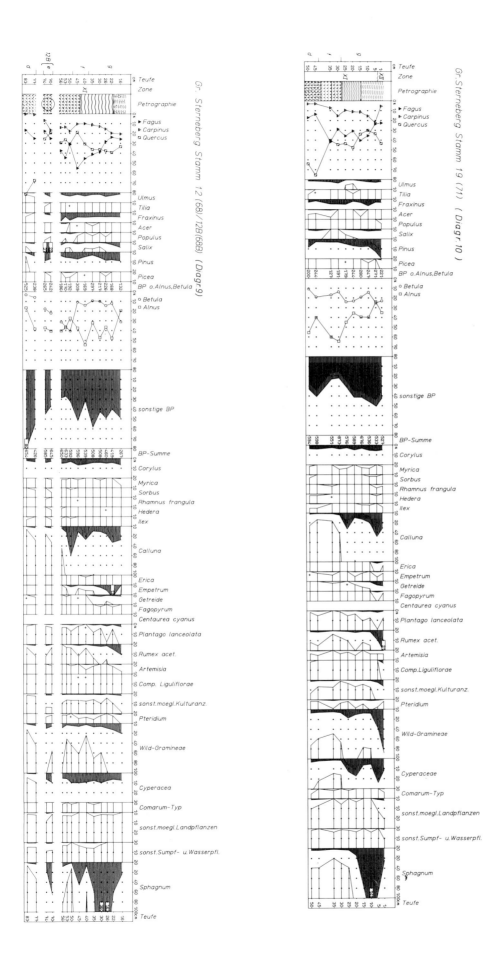

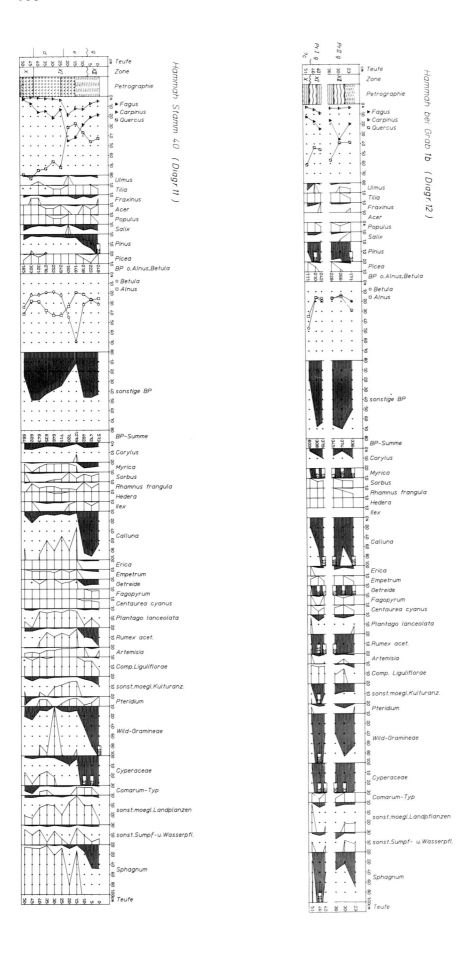

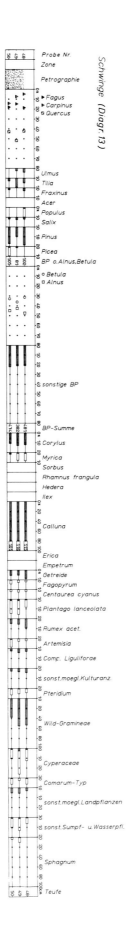

DENDROCHRONOLOGISCHE BEFUNDE ZU TORFEICHEN AUS DEM KEHDINGER MOOR BEI HAMMAH, LANDKREIS STADE

Hanns-Hubert Leuschner und Axel Delorme

1 Fundumstände

Nachdem im Stader Tageblatt ein Bericht über unsere Untersuchungen an 4ooo Jahre alten subfossilen Eichenstämmen aus Kleischichten der Elbmarsch erschienen war, erhielten wir einen Hinweis auf ein Vorkommen subfossiler Eichen im Südostteil des Kehdinger Moores zwischen Hammah und Groß-Sterneberg.

Fundstelle 3o, Bl. 2322 (Stade-Nord) der TK 25.
Koordinaten vom Mittelpunkt des Fundgebietes: R 35 25 9oo / H 59 44 2oo.

Die Eichen lagen in einer Weide, dem dortigen Hügelgräberfeld benachbart. Nur wenige Stämme waren an der Oberfläche oder an einem Grabenanschnitt sichtbar. Weitere Eichen wurden durch Studenten von Professor Ziegert, Hamburg, mit der Sonde geortet. Von insgesamt 4o Eichen wurden mit der Motorsäge Stammscheiben für die dendrochronologische Auswertung geschnitten (s. Abb.1).

Ein Teil der aufgenommenen Stämme lag auf Erlenbruchwaldtorf an der Basis von Hochmoortorf. Andere Eichen lagen direkt auf dem Mineralboden, wo dieser in Kuppen anstand. Zur Fundsituation s.a. Abb.2. An drei Eichenfundpunkten wurden von AVERDIECK Torfprofile aufgenommen und Pollenproben gewonnen.

Die Eichenstämme waren - wie bei Torfeichen die Regel - von ihren Stubben getrennt. Die vergleichsweise starken Stämme waren durchweg rund erhalten, also nicht oberseitig abgefault. Ihr eher grobringiges Holz war von heller Farbe.

Für die klimageschichtliche Interpretation der Befunde zu Hammah werden im folgenden auch Daten von Torfeichen zweier anderer Fundstellen herangezogen:

Fundstelle 31 im Lengener Moor bei Halsbek, Bl. 2613 (Neuenburg) der TK 25, R 34 28 9oo / H 59 11 1oo.

Fundstelle 32 im Südgeorgsfehner Moor.
Hier wurden im Zuge des Neubaues der Autobahn A 28 Torfeichen freigelegt, deren Fundkoordinaten nicht mehr genau bestimmbar sind (Abb.2).

2 Ergebnisse

28 der 4o ausgewerteten Eichen konnten mit Hilfe der Norddeutschen Torfeichenchronologie (LEUSCHNER und DELORME 1984) absolut datiert werden. Die Lebensspannen der Eichen, die zwischen 8o und 27o Jahre alt wurden, sind in Abb.3a dargestellt. (Durchbrochene Abschnitte am Anfang oder Ende dieser Spannen markieren zeitliche Unsicherheitsbereiche, die durch fehlendes Mark bzw. fehlende Kern-Splint-Grenze der Hölzer bedingt sind.). Die Keim- und Absterbedaten sind in Abb.3b in Form eines Histogramms zusammengestellt.

Danach sind die bei Hammah konservierten Eichen mit wenigen Ausnahmen zwischen 175 und 350 n.Chr. gekeimt und zwischen 350 und 550 n.Chr. abgestorben.

Abb.4 macht deutlich, welche Entwicklung der Wald bei Hammah durchlaufen hat. Bis 175 n.Chr. lag ein Erlenbruchwald vor, von Sandkuppen unterbrochen, auf denen wahrscheinlich Eichen standen. Von 175 bis 350 n.Chr. erlebte der Bruchwald eine trockene Phase, auf dem Bruchwaldtorf wuchsen Eichen auf. Um 350 n.Chr. setzte Hochmoorbildung ein, die zunächst die Bäume des Bruchwaldes zum Absterben brachte. Mit Höherwachsen des Hochmoortorfes wurden nach und nach die auf den Sandkuppen stockenden Eichen erfaßt. Vom Beginn der Hochmoorbildung bis zum Absterben der letzten Eiche vergingen 325 Jahre. Dieser Befund dürfte auch im Zusammenhang mit der schon von C.A. WEBER diskutierten Frage, wann und wie die nahegelegenen Steinkammern von Torf überlagert wurden, von Interesse sein.

3   Diskussion

Die Datenverteilung von Torfeichenkomplexen zeigt nicht selten über Jahrhunderte ein Nebeneinander von Keim- und Absterbeereignissen. Dort spiegelt sich die Geschichte bruchwaldartiger Waldbestände wider, in denen fortlaufend Bäume abstarben, allmählich an der Basis durchfaulten, vom Sturm gebrochen und schließlich im Torf konserviert wurden, während daneben gleichzeitig neue Bäume aufwachsen konnten.

Der hier untersuchte Wald von Hammah hat - ebenso wie die beiden in Abb. 3 zum Vergleich dargestellten Fundkomplexe Halsbek und Südgeorgsfehn - eine andere Entwicklung genommen. Abb.3 b macht deutlich, daß sich für alle drei Bestände zeitlich getrennte Keim- und Absterbephasen unterscheiden lassen. In Hammah hat der Übergang von der Keim- zur Absterbephase um 350 n.Chr. stattgefunden, wenngleich einzelne Eichen auch noch später aufwuchsen. Es liegt nahe, einen Umschlag der Feuchteverhältnisse für eine solche deutliche Verschlechterung der Wuchsbedingungen verantwortlich zu machen. Leider liegt uns z.Zt. noch keine Analyse von Torfprofilen aus Hammah vor, die eine solche Hypothese untermauern könnte. In anderen Fällen konnte aber das Absterben von Eichenbeständen als Folge einer Vernässung im Torfprofil bestätigt werden (DELORME, LEUSCHNER, TÜXEN und HÖFLE 1983, LEUSCHNER, DELORME, TÜXEN und HÖFLE 1985). Das deutliche Umschlagen von einer Keim- zu einer Absterbephase kann also in ähnlichem Sinn wie ein Schwarztorf-Weißtorf-Kontakt gedeutet werden. Für beide Befunde gilt, daß sie ebenso die Folge von säkularen Klimaschwankungen wie eines Wandels der lokalen Feuchteverhältnisse sein und beide Ursachen sich überlagern können. Klimaschwankungen führen in bestimmten Zeitabschnitten ebenso zur Häufung von Rekurrenzflächen wie von Eichenabsterbehorizonten. Letztere bieten den methodischen Vorteil, daß sie sich mit Hilfe der Dendrochronologie mit größtmöglicher Genauigkeit datieren und untereinander konnektieren lassen. Unter Berücksichtigung der verschiedenen lokal wirksamen Einflußfaktoren (orographische Situation, Vorflutverhältnisse usw.) ist es erklärlich, daß Rekurrenzflächen wie Eichenabsterbehorizonte auch dann eine unterschiedliche Altersstellung aufweisen können, wenn sie auf dieselbe Klimaschwankung zurückzuführen sind.

Mit Klimaschwankungen zusammenhängende Torfeichenabsterbehorizonte konnten bislang für die Abschnitte von 300 bis 100 v.Chr. ("Sieden", DELORME et al. 1983) nachgewiesen und von 1750 bis 1525 v.Chr. ("Goldenstedt", LEUSCHNER et al. 1985) als wahrscheinlich angenommen werden. Von WILLERDING

(1977) sind zahlreiche Literaturhinweise zusammengetragen worden, die den feuchtkühlen Klimacharakter dieser Zeiträume belegen.

Auch die Eichen von Hammah sind während einer Klimaverschlechterung abgestorben. WILLERDING (1977) zitiert eine Reihe von Autoren, deren Befunde er dahingehend zusammenfaßt, daß sich gegen Ende des 2. oder zu Beginn des 3. Jahrhunderts n.Chr. eine Wende zu einem feucht-kühleren Klima vollzog, das sich über die Völkerwanderungszeit bis ins früheste Mittelalter auswirkte. Die bislang vorliegenden dendrochronologischen Befunde erlauben es noch nicht, von einem überregional verbreiteten völkerwanderungszeitlichen Torfeichenabsterbehorizont zu sprechen. Unsere Ergebnisse deuten aber in diese Richtung. So zeigt die Datenverteilung für zehn Torfeichen aus dem Südgeorgsfehner Moor gute Übereinstimmung mit dem Fundkomplex Hammah (Abb.3). Schon deutlich früher, nämlich gegen Ende des 2. Jahrhunderts n.Chr., erfolgte das Umschlagen von der Keim- zur Absterbephase eines im Lengener Moor bei Halsbek konservierten Eichenwaldes. Erst die Auswertung weiterer Fundkomplexe und begleitende Torfanalysen können näheren Aufschluß darüber geben, ob die Eichen von Hammah tatsächlich einem überregional verbreiteten Absterbehorizont zuzuordnen sind.

Nicht nur durch Jahrringanalyse der Funde sondern auch aus ihrem Erhaltungszustand lassen sich Erkenntnisse ableiten. Die Erhaltung der Eichen von Hammah als runde Stämme spricht dafür, daß sie nach ihrem Umstürzen alsbald von Torf überwachsen und konserviert wurden. Bei vielen anderen Fundkomplexen ist die Oberseite der Stämme abgefault, weil sie zu lange ungeschützt aus der Mooroberfläche herausragte. Offenbar ist es nach 35o n.Chr. zu einem raschen Torfwachstum bei Hammah gekommen. Die hellbraune Farbe der Hammah-Eichen, verbunden mit einem vergleichsweise geringen Gewicht des getrockneten Holzes, ist nach unseren Erfahrungen typisch für Eichen, die unter eisenarmem Hochmoortorf konserviert waren. In Niedermoortorf eingebettete Eichen sind in der Regel tiefschwarz und spezifisch schwerer, also weniger stark abgebaut. Dies steht im Gegensatz zu dem Grundsatz, daß die Zersetzungsprozesse im Niedermoor im allgemeinen wesentlich intensiver sind als im Hochmoor (GROSSE-BRAUCKMANN 1976).

Literatur

DELORME, A., LEUSCHNER, H.-H., TÜXEN, J. und HÖFLE, H.-Chr.: Der subatlan-
1983 tische Torfeichen-Horizont "Sieden", erneut belegt im Toten
Moor am Steinhuder Meer.- TELMA 13, 5 Abb., 2 Tab., S.33-51;
Hannover.

GROSSE-BRAUCKMANN, G.: Ablagerungen der Moore.- In: Göttlich (Herausg.)
1976 Moor- und Torfkunde; Stuttgart.

LEUSCHNER, H.-H. und DELORME, A.: Ausdehnung der Göttinger absoluten Jahr-
1984 ringchronologie auf das Neolithikum.- Arch. Korrespondenzblatt 14: 119-121.

LEUSCHNER, H.-H., DELORME, A., TÜXEN, J. und HÖFLE, H.-Chr.: Eichenstamm-
1985 lagen in Mooren und Talauen und die Klimaverschlechterung im
Subboreal.- FLORA (im Druck).

WILLERDING, K.: Über Klimaentwicklung und Vegetationsverhältnisse im Zeit-
1977 raum Eisenzeit bis Mittelalter.- Abh. Akad. Wiss. Göttingen,
Phil.-Hist.Kl., 3. Folge, 1o1: 3 Abb., 11 Tab., S.357-4o5;
Göttingen.

Anschrift der Verfasser:

Dr. A. Delorme   Dr. H.-H. Leuschner

Institut für Forstbenutzung
der Universität Göttingen
Büsgenweg 4
D-34oo Göttingen

Abb.1: Beim Grabenbau angeschnittene Torfeiche HAMMAH 11. Der Stamm liegt im Hochmoortorf auf Bruchwaldtorf.

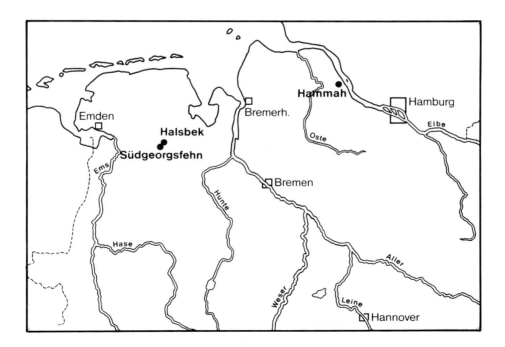

Abb.2: Fundstellen völkerwanderungszeitlicher Torfeichen-Stammhorizonte in Nordwestdeutschland.

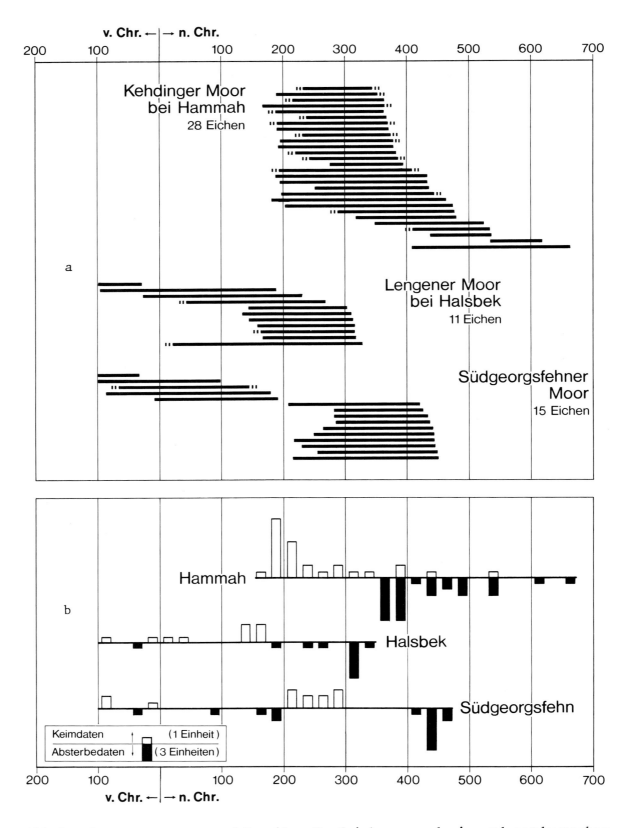

Abb.3: a) Lebensspannen subfossiler Torfeichen aus drei nordwestdeutschen Mooren.
b) Häufigkeitsverteilung der Keim- und Absterbedaten derselben Eichen.

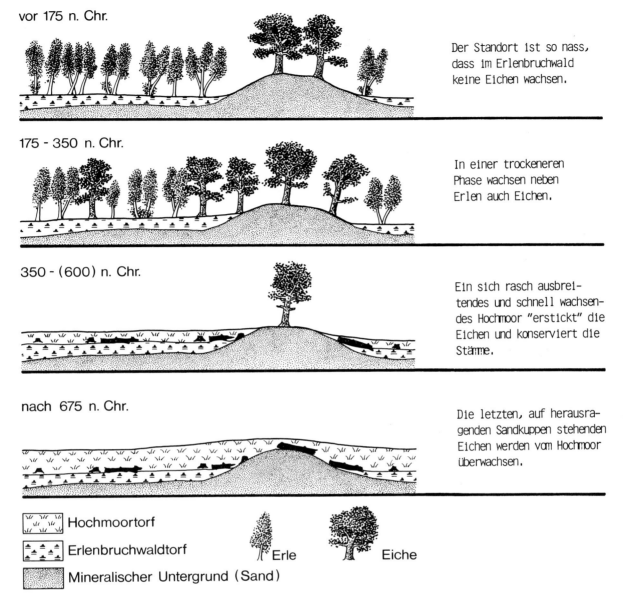

Abb.4: Rekonstruktion der Wald- und Torfentwicklung an der Torfeichenfundstelle Hammah aufgrund dendrochronologischer Daten.

Abbildungs-Nachweise:

Nicht aufgeführte Abbildungen wurden von den jeweiligen Autoren selbst erstellt.

Beiträge

K. FRERICHS, H. ZIEGERT:

   Tab. I - M. Witek

R. MICHL, G. NOWATZYK, E. PANTZER, U. ZIMMERMANN:

   Abb. 6 - M. Witek

U. ZIMMERMANN (Hügel 1a):

   Abb. 1 (n. Gebers), 2, 3, 4, 5, 6 - M. Witek
   Abb. 7 a-d - R. Volbracht

E. PANTZER:

   Abb. 1a - M. Witek
   Abb. 19, 1-2 - R. Volbracht

R. MICHL, G. NOWATZYK:

   Abb. 15 b-d - M. Witek

U. ZIMMERMANN (Hügel 5):

   Abb. 1 (n. Behrens), 2 (n. Behrens) - M. Witek
   Abb. 3, 4 - Photo H. Behrens

H.-H. LEUSCHNER, A. DELORME

   Abb. 1 - Photo A. Kahle